KB266499

시장의 심판자들

기업 권력과 격돌한 공정위의 치열한 기록

송병철 이대희 채희선 양영경 김민정 김세훈

박영사

"If we will not endure a king as a political power,
we should not endure a king over the production, transportation,
and sale of any of the necessaries of life."

"우리가 정치 권력으로서의 왕을 용납하지 않듯,

생필품의 생산·운송·판매를

지배하는 경제적 왕 또한 용납해서는 안 된다."

존 셔먼(John Sherman, 1890년 셔먼법 제정 당시 의회 연설)

공정거래위원회
Fair Trade Commission

현위치 - 공정거래위원회
국토교통부
Ministry of Land,
Infrastructure and Transport
농림축산식품부
Ministry of Agriculture,
Food and Rural Affairs
정부청사관리본부
Government Buildings Management Office
과학기술정보통신부
Ministry of Science and ICT
조세심판원
Tax Tribunal
온실
Green House

공정거래위원회
2동-2

2
공정거래위원회
Fair Trade Commission
국무총리 조세심판원
Tax Tribunal
2-2
냉방중

들어가며

처음 공정거래위원회를 출입하라는 발령을 받았을 때 솔직한 심정은 막막함이었다. 경제부처는 처음이었고 그중에서도 공정위는 낯선 영역이었다. '경쟁법'이라는 단어가 주는 무게감은 상당했다. 법률과 경제학이 뒤섞인 복잡한 개념, 빼곡한 숫자와 데이터로 가득 찬 보도자료는 거대한 벽처럼 느껴졌다.

솔직히 고백하면 경쟁법은 기자에게도 어렵고 재미없는 분야라고 치부했다. 매일 접하는 사건 자료들은 건조했고 그 안에 담긴 진짜 의미를 파악하기 어려웠다. 기업 간의 다툼은 그들만의 리그처럼 보였고 그것이 우리의 삶과 무슨 관련이 있는지 쉽게 와닿지 않았다. 하지만 취재 현장에서 부딪히고 고민하는 시간이 쌓이면서 그 생각은 조금씩 바뀌기 시작했다. 거대 기업의 담합이 내가 오늘 마시는 커피 가격에 어떤 영향을 미치는지, 막강한 플랫폼 기업의 불공정 행위가 골목길 소상공인의 삶을 어떻게 좌우하는지를 목격했다. 경쟁법은 박제된 법전 속에 잠자고 있는 법이 아니라 우리 일상 가장 가까운 곳에서 숨쉬며 시장의 질서를 만드는 법이었다. 경쟁법의 진짜 매력을 알게 된 것은 그즈음부터다.

경쟁법은 일상의 법이었다. 매일 이용하는 스마트폰 운영체제, 배달앱 수수료, 영화관 티켓 가격, 심지어 아파트 관리비까지. 시장 경제 안에서 살아가는 한 우리는 매일 경쟁법의 영향력 아래에 있다. 그 거대한 작동 원리를 이해하는 것은 세상을 바라보는 새로운 눈을 뜨게 했다. 또 이는 치열한 논리의 격전장이었다. 수백억 원, 때로는 수천억 원의 과징금이 걸린 사건에서 기업과 경쟁당국이 펼치는 법리 공방은 그 어떤 드라마보다 극적이었다. 양측이 동원하는 수많은 증거와 정교한 논리를 따라가다 보면 지적인 희열마저 느껴졌다. 그 과정에서 경쟁법은 견문을 넓히는 창이었다. 하나의 공정위 사건을 제대로 이해하기 위해서는 그 산업의 생태계를 속속들이 들여다봐야 했다. 반도체, 해운, 건설, 유통, 철강, IT 플랫폼, 제약, 스포츠, 엔터테인먼트까지. 경쟁법 취재는 전혀 몰랐던 다양한 시장의 작동 원리를 배우고 세상을 더 깊이 이해하는 과정이었다. 어렵고 재미없던 회색빛 법률 용어들이 비로소 생생한 현실의 언어로 다가왔다.

이 책의 집필은 아주 단순하고 소박한 생각에서 시작되었다. '경쟁법이 이렇게나 역동적이고 매력적인 분야라는 것을 더 많은 사람에게 알리고 싶다', 법조인이나 경제학자가 아닌, 매일 시장에서 물건을 사고 서비스를 이용하는 시민의 눈높이에서 경쟁법을 이야기하고 싶었다. 그래서 이 책은 복잡한 법률 이론서나 학술서가 아니다. 우리가 일상에서 마주하는 수많은 경제 현상과 기업들의 전략 뒤에 숨어 있는 경쟁의 규칙을 소개하는 교양서다. 독자들이 이 책을 통해 시장 경제가 어떻게 작동하는지, 그리고 공정한 경쟁이라는 가치가 우리의 삶에 왜 중요한지를 함께 고민하고 생각하는 작은 계기가 되기를 바란다.

이 책은 결코 혼자만의 결과물이 아니다. 공정위를 함께 출입하며 경쟁법의 매력에 공감하고 이 무모한 도전에 흔쾌히 의기투합해 준 동료 기자들이 없었다면 불가능했을 것이다. 바쁜 현업 일정 속에서도 시간을 쪼개어 기꺼이 원고를 집필하고 날카로운 토론과 따뜻한 격려를 아끼지 않은 공동저자 이대희(연합뉴스), 채희선(SBS), 양영경(헤럴드경제), 김민정(조선비즈), 김세훈(경향신문) 기자에게 진심으로 고마운 마음을 전한다. 서로의 원고를 읽고 다듬으며 이 책을 함께 완성해 나간 과정은 그 자체로 큰 보람이자 배움이었다.

또한 책이 나오기까지 많은 분의 도움이 있었다. 집필 과정에서 깊이 있는 혜안으로 저자들이 경쟁법의 본질을 놓치지 않도록 늘 따뜻한 조언을 아끼지 않으신 한기정 前 공정거래위원장님께 각별한 존경과 고마움을 전한다. 아울러 취임과 동시에 한국 경제에서 경쟁법이 갖는 시대적 의미와 공정한 집행의 가치를 일깨워 주신 주병기 공정거래위원장님께도 깊은 감사의 말씀을 전한다. 복잡한 사건의 맥락을 짚어주시고 균형 잡힌 시각을 더해주신 김문식 공정위 시장감시국장님, 그리고 취재 현장에서 늘 기자들과 소통하며 애써주시는 정희은 공정위 대변인님, 그리고 출간을 응원해 주시고 보이지 않는 곳에서 늘 기자단을 살뜰히 챙겨 주시는 어경희 기자실장님께도 특별히 고마움을 표한다. 이분들의 조언과 도움이 없었다면 책의 깊이를 더하기 어려웠을 것이다. 또 취재 과정에서 만난 수많은 기업 관계자들의 도움도 컸다. 이들은 복잡한 사건의 당사자로서 각자가 처한 시장의 생생한 현실과 치열한 법적 쟁점을 아낌없이 설명해 주었다. 덕분에 사건을 더욱 입체적으로 바라볼 수 있었고, 이러한 균형 잡힌 시각을 책에 담아내려 노력했다.

마지막으로 낯선 분야에 도전하고 책을 쓰는 전 과정을 묵묵히 응원하고 지지해 준 가족들에게 사랑과 감사를 전한다. 나의 가장 든든한 버팀목이자 동반자인 사랑하는 아내 김선애, 그리고 눈에 넣어도 아프지 않을 나의 가장 큰 기쁨인 두 딸 지아와 지유, 아들 지호가 없었다면 이 책은 결코 세상에 나오지 못했을 것이다.

2026년 1월
치열한 경쟁의 최전선, 세종에서
송병철

추천사

　공정한 경쟁은 시장 시스템에서 혁신이 지속되어 국민 모두의 삶이 풍요로워지는 기본조건입니다. 공정거래위원회(이하 공정위)는 이를 실현하도록 시장 시스템을 규율하는 국가기관입니다. 공정한 경쟁을 규정하고 시장의 규칙을 정하는 법을 총칭하여 경쟁법이라 합니다. 현대인의 삶을 지탱하는 소득과 부의 창출, 소비와 생산활동은 분업과 교환의 거대한 공급망 속에서 이루어지고 있습니다. 그래서 경쟁법 질서는 공기처럼 늘 개개인의 삶 속에 중요한 기능을 하지만, 그 존재를 지각하지 못하는 경우가 대부분입니다. 다른 법과 달리 경쟁법은 일반 독자들에게 어려운 전문 영역으로 느껴지기도 합니다.

　공정위 출입기자들이 경쟁법 교양서를 펴낸다는 소식을 듣고 매우 반가웠습니다. 저널리스트라는 직업은 언제나 역사의 현장에서 추상적인 이념과 피·땀·눈물 어린 현실의 경계를 넘나드는 속성을 가집니다. 현장에서 취재하며 역사와 현실을 마주하는 저널리스트의 통찰이야말로 가장 사실적이고 인간적인 언어로 공정한 경쟁, 경쟁법이 지배하는 시장을 그려낼 수 있다고 생각합니다. 그래서 이 책이 뜻깊게 여겨집니다. 어니스트 헤밍웨이와 같은 대문호, 칼 마르크스, 헨리 조지와 같은 사상가, 그리고 조선인 독립운동가 김산(장지락)의 생애를 다룬 <아리랑>(*Song of Arirang*)의 저자 님 웨일즈(Helen Foster Snow)도 저널리스트였습니다. 이들의 저술을 읽으면 이념과 현실의 경계를 넘나드는 저널리스트의 생생한 언어를 만날 수 있습니다. 그렇게 재현된 김산의 일대기가 주는 깊은 감동을 아직도 기억합니다.

이 책은 경쟁법의 탄생부터 공정위가 처리해 온 기념비적 사건들을 세심하게 선별해 복잡한 쟁점을 적절한 비유와 함께 간결하고 이해하기 쉽게 풀어냅니다. 자진신고자 감면(리니언시) 제도를 유리창 깬 학생 찾기에 비유하거나 공정위와 다른 부처 간 관계를 축구의 심판과 감독에 비유한 부분에서 기자들의 경쟁법에 대한 통찰을 느낄 수 있습니다. 또한, 내부적 고민이 심판정을 거쳐 어떤 과정을 통해 결론에 이르는지 내밀한 이야기는 물론, 인공지능(AI), 플랫폼 등 기술 발전에 따른 세계 경쟁 당국의 동향, 그리고 공정위에 대한 비판과 과제, 앞으로 나아가야 할 방향까지 제시합니다.

복잡하게 얽힌 경제적 이해관계 속에서 공정위가 법과 원칙을 어떻게 집행하며 공정이라는 가치의 실현을 위해 어떻게 불균형한 힘 사이의 균형을 찾는지, 그 현장의 공기를 기자의 직업 정신과 열정이 담긴 글 속에서 만날 수 있을 것이라 기대합니다.

책의 줄간을 진심으로 축하하며, 기자단의 노고에 깊은 감사를 드립니다. 이 책이 공정한 경쟁의 가치를 더 많은 국민에게 알리고, 국민주권의 힘으로 공동 번영의 미래를 개척하는 밑거름이 되기를 바랍니다.

공정거래위원회 위원장 주병기

경쟁법은 기업들의 경쟁을 활성화함으로써 시장의 활력을 유지하는 동시에 그 안에서 벌어지는 과도한 집중과 일탈행위들을 제어해야 하는 과제를 가지고 있습니다. 이번에 출간된 『시장의 심판자들』은 건조하고 어려워 보일 수 있는 경쟁법 집행 절차 및 사례들을 공정거래위원회 출입 기자들의 시선으로 쉽고 생생하게 풀어낸 매우 인상적인 결과물입니다.

무엇보다 집필을 총괄하신 송병철 출입 기자단 간사님을 비롯한 저자들이 이 한 권의 책을 위해 쏟은 공력이 대단합니다. 여느 경쟁법 전문 서적을 뛰어넘을 정도로 방대한 공정거래위원회의 심결례와 법원의 판례, 그리고 수많은 언론 보도와 취재 기록들을 세밀하게 분석한 흔적이 역력합니다. 또한 자칫 법률 전문가들만의 전유물이 되기 쉬운 복잡한 법리적 쟁점들을 대중의 언어로 친절하게 풀어내면서도 사안의 본질을 놓치지 않기 위해 치열하게 고민한 저자들의 노력이 책을 읽는 내내 깊게 전달되었습니다.

이 책은 대기업의 내부거래와 일감 몰아주기부터 최근의 플랫폼 기업에 대한 규제 사례들에 이르기까지 수십 년간의 주요 경쟁법 집행 사례 및 이슈들을 고루 소개합니다. 또한 기존 사례에 대한 소개에서 더 나아가 최근 급변하는 디지털 경제 규제에 대한 국내외의 정책적 조류와 갈등을 조명하면서 이에 관한 우리 나름의 규칙을 어떻게 정립해 나갈 것인가에 대해 묵직한 화두를 던지고 통상적으로 쉽게 접하기 어려운 공정거래위원회 조사·심의 진행 과정, 경쟁법과 산업 정책간 긴장 및 조화 등에 대한 상세한 설명까지도 제공합니다.

　로펌의 변호사로서 고객인 기업들의 입장을 대변하다 보면 때로 당국의 규제가 가혹하게 느껴질 때도 있지만 이 책이 제시하는 공정거래위원회의 시각과 고충을 균형 있게 살피는 것은 시장 전체의 리스크를 관리해야 하는 기업 경영진과 법률가들에게도 매우 유용한 시사점을 제공할 것으로 생각합니다.

　결론적으로 『시장의 심판자들』은 우리나라 반독점 규제의 주요 쟁점과 현실, 그리고 기업들이 직면해 온 규제 환경의 변천사를 정갈하게 정리한 훌륭한 기록물입니다. 또한 대중들이 경쟁법 집행에 대해 갖는 막연한 거리감을 해소해 줄 수 있는 수준 높은 교양서이기도 합니다.

　이 책의 출간을 진심으로 축하하며 기업 경영의 최전선에서 규제 리스크를 고민하는 전문가부터 우리 사회의 공정한 경쟁 질서가 궁금한 일반 독자들에 이르기까지 세상을 바라보는 한층 깊어진 시야를 제공해 줄 이 책을 기쁜 마음으로 권합니다.

김·장 법률사무소 대표 변호사 정경택

이대희(연합뉴스) 양영경(헤럴드경제) 김세훈(경향신문) 채희선(SBS) 김민정(조선비즈) 송병철(TV조선)

목 차

CHAPTER

1 독점과 싸운 법

경쟁법의 탄생   3
시대를 넘어선 '독점'의 역사   4
시장의 수호자, 공정거래위원회   8

CHAPTER

2 기업 권력과 공정의 법

| 부당한 공동행위, 담합   20

라면 가격이 똑같이 오르는 미스터리   23
아이스크림 담합의 달콤한 유혹   26
건설사들의 수상한 제비뽑기   29
소주 가격 합의의 진실   32
'무료 서비스 축소' 플랫폼 경제의 담합   34
이제 정보 교환도 처벌   36
배신하면 과징금 0원이 되는 딜레마   39
카르텔을 쫓는 추격전   44

| 시장 지배적 지위 남용   45

토종 앱마켓을 죽이려던 구글의 전쟁   48
네이버, 알고리즘 조작 첫 사례   49
택시가 잡히지 않았던 진짜 이유   52
독점을 피해가는 기이한 셈법   55
기업도 쪼개는 미국의 경쟁법   57

| 불공정거래 행위   60

남양유업 사례, 밀어내기의 폭력   61
점주가 뭉치면 계약 해지하는 치킨 공화국   63

플랫폼의 새로운 갑질　64

┃ 가맹·유통·대리점법　66

상생을 외치던 편의점 본사의 두 얼굴　68
아울렛과 마트가 납품업체를 울리는 방법　71
겉으로는 동반자, 속으로는 희생양　73
갑질은 왜 반복될까　74

┃ 표시 광고와 약관　76

'7년의 저주' 아이돌 계약서의 비밀　77
'확률 0%' 넥슨의 속임수　79
친환경 광고에 속지 마라, '그린워싱'　81
모두가 1위라고 외치는 학원 광고의 함정　83
'구름빵' 대박 났는데 1,850만 원뿐　85
마일리지 깎아버린 항공사의 배짱　87
똑똑한 소비자가 판을 바꾼다　88

┃ 소비자 보호　90

소비자 돕는 전화 한 통, 1372 소비자상담센터　90
규제는 공정위, 구제는 소비자원　91

CHAPTER

③ 조사에서 과징금까지

┃ 조사의 시작과 끝　100

불시에 들이닥친 조사관과 방어하는 기업　100
기업 운명을 가르는 심판의 날　102
법정으로 가는 기업들　104
'감히 나를 조사?', 조사방해의 백태　106
조사 방해는 중대 범죄　114
다시 돌아온 강제조사권 도입의 20년 딜레마　116

┃ 전원회의장은 전쟁터　122

공정위가 경정을 내리는 방식   123
주심위원의 결정적 질문   124
사건과 임기만 겹쳐도 제척   127
비상임위원 제도는 계륵인가 필수인가   128

공정위, 정부 내의 외로운 파수꾼   130

바다 위의 해운담합 전쟁, 공정위 vs 해양수산부   131
통신 3사 "방통위가 시켰다", 공정위 vs 방송통신위원회   133
은밀한 정보교환도 담합일까, 공정위 vs 금융당국   135
공정위 vs 방통위 vs 과기부, 누가 플랫폼을 규제할 것인가   137
공정거래법은 다른 법에 우선할까   139

동의의결   141

'제한된 무제한' 요금제? … 통신 3사 동의의결   144
끼워팔기 멈출 유튜브의 동의의결   146
구제인가 봐주기인가   148

과징금, '경제 검찰'의 핵심 무기   150

몇 억 원대 과징금이라는데…많은 거 맞나요?   150
역대급 과징금 1위, '특허 갑질' 퀄컴(1조 311억 원)   155
2위, '서민 생활필수품의 배신' LPG 담합 사건(6,690억 원)   157
3위, '교묘한 경쟁 차단' 정유사 주유소 담합 사건(4,326억 원)   158
4위, '빅3의 줄줄이 리니언시' 생명보험사 이율 담합사건
     (3,654억 원)   159
5위, 건설업계 LNG 저장탱크 담합 사건(3,505억 원)   161
철퇴냐, 솜방망이냐   162

CHAPTER 4   재벌과 권력

대기업집단과 규제 이야기   174

한국에만 존재하는 '대기업집단'   174
대기업집단 제도의 현재와 미래   176

재벌규제의 핵심 '부당지원과 사익편취'   177

제일모직과 태광, 삼성웰스토리   179

TRS는 정당? 위법?   184

규제 회피를 위한 '우회로' 모색   189

족쇄와 날개 사이의 균형   190

| 대기업 총수와 공정위   192

동일인 지정이 두려운 이유   192

이해진은 총수, 김범석은 아닌 사연   195

혹은 왕관의 증명인가   198

최태원 SK회장의 SK실트론 사업기회 제공사건   200

조원태 한진그룹 회장의 '일감 몰아주기' 사건   203

아무 일도 안 하고 통행세만 챙긴 롯데 계열사   205

정몽진 KCC 회장의 계열사 누락 사건   208

| 기업결합   210

거인의 탄생과 공정위의 저울   210

티빙과 웨이브의 생존 합병   211

배민 사려면 요기요 팔아라   214

메가 캐리어 탄생, 대한항공－아시아나항공의 4년   218

카카오와 SM의 결합이 부른 우려   221

기업결합 심사는 공짜여야 한다   223

CHAPTER

5

초국경 · 초연결 시대의 경쟁법

| 디지털 경제   232

시카고 학파는 틀렸고 아마존은 교묘했다   232

데이터, 플랫폼 시대의 석유   235

인공지능(AI)과 경쟁법   237

하느냐 마느냐, 혼란의 입법 전쟁   240

경쟁법의 패러다임 전환, 유럽의 DMA   243

디지털 시장의 미래 경쟁   245

| 초연결, 국제 경쟁당국 246

미국·EU·일본·중국, 4국 4색 246

국경을 넘어선 담합, 국제 카르텔의 세계 250

국경을 뛰어넘는 국제 기업결합 심사 252

CHAPTER 6 오늘의 공정위, 내일의 과제

| 공정위, 그 이후 262

3장짜리 의결서가 700쪽짜리 전문서로 262

권위만으로 통하던 시대의 종말 263

이빨빠진 호랑이, 언론 플레이 265

법원으로 가자, 이제 소송은 기본 267

새로운 경쟁법 시대의 무게 270

| 적과의 동침 271

전관예우의 유혹 271

취업제한 3년의 울타리 272

다른 나라는 어떨까 275

공정위 밖의 또 다른 공정위 278

| 공정위의 최근 고민들 280

조사와 정책 분리, 성공인가 실패인가 283

'우리 만났어요', 외부인 접촉신고 285

법을 읽는 법관, 시장을 읽는 법관 287

마치며 293

참고문헌 297

CHAPTER 1

- 경쟁법의 탄생
- 시대를 넘어선 '독점'의 역사
- 시장의 수호자, 공정거래위원회

독점과 싸운 법

독점과 싸운 법

아침에 눈을 뜨고 마시는 커피 한 잔, 출근길에 손에 들린 스마트폰, 퇴근 후 온라인 쇼핑몰에서 같은 물건을 두고 여러 쇼핑몰의 가격을 비교하는 행위. 이 모든 평범한 일상 속에서 우리는 알게모르게 경쟁의 결과물을 누리고 있다. 수많은 커피 전문점이 치열하게 경쟁한 덕분에 커피 한 잔의 가격이 지난 10년 넘게 크게 오르지 않았고 여러 치킨 브랜드와 동네 치킨집이 공존하는 시장 덕분에 우리는 다양한 맛과 품질의 치킨을 선택할 수 있다. 이렇듯 경쟁은 우리에게 더 좋은 제품과 서비스를 더 합리적인 가격으로 제공하는 가장 강력한 원동력이다.

하지만 모든 경쟁이 공정하고 바람직한 것은 아니다. 스포츠 경기에서 승리만을 위한 반칙이 난무하다면 경기의 재미와 의미는 사라진다. 때로는 일부 선수들이 담합해 승부를 조작하거나 특정 선수가 과도한 폭력을 휘둘러 상대방의 기회를 빼앗기도 한다. 이런 반칙행위가 허용된다면 경기는 무의미해지고 관중들은 외면할 것이다. 우리가 사는 시장 역시 마찬가지다. 기업들 간의 치열한 경쟁이 때로는 반칙으로 변질돼 소비자의 권리를 해치고 능력 있는 새로운 기업의 등장을 막기도 한다.

이 책은 바로 그런 시장의 반칙을 규제하여 공정한 경쟁을 수호하는 법, 바로 경쟁법에 대한 이야기다. 이 법은 단순히 기업을 규제하는 딱딱한 조문이 아니라 우리 모두가 더 나은 삶을 누릴 수 있도록 시장이라는 거대한 운동장에 질서를 세우고 반칙을 막는 규칙이자 동시에 그 규칙을 집행하는 심판의 이야기다. 이제부터 이 이야기를 함께 따라가며 우리가 사는 세상의 진짜 규칙을 들여다본다.

경쟁법의 탄생

경제학에서 이야기하는 가장 이상적인 시장은 '완전경쟁시장'이다. 수많은 공급자와 수요자가 존재하고 누구나 자유롭게 시장에 들어오거나 떠날 수 있으며 정보가 투명하게 공개돼 있는 곳을 의미한다. 하지만 현실에서 이러한 완벽한 시장은 사실상 불가능하다. 대신 우리는 그 이상에 가깝게 경쟁이 활성화된 시장들을 발견할 수 있다. 예를 들어 한국의 치킨 시장은 선두 업체 브랜드의 시장 점유율이 10%대 수준이며 수십 가지의 브랜드는 물론이고 동네 치킨집들까지도 서로 경쟁하는 구조다. 또한 수많은 카페들이 문을 열고 닫는 커피 시장에서는 10년이 넘는 기간 동안 커피 한 잔의 가격이 크게 변동 없이 유지되고 있다. 오히려 최근 커피 시장에서는 고가의 스페셜티 커피보다 저렴한 가격대의 커피가 소비자들의 주목을 받으며 시장 트렌드를 이끌고 있다. 이는 치열한 경쟁이 소비자에게 합리적인 가격이라는 혜택을 가져다주는 전형적인 사례로 볼 수 있다.

이처럼 경쟁은 효율성과 혁신을 가져오지만 모든 기업이 정정당당하게 경쟁하는 것은 아니다. 때로는 경쟁자들이 은밀히 모여서 서로의 이익을 극대화하려는 반칙을 시도한다. 가장 대표적인 반칙이 바로 담합(cartel)이다. 흔히 '짬짜미'라고도 부르는 담합은 경쟁 관계에 있는 기업들이 서로 짜고 가격을 올리거나 시장을 특정 지역으로 나누어 경쟁을 없애는 행위를 의미한다. 이렇게 되면 소비자는 가격을 비교하고 선택할 기회를 잃게 되는 것이다. 또 다른 심각한 반칙은 독점(Monopoly)을 이용한 횡포다. 한 기업이 시장 전체를 장악하여 질서를 왜곡하고 경쟁자를 괴롭히거나 심지어 내쫓는 상태를 말한다. 예를 들어 구글은 전 세계 검색 시장의 2/3 이상을 장악하고 있으며 '구글링'은 인터넷으로 찾는다라는 의미로 쓰일 만큼 막대한 영향력을 행사하고 있다. 문제는 이런 독점적 지위를 이용해 약탈적인 가격을 책정하거나 경쟁자를 의도적으로 배제하는 등 시장을 마음대로 좌지우지하는 행위다. 이러한 반칙을 막고 시장의 질서를 유지하기 위해 존재하는 것이 바로 경쟁법이다. 경쟁법의 가장 중요한 목적은 크게 소비자 보호와 시장 효율성 증진, 공정한 기회 보장에 있다. 특히 우리나라의 경쟁법은 공정하고 자유로운 경쟁을 촉진해 창의적인 기업활동을 조성하고 소비자를 보호함은 물론 국민경제의 균형 있는 발전을 도모함을 목적으로 명시하고 있다. 이는 단순히 경제적 효율성만을 추구했던 초기 경쟁법의 목적을 넘어 부의 편중이나 공정성 같은 사회적 가치까지 포괄하려는 한국만의 독특한 지향점을 보여준다.

시대를 넘어선 '독점'의 역사

독점과 반경쟁행위의 폐해는 현대 산업사회만의 문제가 아니다. 그 역사는 아주 오래전으로 거슬러 올라간다. 고대 로마 시대부터 상공업자들이 모여 만든 콜레지아(collegia)와 같은 조합이 존재했다. 그리고 중세 시대에 이르러서는 길드(guild)라는 이름의 강력한 조합들이 유럽 도시 경제의 중심을 이루었다. 길드는 직물공, 석공, 제빵사 등 같은 업종에 종사하는 장인들이 모여 만든 일종의 조합이었다. 이들은 기술의 비밀을 지키고 동업자들의 이익을 보호한다는 명분으로 특정 상품의 생산과 판매를 독점했다. 길드 회원이 아닌 사람은 물건을 만들거나 팔 수 없었고 도시의 상업 활동은 철저히 길드의 통제 아래 놓였다. 이들은 도시의 자치권과 특권을 등에 업고 시장을 장악하여 외부의 경쟁자를 완전히 배제하기도 했다. 이는 사적인 이익 집단이 공적 권력을 이용해 시장의 자유를 억압했던 초기 형태의 반경쟁 행위라고 할 수 있다.

길드의 시대가 저물고 산업혁명이 시작되면서 독점의 양상은 더욱 거대하고 교묘하게 변했다. 19세기 후반, 미국은 철도·석유·철강 등 주요 산업에서 거대한 기업들이 트러스트(Trust)라는 형태로 막강한 독점력을 형성했다. 트러스트란 같은 업종의 여러 기업이 법적으로는 독립적이지만 주식을 한곳에 맡기거나 이사진이 서로 겸임하는 방식으로 사실상 하나의 거대 기업처럼 움직이며 시장을 지배하는 독점 형태를 말한다. 이들은 자유 시장을 외치면서도 뒤로는 경쟁자를 무자비하게 제거하고 원가 이하로 상품을 팔아 중소기업을 파산시키는 등 불공정한 행위를 일삼았다. 이런 독점자본의 횡포에 대한 국민적 분노와 사회적 요구가 커지자 마침내 1890년 존 셔먼 상원의원이 주도한 「셔먼 반독점법(Sherman Antitrust Act)」이 탄생했다. 이 법은 부당하게 거래를 제한하는 모든 계약과 독점을 불법으로 규정해 자유로운 경쟁을 지키기 위한 법적 토대를 마련했다. 하지만 당시 이 법은 그 내용이 너무 추상적이어서 실제로 적용하기 어렵다는 비판을 받았다. 이에 1914년에는 「클레이튼법(Clayton Act)」이 제정돼 가격 차별, 끼워팔기 등 구체적인 반경쟁행위를 명확히 규제하며 셔먼법의 한계를 보완했다.

존 셔먼(John Sherman) / 미국 상원 역사사무소(U.S. Senate Historical Office)

경쟁법은 전 세계적으로 널리 퍼져 있지만 각국의 역사적 배경과 사회적 목적에 따라 그 모습은 조금씩 다르다. 이들은 크게 두 개의 큰 줄기와 한국이라는 독특한 모델로 구분해볼 수 있다. 미국 경쟁법은 자유 시장 원칙을 철저히 수호하는 데 방점을 찍는다. 법 위반 사업자에 대한 강력한 형사 처벌은 물론 피해를 입은 개인이 직접 민사 소송을 제기하여 손해액의 3배까지 배상받을 수 있도록 하는 등 엄격한 법 집행을 중시한다. 반면 유럽연합의 경쟁법은 하나의 단일 시장을 구축하려는 정치적 목적 아래 탄생했다. 따라서 국경을 넘어 이루어지는 담합은 물론 회원국 정부가 특정 기업에 제공하는 국가 보조금(State aid control system)처럼 시장 경쟁을 왜곡할 수 있는 행위까지 규제하는 독특한 특징을 가진다. 여기서 국가 보조금 규제란 특정 회원국 정부가 자국 기업에만 세금 감면이나 보조금 지급 등 재정적 지원을 하여 다른 회원국 기업과의 공정한 경쟁을 해치는 것을 방지하는 제도를 의미한다. 유럽연합은 리스본 조약 이후 유럽연합이 명시적인 법인격을 갖게 되면서 그 권한은 더욱 강력해졌다. 그리고 우리나라의 경쟁법은 이들과는 또 다른 독자적인 길을 걸어왔다. 그 배경에는 1960~70년대 정부 주도의 압축성장 과정에서 소수 재벌에게 경제력이 집중된 특수한 상황이 놓여 있었다. 이 문제를 해결하기 위해 미국이나 유럽연합의 법제에는 없는 경제력 집중 억제라는 핵심 목적을 법의 최전선에 내세웠다. 이는 시장의 효율성뿐만 아니라 특정 기업에 부와 권력이 과도하게 쏠리는 것을 막아 국민 경제의 균형 있는 발전을 이루고자 하는 한국만의 고유한 철학을 반영한다.

과거 한국 경제는 1960년대 이후 정부 주도의 경제개발을 통해 비약적인 성장을 이루었다. 하지만 그 과정에서 정부의 재정·금융 지원이 소수의 기업에 집중되었고 이들은 빠르게 시장을 지배하는 독과점 기업으로 성장했다. 이로 인한 폐해는 1963년에 발생한 삼분(三粉)폭리사건을 통해 사회적으로 가시화되었다. 당시 국민 생활의 필수품이었던 설탕, 밀가루, 시멘트 시장을 독과점한 기업들이 담합을 통해 폭리를 취했고 그 고통은 고스란히 서민들에게 돌아갔다.

이 사건 이후 경쟁법 제정의 필요성이 제기되었지만 사회적 인식 부족과 업계의 반발 등으로 번번이 무산되었다. 오랜 진통 끝에 마침내 1980년 12월 31일 「독점규제 및 공정거래에 관한 법률(이하 공정거래법)」이 제정되면서 대한민국 시장 경제는 공정하고 자유로운 경쟁을 위한 제도적 장치를 갖추게 되었다.

시장의 수호자, 공정거래위원회

앞서 밝힌대로 축구 경기에 반칙을 막는 심판이 있듯 시장에도 심판이 필요하다. 그 역할을 담당하는 기관이 바로 공정거래위원회(이하 공정위)다. 공정위는 시장에서 발생하는 불공정 행위를 감시하고 제재하는 역할을 수행하고 있어 '경제 검찰'이나 '재계의 저승사자'와 같은 별명을 얻기도 했다. 공정위의 역할은 단순히 규칙을 공표하는 데 그치지 않는다. 시장의 심판으로서 직접 반칙을 잡아내는 막강한 권한을 가지고 있다. 담합이나 불공정거래 행위가 적발되면 해당 기업의 연간 매출액의 최대 20%에 달하는 과징금을 부과할 수 있으며 사안이 중대할 경우 검찰에 고발해 형사 처벌까지 가능하다.

공정위는 크게 최종 판단을 내리는 위원회(Commission)와 실질적인 조사를 담당하는 사무처(Secretariat)로 구성돼 있다. 위원회는 위원장, 부위원장, 상임위원, 비상임위원 등 9인의 위원으로 구성되며 법적인 해석과 제재 수위를 최종적으로 결정하는 준사법적 역할을 한다. 반면 사무처는 산하에 카르텔조사국, 기업집단감시국, 기업거래결합심사국 등을 두고 담합, 독점, 불공정거래 등 각 분야의 불법 행위를 전담하여 조사하고 자료를 수집하며 경쟁정책국, 소비자정책국 등 정책 담당 분야 등을 두고 시장 상황을 반영해 정책을 수립하고 법을 제정하는 역할을 하고 있다.

공정위의 주요 업무는 다음과 같다. 기업들이 서로 짜고 가격을 올리거나 시장을 나누는 행위를 단속하고 시장 지배적 사업자가 그 지위를 남용하는 것을 규제한다. 또 기업 간의 인수합병(M&A)이 시장의 경쟁을 지나치게 제한할 우려가 있을 경우 이를 불허하거나 조건을 부과하는 기업결합 심사도 맡고 있다. 대기업과 중소기업 간의 하도급, 프랜차이즈 본사와 가맹점 간의 관계, 대규모 유통업체와 납품업체 간의 거래 등 소위 '갑을 관계'에서 발생하는 불공정거래행위도 바로잡는다. 마지막으로 허위·과장 광고나 전자상거래상의 불공정행위 등 소비자의 권익을 침해하는 행위를 규제하는 소비자 보호 업무를 하고 있다.

지금까지 우리는 경쟁법이 어떻게 우리의 삶을 지키는 중요한 법규가 되었는지, 그 유구한 역사와 한국적 배경, 그리고 이를 집행하는 기관의 역할까지 살펴보았다. 경쟁법은 단순히 반칙을 처벌하는 것을 넘어 자유롭고 창의적인 기업 활동을 촉진해 더 나은 혁신과 더 풍요로운 사회를 만드는 데 기여하고 있다. 이 책의 다음 장에서는 담합, 독점, 불공정거래 등 경쟁법이 다루는 구체적인 반칙의 유형들을 하나씩 파헤쳐보고 우리에게 친숙한 여러 기업 사건들을 통해 경쟁법의 실제 작동 원리를 알아볼 것이다. 이 이야기는 우리가 사는 세상의 규칙을 더 깊이 이해하고 더 나은 미래를 함께 고민하는 의미 있는 여정이 될 것이다.

2동
공정거래위원회
FAIR TRADE COMMISSION
공정거래위원회
2동-1
2동 정문(남)

공정거래위원회

2동-1

공정거래위원회
2동-2

닫혔음
공정거래위원회
Fair Trade Commission

공정거래위원회
Fair Trade Commission
내 삶을 바꾸는
규제혁신

• 부당한 공동행위, 담합

• 시장 지배적 지위 남용

• 불공정거래 행위

• 가맹 · 유통 · 대리점법

• 표시 광고와 약관

• 소비자 보호

기업 권력과 공정의 법

기업 권력과 공정의 법

▌부당한 공동행위, 담합

담합이란 무엇일까. 순우리말로 '짬짜미'라고도 표현하는 이 행위는 통상적인 언론 보도에서 쉽게 볼 수 있는 표현이다. 얼핏 생각하면 큰 기업의 총수들이 천문학적인 돈을 벌어들이려고 어두컴컴한 술집 골방에 은밀히 모여 크리스털 잔에 고급 위스키를 나눠 마시고 시가 담배를 태우며 손을 맞잡는 장면이 머릿속에 떠오를 것이다. 담합은 꼭 그렇게 거창한 일이 아니다. 우리 실생활에서 멀지 않은 곳에서 자주 맞닥뜨리는 일이 넓은 의미의 담합이다. 흔히 우리는 '우리끼리만 아는 거야'라는 말로 우리와 너희의 굳건한 벽을 쌓는다. 당신이 나의 친구인가 아닌가, 이를 위한 판단은 이 벽 안에 들어와 있다는 동지 의식의 발로다. 알면 우리 편이지만 모르면 남의 편이다. 인간은 본능적으로 사회적 관계를 맺으려 한다. 그 중 하나는 우리끼리만의 비밀을 배타적으로 공유하는 방식이다. 이런 점을 고려하면 담합은 인간의 본성에 가깝다고 표현할 수 있다. 쉽게 말해 학부모들이 자녀들의 학교 행사에서 참가비는 모두 똑같이 5,000원으로 하자든지, 한 가족 안에서 가족 모임 식사비는 매달 돌아가면서 내자든지, 대학교에서 족보를 친한 친구들끼리만 공유한다든지 하는 합의는 넓은 의미의 담합이라고 볼 수도 있지만 공정위에서 처벌하는 담합은 아니다.

이 같은 일상의 짬짜미는 극장이나 TV에서도 쉽게 찾아볼 수 있다. 아카데미상을 받은 봉준호 감독의 <기생충>에서는 반지하에 사는 가족이 학력과 경력을 위조해 차례차례 박 사장 집에 들어가 일자리를 구한다. 위조와 사기는 범죄임에 앞서 우리끼리 다 같이 들어가 일자리를 나눠 갖자는 모습은 경쟁자들을 배제하려는 행위이다. 기타노 다케시 감독의 <배틀로얄>에서는 섬에 갇힌 학생들이 서로를 죽여야 하지만 생존율을 높이고자 일부는 동맹을 맺고 팀을 결성하는 행위도 일종의 담합이다. 드라마 <스카이캐슬>에서 벌어지는 학부모 간의 합의는 거대 기업의 담합을 은유한 모습에 가깝다. 자녀를 명문대에 보내기 위해서 끼리끼리만 정보를 공유하는 방식, 시험 정보를 미리 빼내 순번 배정을 하려는 사적 담합이 그렇다.

다만 법률이 금지하는 담합은 몇 가지 요건을 더 충족해야 한다. 과점 시장에서는 소수 기업들이 서로의 움직임에 극도로 민감하며 한 기업이 독자적으로 가격을 인상할 경우 시장점유율 하락이라는 막대한 위험을 감수해야 한다. 따라서 시장 선도 기업이 원가 상승 등의 이유로 가격을 올리면 다른 기업들도 뒤따라 가격을 인상하는 것이 개별 기업 차원에서는 가장 합리적인 전략이 될 수 있다. 이를 묵시적 담합(Conscious Parallelism)이라 부른다. 즉, 경쟁사들의 행동을 관찰하고 합리적으로 따라 하는 행위 자체는 시장 경쟁의 결과로 간주해 공정거래법상 위법이 아니다. 묵시적 행동을 넘어 가격, 조건 등을 함께 결정하겠다는 합의가 존재한다면 비로소 공정거래법 위반으로 처벌받는다.

자유로운 시장 경제를 왜곡하는지도 주요 판별 요소다. 시장 경제는 가격, 품질, 서비스 등 다양한 요소를 통한 사업자 간의 자유로운 경쟁을 기반으로 하며 이를 통해 생산 효율성이 증진되고 궁극적으로는 소비자의 후생이 극대화되기 때문이다. 소비자에게 경제적 피해를 끼쳐야 한다. 네 편과 내 편을 구분하는 것에서 나아가 경제적 이득을 위해 다른 사람에게 피해를 준다면 공정위의 연락을 받을 수 있다는 말이다. 「독점규제 및 공정거래에 관한 법률」, 즉 공정거래법 40조(구법 19조)는 하지 말아야 하는 부당한 공동행위를 총 9개 항으로 규정한다.

일단 가격을 결정하거나 유지, 또는 변경하는 행위를 금지한다. 시멘트 회사 직원들이 모여 "1톤당 10만 원 이상으로 팔자"고 합의하면 담합에 해당할 수 있다. 입찰 담합도 대표적인 위법 행위다. 예를 들어 정부가 발주하는 공공입찰에서 돌아가면서 담합 물량을 나눠 먹기 위해 순서를 정해 들러리를 서는 것은 빼도 박도 못하는 공정거래법 위반이다. 시장분할도 처벌받는 담합이다. 예를 들어 택시회사들이 서울의 강북에서는 A사가, 강남에서는 B사가 영업한다고 하는 것은 법 위반이다. 생산량이나 출고량 조절도 담합 유형 중 하나다. 주요 철강회사들이 한 자리에 모여서 "올해 생산량은 100만 톤으로만 정하자"고 합의하면 처벌될 수 있다. 가격을 결정하는 요소인 공급을 인위적으로 조정하는 행위이기 때문이다. 또 기술이나 규격을 합의하는 것도 공정위의 제재를 받는 담합이 될 수 있다. 예를 들어 시장에서 압도적인 점유율 등을 가져 영향력이 센 일부 시장 지배적 전자제품 제조사들이 "충전 단자는 우리끼리 같은 규격만 쓰자"고 합의하면 후발 주자들이 시장에 진입하기 어려운 구조를 만들 수 있다. 핵심적인 정보를 특정 회사들끼리만 공유해 소비자가 손해를 보도록 하는 것도 부당 공동행위다. 가격 결정 계획 등 경쟁사와 민감한 정보를 교환하면 가격이 일제히 오르는 소비자 피해를 유발할 가능성이 있다. 지금부터는 이 같은 각 유형에 해당하는 담합 행위의 실제 처벌 사례를 구체적으로 따져본다.

라면 가격이 똑같이 오르는 미스터리

> 꼬불꼬불 꼬불꼬불 맛 좋은 라면~
> 라면이 있기에 세상 살맛나~
> 하루에 10개라도 먹을 수 있어~
> 후루룩 짭짭 후루룩 짭짭 맛 좋은 라면
> <아기공룡 둘리> 中 '라면과 구공탄'

라면은 부담 없는 가격에 남녀노소 가리지 않고 출출한 배를 다스릴 수 있는 대표적인 서민의 음식이다. 하지만 2000년대까지 라면 가격은 회사를 불문하고 가격이 같은 희한한 상황이 이어졌다. 농심(신라면)·삼양(삼양라면)·오뚜기(진라면)·야쿠르트(왕라면, 現 팔도)의 가격은 10원 단위까지 같았다. 시장점유율 70%에 달하는 제왕격인 농심이 가격을 올렸고 그 결과 나머지 3개 업체는 앞서거니 뒤서거니 가격을 같은 수준으로 올리며 기묘한 동일 가격이 2001년부터 2010년까지 무려 10년 가까이 이어졌다. 공정위는 이 수상한 가격 일치 뒤에 담합이라는 보이지 않는 손이 작용하고 있다고 의심했다.

당시 라면 시장은 농심이 약 70%를 차지하는 압도적인 1위 사업자이며 나머지 업체까지 포함하면 거의 100%를 점유하는 전형적인 과점 시장이었다. 특히 농심의 시장 지배력이 워낙 막강했기 때문에 다른 업체들은 농심의 가격 정책에 민감하게 반응할 수밖에 없는 구조였다. 1998년 초 가격 인상 이후 3년여 간 가격인 동결된 상태에서

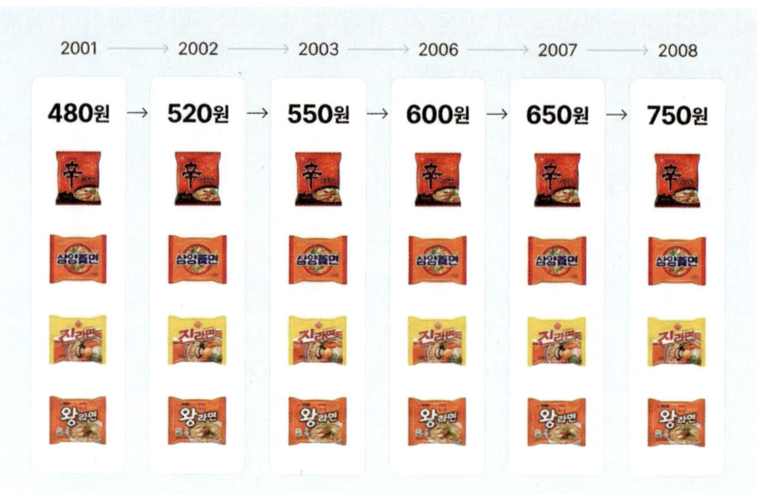

홀로 가격을 올렸을 때 정부·언론·소비자의 뭇매를 피하고자 정보 교환을 통해 짬짜미를 했다는 것이 공정위의 조사 결과였다. 특히 교환된 정보는 가격 인상계획, 인상내역, 인상일자에서부터 가격 인상 제품의 생산일자, 출고일자 등에 이르기까지 순차 인상을 실행하는 매우 상세한 정보가 망라돼 있었다고 공정위는 지적했다. 선두주자인 농심이 총대를 메고 가격 인상안을 마련해 다른 업체에 전달하면 나머지가 순차적으로 따라가는 방식으로 담합이 이루어졌다고 본 것이다. 공정위는 관련 이메일 자료만 340건 이상 확보하는 등 증거를 토대로 이들 4개 사에 총 1,354억 원이라는 거액의 과징금을 부과했다. 이는 당시 담합 사건으로는 상당한 규모의 제재였다.

9년 간 '말 맞추기' … 라면업체 가격담합 적발 / SBS 뉴스8 (2012.03.22.)

하지만 이 사건은 여기서 끝나지 않고 예상치 못한 반전을 맞이하게 된다. 공정위 제재에 불복한 4개 사는 과징금 취소 소송을 제기했다. 2013년 12월, 2심 격인 서울고등법원은 공정위의 처분을 취소하라고 판결했다. 재판부는 사업자 간 가격 정보 교환이 수차례 있었던 사실 자체는 인정했다. 그러나 라면 가격 인상은 시장 1위 사업자인 농심이 선도하고 나머지 업체들이 원자재 가격 상승 부담 등으로 인해 각자의 경영 판단에 따라 후발적으로 따라간 순차적 행위일 뿐 가격 인상에 대한 명시적 또는 묵시적 의사의 합치가 있었다고 보기는 어렵다고 판단했다. 공정위는 이에 불복하여 상고했으나 2015년 농심 관련 사건, 2016년 오뚜기, 팔도 등에서 연이어 대법원 역시 원심인 서울고등법원의 판결을 확정했다. 대법원은 기존 법리를 재확인하며 "가격 정보 교환 사실만으로 곧바로 가격 인상에 관한 합의가 있었다고 추정할 수는 없다"고 못박았다. 즉, 정보 교환은 합의를 추단할 유력한 간접 증거일 뿐 그 자체를 합의로 볼 수는 없다는 입장을 명확히 한 것이다. 결국 이 사건은 명백한 합의의 증거는 없지만 정보 교환을 바탕으로 서로 눈치껏 가격을 따라 올리는 행위를 처벌하기 어려운 사법적 한계를 극명하게 드러냈다. 이 사건이 남긴 파장이 컸다. 당시 모호했던 정보교환의 위법성 문제를 수면 위로 끌어올렸기 때문이다. 이는 마침내 정보교환도 담합의 범주에 포함해 엄격히 처벌하는 공정거래법 개정을 이끌어낸 역사적인 전환점이 되었다.

아이스크림 담합의 달콤한 유혹

막바지 추위가 기승을 부리던 2022년 2월, 공정위는 아이스크림 담합 적발을 발표한다. 아이스크림 시장의 담합 역시 롯데제과·롯데푸드·빙그레·해태제과식품 등 4개 제조업체가 시장점유율의 85%를 차지하는 과점 시장에서 뿌리를 내렸다. 소수의 기업이 시장 대부분을 차지하는 전형적인 과점 시장 구조였다. 이들은 2016년 2월부터 2019년 10월까지 약 3년 8개월간 아이스크림 판매·납품가격을 올리고 소매점 거래처를 서로 침범하지 않기로 나누는 등 다양한 방식으로 경쟁을 회피하기로 합의하고 이를 실행에 옮긴 혐의를 받았다. 담합을 실행한 이유는 2010년대 후반 저출산으로 주 소비층인 저연령 인구가 줄고 동네 슈퍼마켓 같은 소매점 감소로 격화하던 경쟁을 더 이상 하지 않으려 했기 때문이다. 이른바 출혈 경쟁을 더 이상 하지 않겠다는 뜻이었다. 이번 사건은 단순히 가격을 똑같이 맞추는 것을 넘어 거래처를 나누고 거래 조건 제한 등 다양한 형태의 담합이 혼합된 복합 카르텔로 진화했다는 특징이 나타났다.

담합의 첫 시작은 경쟁사의 소매점 거래처를 뺏고 빼앗기는 경쟁을 하지 말기로 합의한 것이었다. 소매점에 제공하는 납품가격 지원율 상승을 억제해 가격 하락을 간접적으로 방지하는 목적이었다.

합의 결과 4개 제조사들 간 소매점 침탈 개수는 2016년 719개에서 2019년 29개로 급감했다. 심지어 합의를 어기고 경쟁사 거래처를 빼앗으면 그 보상으로 자신의 기존 거래처를 경쟁사에 넘겨주는 보상 방식까지 실행됐다.

경쟁사 소매점 침탈 및 보상 현황

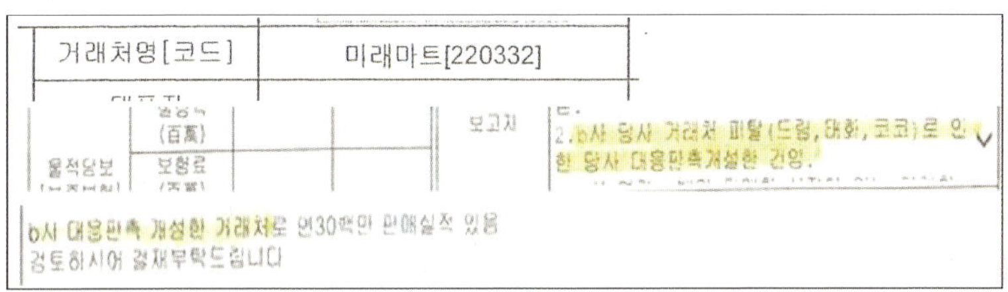

* 상기 롯데제과 내부자료를 보면, b사(빙그레)가 드림, 태화, 코코 등 롯데제과의 소매점을 침탈하였고 그 보상으로 기존 거래처 중 미래마트를 롯데제과에 제공한 사실이 확인됨.

이렇게 서로 간의 신뢰가 쌓이자 2017년쯤부터는 납품 가격을 직접 올리는 가격 담합에 본격적으로 나섰다. 아이스크림 할인점을 포함한 소매점 지원율 상한을 76%로, 대리점 지원율 상한을 80%로 직접 제한해 납품 가격 하락을 직접적으로 막았다. 유통 채널별 납품 가격 인상과 행사 제한 담합도 적발됐다.

편의점에는 납품 가격을 올리기 위해 편의점이 가져가는 이익률을 45% 이하로 낮추도록 합의했다. 또 소비자들이 자주 접하는 '2+1' 덤 증정 같은 판촉 행사 대상 아이스크림 품목 수를 3~5개로 축소하기로 합의했다. 또한 집에서 먹는 대용량 아이스크림(홈류) 가격을 4,500원으로 고정하거나 콘류 제품 가격을 1,300원에서 1,500원으로 인상하는 등 제품 유형별 가격 인상도 합의하고 실행했다. 특히 이들 업체 중 일부는 이미 2007년에도 콘 아이스크림 가격 담합으

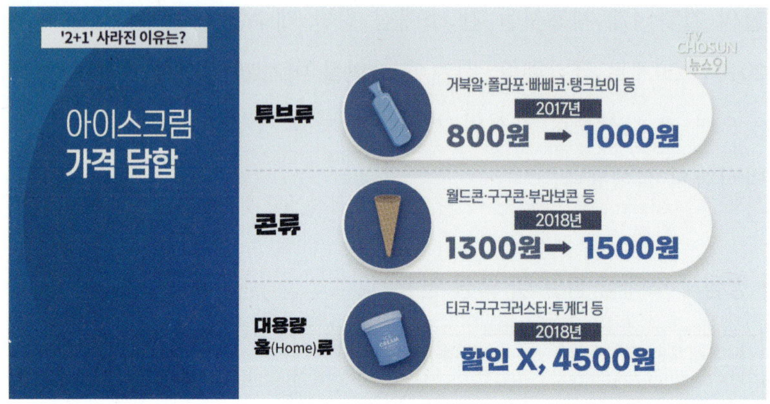

"아이스크림 4년간 가격 담합" ⋯ 롯데 · 해태 · 빙그레 과징금 1,350억 철퇴 / TV조선 뉴스9 (2022.02.17.)

로 공정위 제재를 받은 전력이 있어 충격은 더 컸다. 결국 공정위는 총 1,350억 원 규모의 과징금을 부과하고 빙그레와 롯데푸드는 검찰에 고발했다. 이는 2007년 부과된 과징금 약 45억 원의 30배를 넘는 규모였다.

이들 업체는 공정위 처분에 행정소송을 제기했다. 2025년 4월, 서울고등법원은 이들이 제기한 과징금 부과 취소 청구 소송을 기각했다. 이들은 항소 과정에서 "공동 행위로 인한 소비자 피해는 미미했고 대형 유통업체의 거래상지위 남용에 대응하기 위한 합의였다"고 해명했지만 재판부는 이를 받아들이지 않았다. 과징금이 과도하다는 주장에 대해서도 "과징금 산정은 행정청의 재량 범위"라고 판단했다. 이후 빙그레가 이런 결정에 불복해 상고했지만 대법원은 이를 기각하면서 공정위의 손을 들어줬다.

건설사들의 수상한 제비뽑기

입찰 담합은 정부나 기업이 발주하는 공사나 물품구매 입찰에서 여러 업체가 짜고 낙찰받을 회사와 가격을 정해 공정한 경쟁을 피하는 행위를 말한다. 특히 공사 규모가 클수록 대형 건설사들은 위험을 분산하고 안정적인 수익을 확보하기 위해 담합을 할 유인이 매우 높아진다. 대표적인 사례가 건설사들이 국민 세금을 빼돌렸다는 말이 나왔던 호남고속철도 건설공사 입찰 담합 사건이다.

호남고속철도 건설공사는 2006~2014년 길이 184.5㎞의 철도망을 구축하는 공사로 총 사업비 약 8조 3,529억 원이 투입됐다. 입찰 공사 규모만 3조 5,980억 원에 달하는 초대형 국책 사업이었다. 규모가 천문학적이었던 만큼 담합은 현대건설·대우건설·SK건설·GS건설·삼성물산·대림산업·현대산업개발 등 빅7을 포함한 국내 주요 건설사 대부분이 발을 들였다. 총 28개 건설사가 연루된 이 담합 사건은 장기간의 모의를 통해 매우 조직적으로 실행됐다. 핵심은 공구 분할 합의로, 공사 구간을 나눠서 담합을 하는 것이다. 2009년 6월, 대형 7개 건설사 등 총 21개 사는 전체 13개 최저가 낙찰제 공구를 사전에 3개 그룹으로 나누고 제비뽑기를 통해 각 공구를 어느 회사가 낙찰받을지 미리 정했다.

이렇게 낙찰자가 정해지면 나머지는 자연스럽게 들러리 입찰과 가격 조작을 맡았다. 즉, 낙찰 예정자가 써낸 가격보다 일부러 높게 써내거나 입찰 자격에 미달하는 조건을 제시하는 방식으로 꾸민 것이다. 또 낙찰 예정자들은 입찰 가격을 공사 비용 예측이 아닌 정부가 정한 예상 가격인 설계 금액 대비 약 76%대가 되도록 사전에 합의하고 실행했다. 이는 당시 다른 최저가 공사의 평균 낙찰률인 73.00%

보다 높은 수준이어서 결과적으로 공사비가 부풀려져 국가 예산이 낭비되는 결과를 낳았다. 결국 낙찰률은 78.53%까지 치솟았다.

28개 건설사, 국책사업 '짬짜미' … 4,355억 과징금 / SBS 뉴스(2014.7.27)

이들은 합의가 제대로 실행됐는지 서로 감시하기까지 했다. 일부 공사에서 사다리타기를 통해 투찰률을 정한 후 경쟁사 직원들이 참관해 합의대로 가격을 써 내는지 확인하는 치밀함도 보였다. 공정위는 이들에 대해 과징금 총 4,355억 원을 부과했다. 당시 기준으로 역대 담합사건 중 두 번째, 역대 건설업계 담합사건 중 가장 많은 액수로 기록됐다. 공구 분할을 주도한 대형 7개사의 담당 임원 7명을 포함해 총 15개 법인과 개인 7명을 검찰에 고발했다. 이는 당시 기준으로 건설업계에 내려진 가장 강력한 제재 중 하나였다. 이 사건은 공정위가 국내 유수의 대형 건설사들이 대규모 국책 사업에서 경쟁을 전면적으로 회피하고 공구 배분 담합을 시도한 고질적인 관행을 적발하고 엄중하게 제재했다는 점에서 큰 의미가 있다는 평가를 받았다.

입찰 담합은 공공 분야뿐만 아니라 민간 분야에서도 흔하게 일어난다. 싱크대와 붙박이장 등 빌트인 특판가구는 신축 아파트 분양 가격에 직접 포함돼 소비자의 주거 비용에 영향을 미치는 대표적인 민생 분야이다. 공정위 조사 결과 2011년 이후 건설 경기가 살아나면서 중소형 업체들이 시장에 진입했다. 경쟁이 치열해지자 현대리바트·한샘·에넥스 등 31개 주요 가구 업체들은 과도한 경쟁을 피하고 안정적인 일감을 확보하기 위해 담합을 모의했다. 이들 가구 업체들은 2012년부터 2022년까지 약 10년간 총 738건의 건설사 발주 빌트인 가구 입찰에서 담합했다. 낙찰 예정자를 정하기 위해 주사위 굴리기나 제비뽑기 같은 사행성 방식을 활용한 점도 드러났다.

낙찰 순번을 표시한 증거 자료

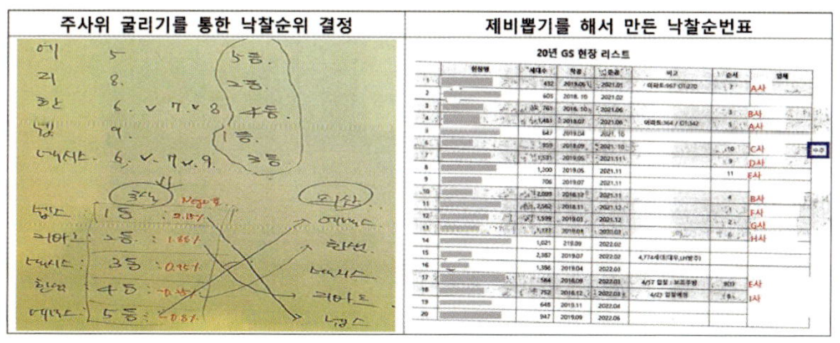

담합 방식은 간단했다. 낙찰 예정자로 정해진 업체가 견적서를 작성해 들러리 업체들에게 전달하면 들러리 업체들은 그 가격 그대로 또는 조금 높여 써서 입찰하는 방식이었다. 때로는 입찰 참가 자격을 유지하기 위해 낙찰을 원치 않는 입찰에도 형식적으로 참여해야 했고 낙찰 희망 업체와 견적서를 교환하기도 했다. 공정위는 이들에게 과징금 총 931억 원을 부과하고 8개 가구업체와 전·현직 임직원 12명은 검찰에 고발했다. 이 사건은 가구 업체들의 담합이 아파트 분양가 상승에 영향을 미쳐 결국 국민의 주거 비용 부담을 가중시키는 결과를 낳았다는 점에서 시사하는 바가 크다.

소주 가격 합의의 진실

과거 소주는 서민 생활과 밀접한 생활필수품으로 분류되어 정부의 물가 안정 관리 품목에 포함되곤 했다. 특히 2008년은 이명박 정부가 물가 안정 대책의 일환으로 생활필수품 52개 품목을 지정하고 관련 기업들에게 가격 인상 자제를 요청하던 시기였다. 당시 정부 부처 중 하나인 국세청은 주세(酒稅) 부과와 관련해 소주 출고 가격 승인에 관여하고 있었다. 하지만 이러한 정부의 물가 안정 노력 분위기 속에서도 소주 가격은 인상됐고, 공정위는 그 과정에서 담합이 있었는지 조사에 착수했다. 조사의 중심에는 1985년부터 이어져 온 소주 업계 사장단 월례모임인 천우회가 있었다.

▎소주 담합 건 요약도

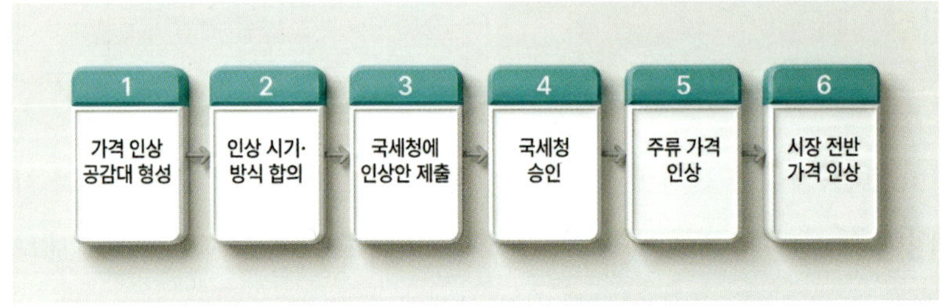

공정위 조사 결과 11개 소주업체들은 2007년 5월과 2008년 12월, 두 차례에 걸친 소주 출고 가격 인상을 앞두고 천우회 모임 등에서 인상 여부, 시기, 인상률을 상호 논의한 것으로 나타났다. 가격 인상 방식은 2008년 말 기준 시장점유율 51.5%로 시장을 선도하는 진

로가 먼저 가격을 인상하면 나머지 업체들이 비슷한 시기에 비슷한 비율로 뒤따라 인상하는 형태를 취했다. 가격 합의 외에도 지역 행사 지원 자제, 페트병 소주 판매 시 경품 지급 조건 통일, 병마개 업체들의 가격 인상 요청에 대한 공동 대응 등 유통 과정에서의 거래 조건과 판촉활동 기준을 임원 간담회와 천우회를 통해 공동으로 결정한 정황이 포착됐다. 이에 대해 소주 업체들은 "국세청의 행정지도, 즉 정부의 가격 인상 승인에 따라 올린 것으로 담합이 아니다"라고 강하게 반박했다. 공정위 역시 국세청의 행정지도가 있었다는 점은 인정했다. 하지만 업체들이 행정지도를 명분 삼아 사전에 별도로 만나 가격 인상 수준과 시기 등을 합의하는 행위는 명백한 담합에 해당한다고 판단했다. 공정위는 이미 진로가 국세청과 협의하기 전부터 천우회 모임을 통해 가격 인상 여부, 적정 인상률, 인상 시기, 심지어 국세청 설득 전략까지 논의하며 담합했다고 본 것이다.

결국 공정위는 2010년, 소사 결과를 종합해 시정명령과 과징금 총 272억 원을 부과했다. 하지만 이 결정은 법원에서 다른 판단을 받았다. 대법원은 2014년 공정위의 처분을 취소하라는 취지로 사건을 고등법원으로 파기환송했다. 사장단 모임에서 가격 인상 등을 논의한 점을 인정하면서도 관련 증거로 볼 때 그것이 법적으로 처벌 가능한 담합 합의에 이르렀다고 단정하기에는 증거가 부족하다고 봤다. 특히 대법원은 당시 국세청이 진로를 통해 사실상 전체 업체의 출고 가격을 통제하고 관리하던 소주 시장의 특수성을 중요하게 고려했다. 이런 상황에서는 나머지 업체들이 독자적인 담합 합의 없이 단순히 국세청의 지도를 받은 선도 사업자인 진로의 가격 인상을 따라간 것일 수 있다는 가능성을 배제하기 어렵다고 판단한 것이다. 따라서 담합으로 인정하려면 단순히 가격을 논의했다는 정황을 넘어 국세청의 통제와 무관하게 업체들 간의 명확한 합의가 있었다는 추가적인 증거가 필요하다고 본 것이다.

이 사건은 정부의 물가 안정 정책과 시장의 공정한 경쟁을 확보하려는 공정위의 법 집행이 서로 충돌할 때 발생할 수 있는 복잡한 문제를 잘 보여준다. 특히 물가 급등기에 기업들이 정부의 정책적 움직임이나 행정지도를 빌미로 실제로는 담합을 시도할 가능성이 있으므로 경쟁당국은 이러한 시기에 행정지도와 사적 합의의 경계를 명확히 구분하고 감시를 강화해야 한다는 과제도 남겼다. 또한 담합 입증에 있어서 더욱 정밀하고 구체적인 증거 확보의 중요성을 다시 한 번 확인시켜준 사례이기도 하다.

'무료 서비스 축소' 플랫폼 경제의 담합

인간의 본성과 가까운 담합의 특성은 전통적인 제조업뿐만 아니라 디지털 경제에서도 나타나기 시작했다. 온라인 아르바이트 중개 플랫폼인 알바몬·알바천국의 담합은 디지털 플랫폼 시장에서 나타난 부당한 공동행위의 대표적인 사례이다. 당시 온라인 단기 구인·구직 시장점유율은 알바몬 약 64%, 알바천국 약 36%로, 두 회사가 시장 대부분을 차지하는 복점(duopoly) 구조였다. 사실상 두 플랫폼이 시장을 양분하고 있었던 셈이다.

2018년, 고용시장 둔화와 최저임금 인상 등으로 어려움을 겪던 두 회사는 수익 증대를 위해 공동 대응을 모색했다. 이들은 두 차례에 걸쳐 무료 서비스는 축소하고 유료 서비스 가격은 인상하기로 합의하고 실행에 옮겼다. 우선 소비자에게 유리한 무료 공고 게재 기간을 7일에서 5일로 축소하고 건수를 5건에서 3건으로 줄이는 등 무료 서비스의 거래 조건을 제한하자고 합의했다. 또 유료 서비스 중 하나인 '즉시 등록 상품'의 가격을 기존 7,700원에서 8,800원으로 약 14% 인상했다. 이는 직접적인 가격 담합에 해당한다.

공정위는 이 같은 공동행위가 가격뿐만 아니라 서비스 제공 조건까지 담합한 거래 조건 담합에 해당한다고 판단했다. 단순히 가격을 똑같이 맞추는 것뿐만 아니라 무료 서비스의 기간이나 횟수 제한처럼 비가격적 요소를 합의해 변경하는 것 역시 소비자의 선택을 제한하고 경쟁을 저해하는 담합 행위라는 점을 분명히 한 것이다. 이에 공정위는 두 회사에 과징금 총 26억 원을 부과했다. 이 조치는 온라인 플랫폼 사업자들이 무료 서비스의 거래 조건 변경에 합의하는 것 또한 실질적인 가격 담합과 동일하게 경쟁 제한 행위에 해당함을 명확히 한 최초의 사례였다.

공고 게재 성책 변경에 대안 공지

공고 최대 게재기간 변경		
상품	변경 전	변경 후
무료공고	7일	5일
즉시등록	22일	14일
유료공고	22일	21일

이 사건은 초기에 무료 서비스를 통해 많은 이용자를 확보하며 시장을 선점한 플랫폼 사업자들이 이후 수익성을 높이기 위해 서비스를 유료로 전환하거나 가격을 인상하는 과정에서 경쟁사와 담합할 경우 공정거래법을 위반할 수 있음을 보여준다.

이제 정보 교환도 처벌

지금까지 봤던 것처럼 담합 행위는 가격이나 생산량 등 민감정보를 사전에 교환하는 행위부터 시작되는 것이 일반적이다. 서로 가격을 얼마로 할지, 생산량을 얼마나 줄일지 등을 미리 알면 경쟁할 필요 없이 이익을 극대화하기 쉽기 때문이다. 그러나 정보 교환 행위 자체에 대해 과거 우리나라의 공정거래법 대응 체계는 미비했고, 사법부는 정보 교환 행위 자체만으로는 담합으로 인정하는 데 소극적이었다. 경쟁사끼리 정보를 교환했다는 사실만으로는 부족하고 이를 바탕으로 가격이나 생산량 등을 실제로 합의했다는 명확한 증거가 있어야 처벌할 수 있다는 입장이었다. 앞에서 살펴본 라면 담합 사례가 대표적이다. 당시 법원은 정보 교환까지는 인정했지만 이것이 가격 인상에 대한 명시적인 합의로 이어졌다는 증거는 부족하다고 판단했다. 결국 경쟁사들의 행동을 보고 눈치껏 따라 하는 묵시적 담합과 명백한 증거가 있는 명시적 합의 사이의 애매한 영역, 즉 정보 교환을 통한 담합은 처벌하기 어려운 법적 공백이 존재했던 셈이다.

이런 규제 공백은 특히 국경을 넘어 발생하는 국제 카르텔 사건에서 두드러졌다. 예를 들어 유럽연합 집행위원회(EC)는 트럭 제조업체 다임러 등을 포함한 국제 카르텔 사건에서 가격 책정과 배출가스 기술 전략에 대한 정보 교환 행위 자체에 수조 원대 과징금을 부과하는 등 엄중하게 처벌했다. 그러나 당시 한국의 법 체계는 이를 적용하거나 입증하는 데 한계가 있어 이는 다른 경쟁당국과의 제재 수준 불균형으로 이어졌다.

이에 입법부는 2020년말 공정거래법을 개정해 사업자 간의 경쟁을 실질적으로 제한하는 정보 교환 행위를 담합의 한 유형으로 명시하고 처벌할 수 있도록 했다. 이 개정은 담합의 정의를 기존의 명시적 합의에서 경쟁 제한적 정보 교환까지 확장한 중요한 변화였다. 즉, 직접적인 합의 증거가 없더라고 경쟁사 간의 전략적인 정보 공유가 시장의 불확실성을 줄여 경쟁을 약화하거나 담합을 용이하게 했다고 판단되면 제재할 수 있는 법적 근거가 마련된 것이다.

법이 개정되었지만 실제로 이를 현장에 적용하는 길은 험난했다. 공정위는 이 신설 조항을 처음으로 적용하려 했던 사건에서부터 상당한 난관에 부딪혔다. 바로 KB국민·하나·신한·우리 등 4대 시중은행의 주택담보대출비율(LTV) 정보 교환 사건이다. 공성위는 이들 은행이 주택담보대출의 핵심 조건 중 하나인 LTV 관련 내부 정보를 서로 교환한 행위가 개정된 공정거래법상 정보 교환 담합에 해당한다고 봤다.

하지만 은행권은 강하게 반발했다. LTV 정보 교환은 담합이 아니며 이를 통해 부당한 이익을 얻은 바도 없다고 주장했다. LTV 정보를 단순히 참고만 했을 뿐 실제 대출 실행은 금융당국의 LTV 상한선, 총부채상환비율(DTI), 총부채원리금상환비율(DSR) 등 범위 내에서 이루어졌다는 것이다. 또한 LTV 관련 정보는 비교적 쉽게 파악할 수 있는 정보이므로 이를 공유했다고 해서 은행 간 경쟁이 실질적으로 제한되었다고 보기는 어렵다고 항변했다.

반면 공정위는 정보 교환 행위 자체로 경쟁이 실질적으로 감소했는지가 핵심 쟁점이라고 맞섰다. 각 은행이 LTV를 고객 유치를 위한 중요한 경쟁 수단으로 활용하고 있었고 민감한 LTV 정보를 서로 공유함으로써 경쟁 강도를 낮추려는 유인이 발생했다고 본 것이다. 4대 은행이 교환한 LTV 자료는 약 7,500개에 달하는 방대한 분량으로 이를 개별적으로 알아내려면 막대한 시간과 비용이 소요되므로 기업 입장에서 정보를 교환할 유인이 충분하다고 분석했다. LTV 자료 교환이 없었다면 경쟁을 통해 형성되었을 LTV보다 더 낮은 수준에서 LTV가 형성되어 소비자의 대출 선택권이 제한되었을 수 있다고 판단했다. LTV를 공유해 선택지가 다양하지 못하게 했다면 경쟁 제한성이 성립될 수 있다는 것이다.

양측의 주장이 팽팽하게 맞서는 가운데 공정위 전원회의는 2024년 11월, 이 사건에 대해 이례적인 결정을 내린다. 바로 재심사 명령이다. 이는 최종 결론을 내리지 않고 사건을 다시 심사하도록 되돌려 보낸 것으로, 신설된 정보 교환 담합 규정의 첫 적용 사례인 만큼 더욱 신중하고 엄밀하게 법리를 검토하겠다는 취지로 해석됐다.

4대 은행사건 '재심사' 명령

> □ 공정거래위원회(이하 '위원회')는 2024. 11. 20. '4개 시중은행의 부당한 공동행위에 대한 건'에 대하여 심의한 결과, 심사관 및 피심인들 주장과 관련한 사실관계 추가 확인 등을 위하여 재심사 명령을 결정하였다.

이후 공정위는 약 5개월간의 추가 조사를 진행한 뒤 심사보고서를 은행권에 다시 발송했다. 재심사 과정에서 과징금 산정의 기준이 되는 관련 매출액 범위가 확대될 가능성이 제기되면서 만약 정보 교환 담합으로 최종 결론이 내려질 경우 기존 예상을 훨씬 뛰어넘는 막대한 규모의 과징금이 부과될 수도 있다는 전망이 나오고 있다. 이 사건의 최종 결과는 앞으로 정보 교환 담합 규제가 시장에서 어떻게 작동할지를 보여주는 중요한 시금석이 될 것이다.

배신하면 과징금 0원이 되는 딜레마

공정위는 이렇듯 다양한 담합을 적발해 거액의 과징금을 물리거나 검찰에 고발하는 방식으로 시장 경쟁을 수호해왔다. 그러나 담합 적발은 그렇게 녹록한 게 아니다. 매우 은밀하게 벌어지는 담합은 신이 아닌 이상 쉽게 잡아낼 수가 없다. 잡히지 않으면 거액을 챙길 수 있기에 담합은 은밀성이 생명이다. 이때 공정위의 무기는 '리니언시(Leniency)', 즉 자진신고 감면제도다. 이는 담합에 가담한 기업이 스스로 위법 사실을 신고하고 관련 증거를 제출하면 과징금이나 검찰 고발 등의 제재를 감면해주는 것이다. 리니언시를 설명하기 위해 잠시 한 중학교에서 있을 법한 일을 예시로 들어보겠다.

> "담임 선생으로서 말한다. 우리 교실 창문 유리창 4장이 깨졌다. 이건 분명히 한 놈이 한 게 아닐 거야. 여기 있는 네놈들은 범인이 누구인지 알고 있을 거다. 그래 좋아. 친구를 밀고하는 건 친구가 아니지. 거기까지는 바라지 않겠다. 기회는 한 번뿐이다. 다시 한 번 말한다. 기회는 한 번뿐이다. 내가 지금 교실을 나선 뒤 교무실에 가장 먼저 찾아와 이실직고하고 공범을 다 불면 그놈에 한해서는 내가 아무런 책임을 묻지 않겠다. 하지만 나머지 놈들은 국물도 없을 줄 알아라."

이 같은 교사의 엄포에 유리창을 실제로 깨트린 학생 5명의 머릿속 셈법은 복잡해진다. '내가 먼저 말할까? 아냐. 그래도 친구들을 배신할 수는 없지. 아! 그런데 혹시 철수가 배신을 하고 담임한테 쪼르르 달려가면 어떡하지? 아, 안 되겠다 내가 혼날 수는 없지'라는 긴장감이 생긴다. 결국 5명의 공범 중 1명이 배신하고 담임 교사는 사건의 전모를 파악할 수 있게 된다. 이것이 바로 공정위가 기업 간의 담합 적발과 증거 확보를 위해 내부 고발을 유도하는 리니언시의 본질이다. 담합에 참여한 기업들은 언제나 불안하다. 담합이 적발되면 사회적인 손가락질뿐 아니라 많게는 수백억 원에 달하는 거액의 과징금을 물어야 한다. 그런데 누군가 배신만 하지 않는다면 절대로 걸리지 않을 자신이 있다. 누가 배신하지 않을까 항상 불안하다. 바로 이런 불안 심리를 이용해 담합 카르텔 내부의 균열을 유도하고 이를 통해 담합의 증거를 확보하는 게 바로 리니언시다.

조금 더 전문적으로 설명하자면, 리니언시의 작동 원리는 게임이론에 나오는 '죄수의 딜레마(Prisoner's Dilemma)'와 유사하다. 여러 공범이 각자 격리된 상태에서 심문을 받을 때 모두 범행을 부인하면 증거 불충분으로 가벼운 처벌을 받지만 한 명이라도 자백하면 자백한 사람은 풀려나고 나머지는 무거운 처벌을 받게 되는 상황을 생각해보면 이해하기 쉽다. 서로를 믿고 입을 다물면 최선이지만 상대방이 먼저 배신할 가능성을 염두에 두면 결국 자신에게 가장 불리한 상황을 피하기 위해 먼저 자백하는 쪽을 선택할 유인이 생기는 것이다.

공정위는 리니언시 제도를 1997년 처음 도입한 뒤 2005년부터 본격적으로 활성화했다. 개정된 법에 따라 담합 사실을 가장 먼저 자진 신고하고 증거를 제출한 1순위 기업은 과징금을 전액 감면받고, 두 번째로 신고한 2순위 기업은 50%를 감면받을 수 있게 되자 자진 신고 건수가 크게 증가했다.

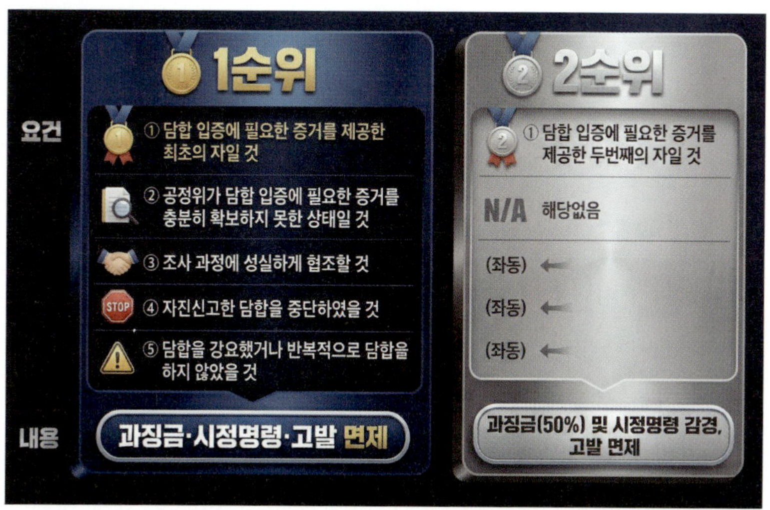

실제로 리니언시는 많은 담합 사건을 밝혀내는 데 결정적인 역할을 했다. 앞서 살펴본 라면 가격 담합 의혹 사건에서 공정위가 조사를 시작할 수 있었던 것도 참여 기업 중 한 곳인 삼양식품의 자진신고가 있었기 때문이다. 2011년 적발된 브라운관 유리 가격 담합을 공정위가 적발할 수 있던 것도 일본 업체와 짬짜미를 하던 삼성코닝정밀소재가 공정위에 자진신고했기 때문에 전모를 파악할 수 있었다. 리니언시는 이처럼 공정위의 강력한 무기이기도 하지만 시장이 어느 정도 적응을 하자 이를 악용하는 사례도 나타나기 시작했다. 바로 대기업을 중심으로 한 선도기업이 다른 기업에 담합을 제안하거나 주도해 거액의 부당이득을 챙긴 뒤 문제가 될 것 같으면 가장 먼저 자진신고하여 과징금 전액을 면제받는 경우가 발생할 수 있다는 지적이다. 결국 담합으로 소비자로부터 짜낸 부당이득은 고스란히 기업의 뱃속으로 흘러들어가지만 과징금은 단 한 푼도 내지 않는 수지맞는 장사를 하는 것이다.

이같이 리니언시로 꼼수를 부리는 기업들이 거센 여론의 비판을 받자 공정위는 담합 행위 적발을 발표하면서도 어떤 기업이 자진신고를 했는지는 공개하지 않는 것이 일반적이다. 배신을 혐오하는 여론의 뭇매를 두려워해 기업의 자진신고가 줄어들 경우 담합 적발이 매우 어려워진다는 이유에서다.

공정위는 리니언시 신고 기업 역시 통상 조사처럼 조사를 벌인다. 이후 전원회의 등을 거쳐 관련 매출액에 비례해 과징금을 산출하고 경중에 따라 검찰 고발 처분까지 한다. 이 같은 결정까지 하고서 실제로 처벌을 하지 않는 방식을 쓴다. 이에 따라 공정위는 담합 적발 결과 보도자료에서 리니언시 신고로 처벌을 안 하는 기업에 대해서도 'ㅇㅇ억 원의 과징금을 부과하기로 했다', '검찰에 고발하기로 했다'는 식으로 국민들에게 실제 제재 내용과 다른 정보를 전달하게 된다는 비판도 있다. 앞서 언급한 라면 담합 사건에서 자진신고한 삼양라면에 대해 2012년 당시 공정위는 116억 원 규모의 과징금을 부과한다고 발표했지만 실제로는 전액을 감면했다.

리니언시를 통한 진술이나 증거가 항상 법원에서 그대로 인정받는 것은 아니다. 앞서 언급한 대로 2015년 대법원은 라면 담합 사건에 최종적으로 위법이 아니라는 판결을 내렸다. 대법원은 과점 시장에서 선두 기업인 농심을 추종하는 것은 합리적인 경영 판단일 뿐 명확한 합의의 증거가 부족하다고 판단했다. 특히 리니언시가 적용된 삼양라면 측의 진술도 이미 사망한 임원의 말을 전한 것이고, 구체적이지도 않아 전부 믿기 어렵다는 것이 대법원의 판단이었다. 결국 농심 1,077억 6,500만 원, 오뚜기 97억 5,900만 원, 야쿠르트 62억 7,600만 원의 과징금은 모두 없던 일이 됐다. 이는 한국 경쟁법 집행 역사상 가장 큰 과징금 취소 사례 중 하나로 기록됐다. 과점 시장에서 관찰되는 외형적인 가격 일치만으로는 법적으로 처벌하기 어렵다는 사법부의 엄격한 증거주의 원칙을 보여주었다.

공정위는 이 사건을 계기로 단순히 가격 일치 현상만이 아닌 정보 교환, 시장 분할, 거래 조건 제한 등 비가격 카르텔 영역에서 명확한 합의 실행의 증거를 확보하는 방향으로 규율 전략을 강화하게 된다. 다만 공정위가 리니언시를 통해 파악한 정보를 토대로 더 깊이 파고들었다면 다른 결과가 나왔을 수도 있다는 목소리도 나왔다.

리니언시 제도가 오히려 불공정한 결과를 낳는다는 비판을 받는 사례도 있다. 2018년 공정위는 유한킴벌리가 대리점들과 정부 입찰에서 담합했다고 발표하며 본사에는 2억여 원, 23개 대리점에는 총 3억 9,000여만 원의 과징금을 부과한다고 밝혔다. 하지만 실제로 유한킴벌리 본사가 납부하는 과징금은 '0원'이었다. 담합을 주도한 본사는 공정위에 자진신고해 과징금을 면제받은 대신 송업원 수가 10명 전후한 영세한 대리점들만 과징금 수천만 원을 내야 하는 상황에 몰린 것이다. 유한킴벌리 대리점주들은 본사가 정보를 주는 줄만 알았지 해당 행위가 담합이라는 사실을 몰랐다고 주장했다. 특히 본사가 자신들을 배신한 채 공정위에 자진신고한 사실조차 몰랐다고 했다. 더욱이 당시 공정위는 한술 더 떠 유한킴벌리 실무자 5명을 고발키로 한 심의 결과를 보도자료에서 누락했다. 위원회 심의 결과까지 사실상 요식 행위로 치부해 버린 것이다.

이 같은 황당한 사례 때문에 담합 최초 유도자는 리니언시 신고를 하더라도 면제 혜택을 주어서는 안 된다는 지적이 꾸준히 제기됐다. 어떤 방식이든 최종 피해자인 소비자의 의사가 처벌과 리니언시 인정 과정에서 반영돼야 한다는 주장도 나온다. 공정위도 리니언시 제도를 조금씩 고쳐나가고는 있다. 담합을 강요하고 자신신고를 하거나 2개 사업자 사이의 담합에서 자진신고를 할 경우는 면제 혜택을 주지 않는 식이다. 하지만 음지에서 적용해야 하는 제도 특성상 한계가 있다는 지적도 만만치 않다. 비유하자면 리니언시는 항암제와 비슷한 면이 있다. 항암제는 암 환자의 생존을 위해서는 어쩔 수 없이 선택해야 하는 극약처방이다. 항암제는 암세포만 정밀하게 제거하지 않는다. 매우 독한 항암제는 필연적으로 우리 몸의 다른 세포도 함께 파괴한다. 그런데도 항암제를 쓰는 이유는 무엇과도 바꿀 수 없는 생명을 구하기 위해서다. 하지만 항암제도 오래 쓰다 보면 내성이 생긴다. 이럴 때는 다른 항암제를 찾아나서야 한다. 21세기 신종 담합에 효과적이면서도 시장 경제 피해를 최소화할 리니언시 제도의 정교한 설계와 운영 방식에 대한 고민은 앞으로도 계속될 중요한 과제다.

카르텔을 쫓는 추격전

담합 규제는 소비자 후생 증진과 시장의 혁신을 유도하는 경쟁법의 핵심적 역할이다. 라면·아이스크림과 같은 소비재 가격 담합에 대한 엄중한 제재는 서민 가계 부담을 직접 덜어주는 효과를 나타낸다. 호남고속철도나 빌트인 가구 담합 제재는 국민의 주거 비용과 국가 인프라 건설의 투명성을 제고하고 국가 재정의 건전성과 공공 서비스의 질을 보호한다. 한국 경쟁법은 라면 사건의 판례를 통해 외형적 일치와 명시적 합의 간의 경계를 명확히 할 뿐만 아니라 아이스크림 사건과 플랫폼 담합 사건을 통해 시장 분할과 거래 조건 통제라는 비가격 담합 행위에 대한 규율을 동시에 강화하고 있다. 이러한 규제는 단순한 과징금 부과를 넘어 시장 참여자들에게 경쟁의 원칙을 내재화시키고 장기적인 시장 혁신을 유도하는 데 기여하고 있다고 공정위는 자부한다.

지금까지 그랬던 것처럼 담합은 빠르게 진화한다. 가격 합의뿐만 아니라 유통 채널, 서비스 조건, 심지어 온라인 플랫폼의 무료 서비스 영역까지 확장되고 있다. 특히 은행 LTV 정보 교환 담합 사건은 한국 경쟁당국이 명시적 합의 입증의 한계를 넘어 경쟁 제한적인 전략적 정보 자체의 공유를 규율하는 새로운 패러다임으로 진입했음을 상징한다. 이는 EU와 미국 등 선진 경쟁 당국의 규율 추세와 궤를 같이하는 것으로, 공정위는 신중한 재심사 과정을 통해 신설된 정보 교환 규율의 법적 기준을 시장에 명확히 제시해야 한다는 도전에 직면해 있다. 또한 입찰 담합 사례에서 보듯 조직적이고 고착화된 카르텔을 와해하기 위해서는 리니언시 제도뿐만 아니라 재범 기업에 대한 가중 제재와 발주 기관의 입찰 감시 시스템 강화가 병행되어야 한다. 궁극적으로 담합 규제는 공정한 경쟁 환경을 조성함으로써 디지털 전환 시대를 맞아 발생하는 복잡하고 새로운 유형의 경쟁 제한 행위를 효과적으로 통제해야 할 중대한 과제를 안고 있다.

▌ 시장 지배적 지위 남용

세상에서 가장 재미없는 이야기는 무엇일까? 다양한 의견이 있겠지만 '군대에서 축구한 이야기'가 유력하다. 여성들이 싫어하는 군대 이야기와 축구 이야기가 합쳐졌기 때문이라는 우스개까지 있을 정도다. 군대 축구 이야기가 재미없는 이유로는 대체로 그 서사에 사람이라면 근본적으로 혐오할 불합리한 구조가 담겨 있기 때문일 수 있다. '군대 내 축구 대회 득점왕은? 정답, 사단장'과 같은 이야기가 그렇다. 상식적으로는 나이가 많은 사단장이 장병들을 제치고 최다 득점을 할 리 만무하다. 그런데도 이같은 우스개에 쓴 웃음을 짓는 것은 상명하복 체계인 군대에서 압도적인 힘인 계급을 이용해 정당한 경쟁을 막는다는 것이 전혀 허황된 이야기가 아니기 때문일 것이다. 사단장이 넣은 골은 1점이 아닌 10점으로 규칙 자체를 마음대로 바꾸거나 축구선수 출신 장병의 출전을 원천 봉쇄하는 경우가 없다고 단언할 수 없는 구조다. 공정거래법이 금지하는 시장지배적 지위 남용의 본질은 이같은 군대 축구와 같다고 할 수 있다.

경제학적으로 볼 때 시장지배자의 지위, 다시 말해 권능은 크게 세 가지로 나눌 수 있다. 경쟁 수준보다 높은 가격을 설정해 초과 이윤을 얻을 수 있는 가격 인상력을 가진다. 경쟁자를 시장에서 퇴출할 수 있는 힘도 가진다. 나아가 경쟁자나 소비자의 반응을 고려하지 않고 자신의 사업 전략을 실행할 수 있는 독자적인 행동력을 가진다. 물론 많은 1등 기업은 끊임없이 경쟁자들의 혁신과 추격에 맞서며 정당하고 치열한 경쟁을 펼친다. 하지만 시장지배적 지위를 악용할 경우 경쟁법이 작동한다. 시장의 공정성을 훼손하는 독자적인 영향력과 그 남용 행위를 규제 대상으로 삼는다. 공정거래법은 일단 시장지배적 사업자를 판단하는 일차적인 기준으로 시장점유율 수치를 제시한다. 1개의 사업자가 시장점유율 50% 이상이거나 2개 또는 3개 이하 사업자의 시장점유율 합계가 75% 이상일 경우 시장 지배적 사업자로 추정한다.

그러나 시장은 단순히 점유율만으로 단정할 수는 없다. 이는 과거의 성적표일 뿐이기 때문이다. 결국 시장 진입장벽의 존재와 그 정도, 기존 경쟁 사업자의 상대적 규모, 사업자의 재무 상태와 혁신 능력 등까지 포함해 미래의 경쟁 압력까지 분석해야 한다. 즉, 경쟁법은 정적인 점유율보다는 기업이 느끼는 동적인 경쟁 압력의 부재 여부를 중요한 잣대로 다룬다. 지배력이 있는 기업이 이를 남용하면 시장은 쑥대밭이 된다. 독점 사업자는 이윤을 극대화하기 위해 경쟁 수준보다 높은 가격을 설정하는 경향이 있으며 이는 소비자의 가격 부담 상승으로 직결된다. 또한 혁신이나 품질 개선을 위한 투자가 감소하고 소비자 선택권이 제한되는 구조적 문제를 낳는다. 이러한 현상은 시장의 활력을 저해하고 궁극적으로 국민 경제에 부정적인 영향을 미친다. 시장지배적 지위 남용 행위를 규제하는 것은 장기적인 관점에서 시장의 혁신 잠재력을 보호하는 예방적 조치의 성격을 가진다. 독점 사업자가 자신의 지배력을 이용하여 잠재적인 경쟁자를 부당하게 배재하는 행위를 방치하면 아무리 혁신적인 아이디어를 가진 중소기업이라도 시장에 진입할 수 없게 된다.

고인물은 썩는다. 기술 발전과 서비스 개선의 기회 자체를 차단하며 장기적으로 광범위한 혁신 저해 효과를 가져온다. 경쟁법이 시장의 동태적인 경쟁 환경을 유지하고 미래의 혁신을 보장하기 위한 필수적인 장치로 꼽히는 이유다. 공정한 경쟁 환경을 유지하는 것은 시장의 효율성을 높이고 궁극적으로는 모든 소비자에게 이익이 된다. 경쟁법은 이러한 자유로운 경쟁 시장에서 기업들이 공정한 규칙을 준수하도록 유도하는 중요한 사회적 장치로 기능한다. 최근 국내 경쟁법 집행에서 가장 중요한 무대는 디지털 플랫폼 시장이다. 이 장에서는 압도적인 시장지배력을 가진 플랫폼 사업자들이 알고리즘 조작이나 배타적 거래를 통해 경쟁자를 배제한 주요 사건들을 분석한다.

토종 앱마켓을 죽이려던 구글의 전쟁

구글(Google)은 국내 모바일 앱마켓 시장에서 구글 플레이(Google Play)를 통해 압도적인 시장 지배력을 가진 사업자다. 이러한 독점적 구조에 2016년, 국내 이동통신 3사와 네이버가 합작한 토종 앱 마켓 '원스토어(One Store)'가 도전장을 내밀었다. 위협을 느낀 구글의 선택은 경쟁이 아니라 배타조건부 거래 강요였다. 이는 자신의 상품이나 서비스만 취급하고 경쟁 사업자와는 거래하지 않는 조건으로 계약하는 것을 의미한다. 구글은 모바일 게임 개발사들에게 자사 플랫폼인 구글 플레이에 게임을 독점 출시하도록 요구하는 조건으로 메인 화면에 노출시켜주는 피처링 지원이나 특별 관리 등의 경제적 혜택을 제공했다. 매력적인 혜택이었지만 이는 개발사들이 원스토어와 같은 다른 앱마켓에 게임을 출시할 기회를 차단하는 결과를 낳았다.

공정위 조사에 따르면, 구글은 경쟁법 위반 소지가 있다는 점을 잘 알고 있던 것으로 보인다. 증거를 남기지 않기 위해 오프라인 논의를 유도하는 등 은밀한 방식을 취했다. 주요 게임 콘텐츠가 공급되는 것을 막아 원스토어가 플랫폼으로서의 가치를 갖지 못하게 만드는 구글의 목적은 상당 부분 성공했다. 원스토어의 게임 관련 유료 구매자 수가 절반 이하로 감소하는 결과로 이어졌다.

구글 임원들이 주고 받은 내부 이메일

구글 임원 지(Z) : 원스토어 상위게임들은 통신사 앱마켓 시절부터 있었던 오래된 게임들이고, 우리와 비교할 때, 원스토어에는 주요 게임 출시가 없는 상황입니다.

구글 임원 와이(Y) : 우리는 원스토어에 있는 게임사들이 새로 게임을 출시할 때 신규 게임에 대해 마케팅 지원을 해주는 대가로 구글 플레이 독점 출시를 요구해야 하고 이 사건은 플랫폼 사업자가 자신의 지배력을 이용해 게임 개발사와 소비자 사이의 연결을 인위적으로 통제함으로써 경쟁 플랫폼이 성장하는 데 필수적인 네트워크 효과를 구축할 기회 자체를 막아버린 대표적인 시장 지배력 남용 사례로 평가된다. 앱마켓은 이용자가 많을수록 개발사가 모이고 좋은 앱이 많을수록 이용자가 늘어나는 긍정적 네트워크 효과가 중요한데 구글이 이를 방해했다는 것이다. 2023년 4월, 공정위는 구글의 이러한 행위를 시장 지배적 지위 남용으로 판단하여 시정명령과 함께 과징금 총 421억 원을 부과했다.

경쟁법이 작동한 결과 게임 개발사들은 더 이상 구글 플레이 독점 출시 압박 없이 자유롭게 원스토어 등 다른 앱마켓에도 게임을 출시할 수 있게 되었다. 원스토어는 2020년 하반기부터 2025년 상반기까지 약 5년간 국내 거래액 점유율 12.6%를 기록, 애플 앱스토어 12.3%를 앞지르며 구글 플레이에 이은 2위를 차지할 수 있었다. 비록 구글 플레이가 여전히 높은 점유율을 차지하고 있지만 공정위의 조치는 토종 앱마켓이 공정한 환경에서 경쟁하고 성장할 수 있는 최소한의 운동장을 확보해주었다는 점에서 의미를 찾을 수 있다.

네이버, 알고리즘 조작 첫 사례

한국의 대표 포털사이트인 네이버(Naver)는 쇼핑 분야 검색 서비스 시장에서 점유율 70%가 넘는 1위 시장지배적 사업자였다. 공정위는 네이버가 2012년부터 2015년까지 이러한 시장 지위를 이용하여 자사의 서비스인 네이버 스마트스토어 등에 유리하도록 검색 알고리즘을 인위적으로 최소 6차례 이상 조정했다고 판단했다. '알고리즘'이란 특정 문제를 해결하거나 원하는 결과를 얻기 위해 정해진 일련의 절차나 규칙의 집합으로, 검색 서비스에서는 이용자가 입력한 검색어에 가장 적합한 결과를 찾아 보여주는 규칙 체계를 의미한다. 11번가·G마켓·옥션·인터파크 등 경쟁 오픈마켓 상품에 대해서는 1미만의 값을 부여해 노출 순위를 인위적으로 내렸다. 네이버와 제휴한 쇼핑몰은 검색 결과에서 일정 비율 이상 노출되도록 특권을 부여한 것으로 조사됐다.

"알고리즘 조작해 제휴사 상단에" … 네이버에 과징금 / SBS 뉴스8 (2020.10.06.)

이 같은 알고리즘 조작에 따라 네이버의 오픈마켓 시장점유율은 2015년 4.97%에서 2018년 21.08%로 급상승했다. 공정위는 네이버의 행위가 다른 사업자의 사업 활동을 부당하게 방해하고 경쟁 사업자를 차별했으며 소비자를 부당하게 유인한 행위에 해당한다고 봤다. 이에 2020년 10월, 시정명령과 함께 과징금 267억 원을 부과했다. 네이버는 쇼핑뿐만 아니라 동영상 검색에서도 네이버TV 등 자사 동영상 서비스가 더 잘 노출되도록 알고리즘을 변경한 것으로 공정위는 판단했다. 당시 공정위의 이 조치는 플랫폼 사업자가 검색 알고리즘을 자사에 유리하게 조정하는 '자사 우대(Self-preferencing)' 행위를 시장 지배력 남용으로 제재한 국내 최초의 사례라는 점에서 큰 주목을 받았다. 자사 우대란 플랫폼 사업자가 자신의 상품이나 서비스를 경쟁 사업자의 것보다 검색 결과 등에서 유리하게 취급하는 행위를 말한다.

하지만 네이버는 공정위 처분에 불복하여 2021년 3월 행정소송을 제기했고 사건은 법정 공방으로 이어졌다. 2022년 12월 서울고등법원은 공정위의 손을 들어주었으나 네이버는 이에 불복해 대법원에 상고했다. 그리고 2025년 10월 16일, 대법원은 공정위 처분이 정당했다는 원심인 서울고등법원 판결을 깨고 사건을 파기환송했다. 즉, 사건을 서울고등법원으로 돌려보내 다시 심리하라고 결정한 것이다. 대법원은 네이버 쇼핑의 시장점유율 증가가 반드시 알고리즘 조정 행위 때문이라고 단정하기 어렵다고 봤다. 알고리즘 조정과 시장 점유율 증가 사이의 인과 관계를 더 면밀히 심리할 필요가 있다는 점을 지적했다. 또한 당시 오픈마켓 시장의 전반적인 경쟁 상황과 다른 요인들도 종합적으로 고려하여 네이버의 행위가 실제로 부당하게 경쟁을 제한했는지 다시 판단해야 한다고 강조했다. 이 판결은 플랫폼의 알고리즘 조작 행위에 대한 위법성 판단 기준과 입증 책임에 대한 논쟁이 계속될 것임을 보여준다. 사건의 최종 결론은 파기환송심에서 가려질 전망이다. 같은 달, 대법원은 네이버 동영상 사건도 비슷한 취지로 파기환송했다.

택시가 잡히지 않았던 진짜 이유

택시 호출 서비스를 제공하는 카카오모빌리티 역시 시장 지배력을 남용했다는 의혹으로 공정위의 조사를 받았다. 카카오모빌리티는 카카오T 앱을 통해 일반 중형택시 호출 서비스 시장에서 90% 이상의 점유율을, '카카오T블루'라는 브랜드로 운영하는 가맹택시 서비스 시장에서도 2021년 기준 약 74%의 점유율을 차지하는 압도적인 1위 사업자였다. 공정위는 카카오모빌리티가 2019년부터 자사의 가맹택시인 카카오T블루 기사들에게 승객 호출인 '콜'을 더 많이 배정하는, 일명 '콜 몰아주기' 방식으로 시장 지배력을 남용했다고 판단했다. 공정위 조사에 따르면, 카카오모빌리티는 배차 알고리즘을 변경해 가맹택시를 우대한 것으로 나타났다. 우선 2019년 3월부터 2020년 4월까지 배차 방식을 변경했다. 원래 승객 위치까지 예상 도착시간(ETA, Estimated Time of Arrival)이 짧은 기사에게 우선 배차하는 방식이었으나 실제로는 6분 이내에 카카오T블루 택시가 있으면 더 가까운 일반(비가맹) 택시보다 우선 배차한 것으로 드러났다. 이후 2020년 4월부터는 인공지능(AI)이 추천하는 기사를 우선 배차하고 실패하면 ETA 방식을 적용하도록 변경했다. 그런데 이 AI 추천 대상이 되려면 배차 수락률이 40~50% 이상이어야 했다. 공정위는 평균 수락률이 70~80%로 높은 가맹기사와 10% 수준으로 낮은 비가맹기사 간의 구조적 차이를 알면서도 가맹기사에게 일방적으로 유리한 조건을 의도적으로 설정했다고 봤다.

카카오 가맹택시만 '띠링' … 알고리즘 조작해 콜 몰아줬다 / SBS 뉴스 (2023.02.14.)

공정위는 이러한 행위가 가맹택시 수를 늘려 시장 지배력을 강화하고 일반 택시 기사들의 호출 수입 기회를 부당하게 제한했다고 결론 내렸다. 이에 2023년 2월, 시정명령과 함께 271억 원의 과징금을 부과했다.

하지만 이런 공정위의 제재는 법원에서 다른 판단을 받았다. 2025년 5월, 서울고등법원은 카카오모빌리티가 제기한 행정소송에서 공정위의 시정명령과 과징금 271억 원 부과 처분을 모두 취소하라고 판결했다. 법원은 카카오모빌리티의 배차로직 변경이 가맹택시 서비스의 승객 호출 수락률 등 품질을 유지하고 이용자 만족도를 높이기 위한 합리적인 경영 판단의 일환으로 볼 여지가 있다고 판단했다. 즉, 알고리즘 변경이 반드시 비가맹 택시를 차별하여 경쟁을 제한하려는 부당한 의도였다고 단정하기 어렵다고 본 것이다. 또 공정위가 관련 시장을 획정하고 경쟁 제한 효과를 입증하는 과정이 충분하지 않았다고 지적했다.

이 판결은 앞서 살펴본 네이버 사건과 마찬가지로, 플랫폼의 알고리즘 운영 방식이 시장 지배력 남용에 해당하는지를 판단하는 것이 법리적으로 얼마나 복잡하고 어려운 문제인지를 보여준다. 특히 알고리즘의 투명성 부족과 경쟁 제한 효과에 대한 명확한 입증의 어려움은 향후 플랫폼 규제의 중요한 과제로 남게 됐다.

한편, 콜 몰아주기 사건과는 별개로 공정위는 카카오모빌리티가 경쟁 가맹택시 사업자의 성장을 방해하기 위해 부당하게 '콜 차단'을 했다는 혐의에 대해서도 조사했다. 경쟁 가맹택시 사업자들에게 소속 기사 정보, 호출 수락과 거절 내역, 운행 경로, 시간, 좌표 등 택시 운행 정보와 같은 핵심적인 영업 비밀을 실시간으로 제공하도록 요구하는 제휴 계약 체결을 압박했다. 만약 경쟁사들이 이러한 정보 제공 요구에 응하지 않을 경우 해당 경쟁사 소속 가맹기사들이 카카오 T 앱의 일반 호출 서비스를 이용할 수 없도록 차단하겠다고 통보하고 실제로 차단 조치를 실행했다. 실제로 이 행위 이후 카카오T블루의 가맹택시 시장점유율은 2020년 51%에서 2022년 79%로 급증한 반면, 타다, 반반택시, 마카롱택시 등 다수의 경쟁 사업자들은 시장에서 철수하거나 사실상 퇴출됐다. 그리고 2024년 10월, 공정위는 이 행위에 대해 시장지배적 지위 남용 및 거래상 지위 남용에 해당한다고 판단하고 시정명령과 함께 잠정 과징금 724억 원을 부과하고 법인을 검찰에 고발하기로 결정했다. 다만 부과된 과징금 724억 원은 151억 원으로 줄었다. 이 금액은 공정위가 카카오모빌리티의 관련 매출액을 산정할 때 거래 전체 금액 기준 총액법을 적용한 결과다. 이후 증권선물위원회가 카카오모빌리티의 회계 처리 방식에서 비용을 제외한 순수익만을 영업수익으로 인정하는 순액법 적용이 적절하다고 판단해 관련 매출액도 줄어든 것이다. 카카오모빌리티는 공정위의 콜 차단 제재에 불복해 행정소송을 제기해 현재 진행 중이다.

독점을 피해가는 기이한 셈법

시장에서 강력한 힘을 가졌다고 하더라도 시장지배적 사업자로 인정되지 않아 공정위 차원의 제재를 피한 사례도 있었다. 기업의 규모가 크고 시장에서 막강한 영향력을 가진다 하더라도 진입 장벽이 낮고 실질적인 경쟁 압력이 충분하다면 그 기업은 규제 대상이 아닐 수 있다. 따라서 '시장 획정'은 시장 지배력 여부를 판단하는 첫 단추이자 가장 논쟁적인 법리적 쟁점이다. 시장 획정이란 특정 상품이나 서비스가 다른 상품이나 서비스와 얼마나 대체 가능한지를 따져 경쟁이 실제로 일어나는 범위를 정의하는 작업이다. 마치 운동장의 경계를 긋는 것과 같다. 예를 들어 어떤 기업이 특정 지역의 유일한 영화관을 운영한다고 가정해보자. 시장을 해당 지역의 영화관 시장으로 좁게 획정하면 이 기업은 100% 점유율을 가진 독점 사업자가 된다. 하지만 시장을 OTT 서비스, DVD 대여 등 모든 영상 콘텐츠 소비 시장으로 넓게 획정하면 이 기업의 점유율은 낮아지고 시장 지배력을 인정받기 어려울 수 있다. 특히 소비자와 판매자라는 서로 다른 그룹을 연결하는 온라인 플랫폼의 경우 시장 획정은 더욱 복잡해진다. 플랫폼은 여러 시장에 동시에 영향을 미치는 '양면 시장(Two-sided Market)' 또는 '다면 시장(Multi-sided Market)'의 특성을 갖기 때문이다. 소비자 시장 등 어느 한쪽 면만 보고 시장을 획정하면 전체 경쟁 상황을 왜곡할 수 있다.

CJ올리브영은 국내 H&B(Health & Beauty) 스토어 시장에서 매장 수 기준 75% 이상의 압도적인 지위를 보유한 회사이다. 올리브영은 납품업체들에게 EB(Exclusive Brand) 정책, 즉 자사 매장에만 독점적으로 상품을 납품하는 조건으로 광고 지원 등의 혜택을 제공하는 계약을 추진했다. 공정위는 올리브영의 이러한 행위가 경쟁 H&B 스토어나 온라인 쇼핑몰, 백화점 등 다른 유통 채널에 해당 상품이 유통되는 것을 막아 시장 지배적 지위 남용에 해당할 수 있다고 봤다. 하지만 최종 결정을 내리는 공정위 전원회의에서는 다른 판단이 나왔다. 관련 시장을 오프라인 H&B 스토어라는 좁은 시장으로 획정하면 올리브영이 독점적 사업자이지만 온라인을 포함한 전체 화장품 소매 유통 시장으로 넓게 획정하면 올리브영의 점유율이 낮아져 시장 지배적 사업자 인정이 어렵다는 판단이었다. 결국 공정위 전원회의는 관련 시장 획정이 불분명하다는 이유로 올리브영의 시장지배적 지위 남용 혐의에 대해서는 심의 절차를 종료했다. 즉, 시장지배력 남용으로는 제재하지 않은 것이다. 다만 납품업체에 대한 불공정 행위 자체는 인정되어 과징금 규모가 상대적으로 작은 대규모 유통업법상 거래상 우월적 지위 남용 행위로 제재를 받았다.

쿠팡 역시 검색 알고리즘 조작 혐의로 공정위 조사를 받았다. 쿠팡은 자체 브랜드인 PB(Private Brand) 상품이나 로켓배송 상품 등 직

"오로지 올리브영에서만" 과징금 19억 … '폭탄'은 피했다 / SBS 뉴스8 (2023.12.07.)

매입 상품이 일반 입점 판매자의 상품보다 검색 결과 상위에 더 잘 노출되도록 '쿠팡랭킹' 순위를 인위적으로 조정한 혐의를 받았다. 하지만 공정위는 이 사건에서 쿠팡을 온라인 쇼핑 시장의 시장 지배적 사업자로 판단하지 않았다. 그 이유는 당시 쿠팡의 온라인 쇼핑 시장 점유율이 약 20% 수준으로, 경쟁 사업자인 네이버 쇼핑과 유사했기 때문이다. 즉, 쿠팡이 시장에서 상당한 영향력을 가지고 있기는 하지만 시장 전체를 좌지우지할 정도의 압도적인 시장 지배력을 가졌다고 보기는 어렵다고 판단한 것이다. 따라서 쿠팡의 알고리즘 조정 행위는 시장 지배력 남용이 아닌, 표시광고법상 소비자를 속이거나 부당하게 유인한 행위 등 다른 법률 조항으로 규율되었다.

올리브영과 쿠팡 사례는 경쟁법 집행에서 시장 획정이 얼마나 결정적인 변수인지를 명확하게 보여준다. 시장 경계를 어떻게 설정하느냐에 따라 특정 기업이 규제 대상이 될 수도, 아닐 수도 있으며, 적용되는 법률과 과징금 규모 등 제재 수위까지 달라진다. 특히 디지털 전환 시대에는 온라인과 오프라인의 경계가 흐려지고 플랫폼을 중심으로 다양한 산업이 융합되면서 전통적인 방식의 시장 획정이 점점 더 어려워지고 있다. 이는 경쟁 당국이 새로운 시장 환경에 맞는 정교한 분석 방법과 유연한 법 적용 기준을 마련해야 하는 중대한 과제를 안고 있음을 시사한다.

기업도 쪼개는 미국의 경쟁법

다른 국가 경쟁당국, 특히 미국은 시장지배적 사업자의 독점행위와 맞서는 더욱 강력한 무기를 가지고 있다. 바로 독점 기업을 강제로 쪼개는 '강제 분할(Divestiture)'명령이다. 이는 단순히 행위를 금지하거나 과징금을 부과하는 것을 넘어 독점의 구조적 원인을 제거하는 가장 강력한 조치 중 하나이다. 근대적 반독점법의 효시로 평가받는 미국의 셔먼법은 실제로 거대 독점 기업을 해체시킨 역사를 가지고 있다. 미국은 금융왕으로 이름을 떨치던 존 피어몬트 모건(J. P. Morgan)의 철도회사 노던 시큐리티즈가 미국 북서부 지역의 주요 철도 노선을 독점하려 하자 1904년 회사 해체를 명령했다. 셔먼법의 첫 번째 철퇴였다. 석유왕으로 유명한 존 록펠러(John D. Rockefeller)의 스탠다드 오일(Standard Oil)도 경쟁사 인수, 약탈적 가격 설정 등 공격적인 방식으로 독점력을 유지하다 1911년 34개의 독립된 회사로 해체됐다. 근대 자본주의의 양대 거두가 반독점법을 통해 제재를 받은 것이다.

이러한 강제 분할의 칼날은 오늘날 빅테크에도 겨눠지고 있다. 최근 미국 법무부(DOJ)는 구글(Google)이 검색 시장과 검색 광고 시장에서 불법적으로 독점적 지위를 유지하기 위해 경쟁을 제한했다고 소송을 제기했다. 2023년 9월, 미국 연방법원은 실제로 구글의 독점 유지 행위가 위법하다고 일부 인정하는 판결을 내렸다. 법원의 최종 시정 조치가 남아 있는 가운데 미국 법무부는 구글의 독점 구조를 해소하기 위한 방안으로 브라우저인 크롬(Chrome) 사업 부문이나 광고 플랫폼 사업 부문 등을 분리해야 한다는 내용의 의견서를 법원에 제출하기도 했다. 반면 한국의 현행 공정거래법은 시장 지배력 남용 행위를 금지하고 시정명령이나 과징금을 부과할 수는 있지만 미국 셔먼법처럼 기업을 강제로 분할할 수 있는 직접적인 권한은 규정하고 있지 않다. 이는 대기업을 중심으로 압축적인 경제 성장을 이뤄온 한국의 특수한 역사적 배경과도 관련이 있다. 하지만 한국에서도 독과점 구조의 폐해를 근본적으로 해결하기 위해 기업 분할 명령 제도를 도입해야 한다는 목소리가 꾸준히 제기되어 왔다. 과거 이 제도의 도입을 검토했던 한 공정위 관계자는 "법 조항에 분할 명령이 존재한다는 사실 자체만으로도 독점 사업자가 지위 남용 행위를 시도하려는 것을 사전에 억제하는 효과가 상당할 것"이라고 그 필요성을 강조하기도 했다. 이러한 논의는 정치권에서도 이어지고 있다. 국민의힘 안철수 의원은 과거 대선 후보 시절 재벌 개혁 공약의 하나로 공정위에 기업 분할 권한을 부여해야 한다고 주장한 바 있다.

특히 2025년, 고물가 상황이 지속되자 정부가 일부 산업의 독과점 문제를 물가 상승의 한 원인으로 지목하면서 이 논의가 다시 주목받았다. 이재명 대통령은 9월 국무회의에서 생활물가 상승의 원인이 독점 때문이 아니냐고 의심하며 "독과점 기업에 대한 강제 분할을 미국에서는 많이 하는데 우리나라에도 관련 제도가 있는가"라고 주병기 공정거래위원장에게 질의하기도 했다. 주 위원장은 "현행 공정거래법에는 상세 분할 세노가 없다"며, 대신 "석극석으로 시성녕녕을 내릴 수 있다"라고 답하기도 했다.

이런 논의는 과징금 같은 사후 제재를 넘어 독과점 구조 자체를 개선해야 한다는 사회적 요구로 이어질 수 있다. 물론 기업 분할 명령은 기업의 재산권과 경영 자율성을 근본적으로 제약할 수 있어 도입에 매우 신중해야 한다는 반론도 만만치 않다. 하지만 거대 플랫폼 기업의 시장 지배력이 날로 강화되는 상황에서 한국 경쟁법의 실효성을 높이기 위한 하나의 정책 대안으로 이 제도에 대한 논의는 계속될 전망이다.

█ 불공정거래 행위

1980년 제정된 한국의 공정거래법은 초기에 주로 카르텔, 담합, 시장 지배적 지위 남용 등 거대 기업의 힘 남용을 규제하는 데 초점을 맞췄다. 그러나 2000년대 이후 경제민주화가 사회적 화두로 부상하면서 규제의 초점이 시장 구조 자체에서 업체 간의 일상적 거래 관계로 옮겨가기 시작했다.

특히 2010년대는 중요한 전환점이었다. 프랜차이즈, 대리점, 하도급, 대형 유통업체 등 다양한 관계에서 발생하는 불공정 행위가 언론을 통해 반복적으로 알려지며 강한 사회적 비판을 받았다. 이 시기 '갑질'이라는 용어가 널리 사용되기 시작했고 해외 언론이 한국의 특수한 상황을 설명하며 'Gapjil'이라고 표기할 정도에 이르렀다.

이러한 갑을관계 문제를 규율하는 핵심 법 조항이 바로 거래상 우월적 지위 남용이다. 이 규제의 가장 큰 특징은 사업자가 시장 전체를 지배하는 시장 지배적 지위를 가지지 않더라도 성립할 수 있다는 점이다. 시장 전체에서는 영향력이 크지 않아도 특정 거래 상대방이 그 사업자와의 거래를 지속하기 위해 다른 선택지를 찾기 어려운, 이른바 거래 의존성이 높다면 그 우월한 지위를 인정한다.

한국 경제는 구조적으로 대규모 사업자와 중소기업 간 힘의 불균형이 존재하는 경우가 많다. 이러한 거래 관계상의 힘을 악용하여 부당한 요구를 하는 행위를 금지함으로써 경쟁법은 권력 불균형을 해소하고 시장의 다양성과 건전한 경쟁 환경을 유지하고자 한다.

위법성 판단 기준은 해당 행위가 정상적인 거래 관행을 벗어나 공정한 거래를 저해할 우려가 있는지에 따라 종합적으로 결정된다. 이는 시장 전체의 경쟁 제한성을 따지기보다 개별 거래 관계의 공정성, 즉 갑이 을에게 부당한 불이익을 주는 행위 자체를 막는 데 초점을 맞춘다. 법원은 위법성을 판단할 때 행위의 의도와 목적, 해당 사업자가 가진 우월한 지위의 정도, 상대방이 입게 되는 불이익의 내용과 발생 가능성 등을 폭넓게 고려한다.

남양유업 사례, 밀어내기의 폭력

남양유업 사건은 한국 사회에 거래상 우월적 지위 남용이 무엇인지를 명확히 보여준 대표적인 사례다. 남양유업은 2007년부터 2013년 5월까지 전국 1,800여 개 대리점을 상대로 본사가 판매 목표량을 채우기 위해 대리점이 주문하지 않았거나 소화하기 어려운 물량의 제품을 강제로 떠넘기는 행위, 즉 밀어내기를 조직적으로 실행했다. 유통기한이 임박한 제품이나 비인기 품목 등을 대리점에 강제로 할당하고 일방적으로 공급했다. 특히 2013년, 영업사원이 대리점주에게 욕설과 폭언을 하며 물품 인수를 강요하는 내용의 통화 녹음 파일이 공개되면서 큰 사회적 파장을 일으켰다. 심지어 남양유업은 이러한 밀어내기를 용이하게 하기 위해 2010년 9월에는 대리점 주문 시스템을 변경해 대리점의 최초 주문량 기록을 삭제하고 최종 발송량만 남도록 했다. 이는 영업사원이 대리점의 주문 내역을 임의로 수정해 물량을 늘릴 수 있는 구조를 만든 것이나 다름없었다. 뿐만 아니라 남양유업은 대형 유통업체에 파견하는 판촉 사원의 인건비 중 평균 63%를 대리점과 사전에 협의하지 않고 일방적으로 떠넘기기도 했다. 이러한 행위들은 거래상 우월적 지위를 남용한 불공정 행위의 복합적인 모습을 보여주었다.

남양유업 30대 사원, 50대 대리점주에 막말 파문 / SBS 뉴스 (2016.05.06.)

공정위는 남양유업의 행위가 거래상 우월적 지위를 남용한 구입 강제, 이익 제공 강요 등 불공정거래 행위에 해당한다고 판단하고 법인을 검찰에 고발하는 한편 총 123억 원의 과징금을 부과했다. 남양유업은 이에 불복하여 행정소송을 제기했다. 법원은 남양유업의 밀어내기 등 행위 자체의 위법성은 인정했다. 하지만 과징금 산정 방식에는 문제가 있다고 판단했다. 과징금은 원칙적으로 위법 행위와 직접 관련된 매출액, 즉 관련 매출액을 기준으로 산정해야 한다. 그러나 공정위는 특정 기간 동안 대리점에 공급된 26개 품목의 전체 매출액을 기준으로 과징금을 계산했다. 법원은 26개 품목 전체가 밀어내기 대상이었다고 단정하기 어려우며 위법 행위와 직접 관련된 매출액만을 정확히 산출하기 곤란하다고 보았다. 결국 서울고등법원은 이처럼 관련 매출액 산정이 어려울 경우에 부과할 수 있는 당시 법정 상한액인 5억 원을 초과하는 과징금 부분을 취소하라고 판결했다. 이 판결은 대법원에서 최종 확정됐다.

이 사건은 공정위가 기업의 명백한 불공정 행위를 입증했음에도 불구하고 과징금 산정의 근거가 되는 관련 매출액을 특정하는 과정에서 법원의 엄격한 기준을 충족하지 못해 부과된 제재가 대폭 감액된 대표적인 사례로 남았다. 이는 향후 공정위가 과징금을 부과할 때 위법 행위와 관련된 매출액 범위를 더욱 정밀하게 입증해야 하는 과제를 안겨주었다.

점주가 뭉치면 계약 해지하는 치킨 공화국

가맹계약 역시 본사인 갑과 가맹점주인 을의 관계가 뚜렷하게 드러나는 분야다. 본사는 하나지만 가맹점주는 다수이기 때문에 개별 점주가 본사를 상대로 거래 조건을 협상하기란 현실적으로 어렵다. 이러한 힘의 불균형 속에서 가맹점주들이 자신들의 권익을 보호하고 본사와 대등한 협상을 하기 위해 단체를 구성하는 것은 자연스러운 수순이다. 실제로 현행 「가맹사업거래의 공정화에 관한 법률」(이하 가맹사업법)은 가맹점주의 단체 구성권 및 활동권을 명확하게 보장하고 있다. 하지만 법적 보장에도 불구하고, 본사가 가맹점주 단체의 활동을 부당하게 방해하는 사례가 발생하기도 한다.

치킨 프랜차이즈 BBQ와 BHC의 사례가 대표적이다. BBQ의 경우 '전국BBQ가맹점사업자협의회'의 설립과 활동을 주도한 일부 점포에 대해 계약 갱신을 거절하거나 "본사를 비방하거나 다른 가맹점을 선동하는 경우 언제든 계약을 종료한다"는 내용의 불리한 각서를 요구한 사실이 드러났다. 한때 400여 명이 참여했던 협의회는 본사의 이러한 압박으로 인해 활동이 위축될 수밖에 없었다. BHC 역시 비슷한 방식으로 대응했다. 전국 BHC 가맹점협의회 활동을 주도한 7개 가맹점의 계약을 일방적으로 종료했다. 본사의 강경 대응으로 인해 점주들의 단체 활동은 큰 어려움을 겪었다.

"일방적 가맹 계약 해지"··· BHC에 과징금 3억 5천만 원 / SBS 뉴스 (2023.12.26.)

공정위는 두 사건 모두 본사가 우월적 지위를 이용하여 가맹사업법이 보장하는 가맹점주의 정당한 단체 활동을 방해한 행위로 판단했다. 점주 단체 활동을 이유로 불이익을 주는 것은 명백한 법 위반이라는 것이다. 이에 공정위는 BBQ와 BHC 두 프랜차이즈 본사에 각각 시정명령과 과징금을 부과했다. 이 사례들은 가맹점주가 법적으로 보장된 권리를 행사하려 할 때 본사가 계약이라는 우월적 지위를 이용해 이를 무력화하려 시도한 경우다. 공정위의 제재는 이러한 불공정 행위를 바로잡고 법이 보장하는 가맹점주의 협상력을 보호하기 위한 조치였다.

플랫폼의 새로운 갑질

최근 온라인 플랫폼에서 발생하는 불공정 행위 문제는 외견상 전통적인 갑을 관계 문제와 비슷해 보이지만 근본적으로 다른 형태를 보인다. 그동안 공정위는 소위 갑질 사건에 대해 주로 거래상 지위 남용 규제를 적용해왔다. 이는 거래 관계에서 우월한 지위를 가진 사업자가 그 힘을 이용해 거래 상대방에게 불공정한 거래 조건을 강요하거나 불이익을 주는 행위를 막기 위한 조치다.

하지만 이 규제 방식이 플랫폼에 적용될 때는 근본적인 한계에 부딪힌다. 전통적인 거래상 지위 남용 행위가 성립하려면 피해를 본 을이 정확히 누구인지, 그리고 을이 입은 구체적인 피해가 무엇인지 개별적으로 확인되어야 한다. 문제는 온라인 플랫폼의 경우 입점 업체가 수만 개에서 수십만 개에 달한다는 점이다. 플랫폼이 약관을 일방적으로 변경하거나 검색 알고리즘을 조정할 때 피해는 특정 을에게만 발생하는 것이 아니라 불특정 다수의 입점 업체 전체에 광범위하고 동시다발적으로 발생한다. 이 때문에 기존 규제 방식처럼 피해 입은 입점 업체를 하나하나 특정하고 개별적인 피해 사실을 입증하는 것은 현실적으로 매우 어렵다.

이러한 규제 공백 문제에 대해 2025년 10월 한국개발연구원(KDI)은 관련 보고서를 통해 현행 규제의 틀을 바꿔야 한다고 제안했다. KDI는 보고서에서 플랫폼의 행위로 인해 다수의 피해자가 공통적인 피해를 본 사실이 일정 수준 확인된다면 공정위가 개별 피해자를 일일이 특정해야 하는 입증 부담을 덜어줄 필요가 있다고 지적했다. 나아가 궁극적으로는 플랫폼 규제의 초점을 개별 갑을 관계를 다루는 거래상 지위 남용 규제에서 플랫폼 자체의 압도적인 시장 영향력을 다루는 시장지배적 지위 남용 규제로 전환할 필요가 있다고 제언했다. 이는 플랫폼의 불공정 행위가 개별 입점 업체에 대한 우월적 지위에서 비롯된 것이 아니라 경쟁이 없는 독과점적 시장 구조 그 자체에서 기인할 수 있음을 시사한다. 결국 전통적인 갑과 을의 관계를 규율하던 방식으로는 플랫폼이라는 새로운 시장 구조를 효과적으로 다루기 어렵다는 인식이 커지고 있다. 이는 앞으로의 경쟁법이 개별

기업의 불공정 행위를 넘어 시장 구조 자체의 독과점 문제를 어떻게
다룰 것인지에 대한 근본적인 패러다임 전환을 요구하고 있음을 보
여준다.

▍가맹 · 유통 · 대리점법

계약은 한 장의 문서로 시작되지만 그 속에는 종종 눈에 보이지
않는 힘의 차이가 존재한다. 관행적으로 계약을 맡기는 쪽을 갑, 맡
는 쪽을 을이라 부르는데 이는 단순한 편의상의 구분을 넘어 힘의 우
위에 있는 측과 그렇지 못한 측을 가리키는 용어처럼 쓰이게 되었다.

법의 기본 원칙은 계약 당사자가 서로 대등한 위치에서 자유롭게
의사를 결정하는 것이지만 현실은 다를 때가 많다. 자본력, 인력, 정
보, 시장 영향력의 차이로 인해 규모가 큰 쪽이 대부분의 거래 조건
을 결정하고 상대적으로 약한 쪽은 이를 따를 수밖에 없는 구조가 형
성되기 쉽다. 특히 프랜차이즈 본사와 가맹점, 대형 마트와 납품업
체, 제조사와 대리점처럼 한쪽의 거래 의존도가 높은 관계가 지속될
경우 이러한 힘의 불균형은 더욱 심화된다.

이러한 문제를 바로잡고 공정한 거래 환경을 조성하기 위해 정부
는 기존 공정거래법 외에 세 가지 특별법을 마련했다. 2002년 「가맹
사업거래의 공정화에 관한 법률」(이하 가맹사업법), 2011년 「대규모 유
통업에서의 거래 공정화에 관한 법률」(이하 대규모 유통업법), 그리고
2016년 「대리점거래의 공정화에 관한 법률」(이하 대리점법)이 그것이
다. 이 세 법률은 이름은 다르지만 거래 관계에서 상대적으로 약한
을의 지위를 보호하고 불공정한 거래 관행을 개선해 시장 경제의 균

형 있는 발전을 도모한다는 공통의 목표를 가진다.

첫째, 가맹사업법은 주로 정보의 비대칭성 문제를 해결하는 데 초점을 맞춘다. 프랜차이즈 사업은 본사가 브랜드와 운영 노하우를 제공하고 가맹점주가 가맹금을 내고 이를 따르는 상호 협력 모델처럼 보인다. 하지만 실제로는 본사가 예상 매출액, 필수 물품의 유통 마진 등 핵심 정보를 독점하고 있어 예비 가맹점주가 불리한 조건으로 계약하기 쉽다. 가맹사업법은 본사가 계약 전에 반드시 정보공개서를 제공하도록 의무화하고 가맹점주가 이를 검토할 수 있도록 최소 14일의 숙려 기간을 보장한다. 만약 본사가 거짓이나 과장된 정보를 제공하면 가맹점주가 피해를 구제받을 수 있도록 해 정보 격차로 인한 불공정을 막는 역할을 한다.

둘째, 대규모 유통업법은 백화점, 대형마트, 아웃렛과 같은 거대 유통채널이 우월적 지위를 이용해 비용과 위험을 전가하는 것을 막는다. 대규모 유통업체는 납품업체에게 상품을 신열할 공산을 제공하는 건물주와 같은 막강한 힘을 가진다. 이 법은 유통업체가 정당한 사유 없이 재고를 반품하거나 판촉 행사 비용과 매장 인건비 등을 납품업체에 부당하게 떠넘기는 행위를 엄격히 금지한다. 또한 상품 판매 대금을 월 마감 후 40일 이내 등 법정 기한 안에 지급하도록 규정해 납품업체가 유통 대기업의 자금 조달 창구로 이용되는 것을 방지하는 안전장치로 기능한다.

셋째, 대리점법은 주로 제조사와 대리점 간의 불공정한 목표 강제과 물량 부담 문제를 다룬다. 이 법은 2013년 남양유업의 '물량 밀어내기' 사태를 계기로 제정 논의가 본격화되었다. 당시 남양유업 본사는 대리점들이 소화할 수 없는 물량을 강제로 할당하고 반품을 거부해 그 재고 부담과 손실을 대리점주에게 모두 떠넘긴 사실이 드러나 큰 사회적 문제가 되었다. 대리점법은 이처럼 본사가 우월적 지위를 이용해 구입을 강제, 즉 밀어내기를 하거나 판매 목표를 부당하게 강요하는 행위, 그리고 경영 활동에 부당하게 간섭하는 행위 등을 금지한다. 이를 통해 판매의 동반자라는 이름과 달리 일방적인 책임을 져야 했던 대리점주의 권익을 보호하고 대등한 거래 관계를 유도한다.

결국 이 세 가지 특별법은 민법의 계약 자유 원칙만으로는 해결하기 어려운, 힘의 불균형이 고착화된 특정 분야에서 을의 지위를 보호하기 위해 마련된 최소한의 제도적 장치라고 할 수 있다.

상생을 외치던 편의점 본사의 두 얼굴

가맹사업법과 같은 특별법이 마련되었음에도 실제 현장에서는 가맹본부의 우월적 지위를 이용한 불공정거래 행위가 끊이지 않고 발생한다. 최근 공정위가 제재한 주요 사례들은 법이 현실에서 어떻게 작동하는지를 보여준다.

가맹본부가 계약 조항을 내세워 가맹점주의 합법적인 경영 판단을 방해하는 경우가 있다. 이마트24의 심야 영업 강요 사건이 대표적이다. 2020년 코로나19 사태로 많은 자영업자가 운영에 어려움을 겪었다. 서울의 한 대학가에서 편의점을 운영하던 이마트24 점주도 자정부터 새벽 6시까지 심야 영업 매출이 하루 5만 원 남짓으로 인건비의 약 7만 원에도 미치지 못해 적자가 누적되는 상황이었다. 현행 가맹사업법은 '3개월 연속으로 심야 시간대(0시~6시)에 영업손실이 발생'하면 가맹점주가 영업시간 단축을 요구할 수 있도록 규정한다. 이점주는 법적 근거에 따라 본사에 영업시간 단축을 요청했다. 하지만 본사는 내부적으로도 영업 단축이 필요하다는 보고가 있었음에도 불구하고 이 요청을 받아들이지 않았다. 결국 해당 점포는 2년을 채우지 못하고 폐점했다. 2024년 공정위는 이를 영업시간을 부당하게 구속한 행위로 판단하고 이마트24에 시정명령과 과징금 1억 4,500만 원을 부과했다. 이는 가맹본부의 운영 지침보다 점주의 합법적인 경영 자율권이 더 중요한 법적 가치임을 확인한 결정이다.

▌이마트24가 확인한 ○○점의 심야시간 영업 손익

구분	야간시간 일평균매출 (00:00 ~ 06:00)	이익률 (평균)	심야 예상이익	인건비(심야수당 0.5% 적용) (8,590원*6시간*0.5)	경영주 예상이익 (일평균)	경영주 예상이익 (월평균)
20년 06월	■■■■■	■■	56,552	77,310	−20,758	−622,749
20년 07월	■■■■■	■■	53,989	77,310	−23,321	−722,943
20년 08월	■■■■■	■■	52,133	77,310	−25,177	−780,477
평균	■■■■■	■■	54,225	77,310	−23,085	−708,723

(단위: 원)

편의점 CU의 출점 거리 제한 무력화 시도 역시 유사한 사례다. 편의점 업계에는 같은 브랜드 간의 과도한 경쟁을 막기 위해 250미터 이상 거리를 두는 출점 거리 제한이 자율규약으로 시행되고 있다. 그러나 2021년 경기도 부천의 한 CU 점주는 기존에 멀리 떨어져 있던 다른 CU 매장이 자신의 점포 불과 230미터 안으로 이전해 오는 일을 겪었다. 점주가 거리 제한 위반을 항의하자 본사 BGF리테일은 "폐점 후 재출점은 예외"라는 계약서 조항을 근거로 제시했다. 사실상 스스로 만든 예외 조항으로 자율규약을 무력화하려 한 것이다. 공정위는 이 조항이 가맹사업법의 취지에 어긋난다고 판단하여 경고 처분을 내렸다. 본사는 이에 불복해 소송을 제기했으나 2024년 4월 서울고등법원은 "계약서의 예외 조항이 가맹점주의 권리를 부당하게 침해한다면 그 조항은 효력이 없다"고 판결하며 공정위의 손을 들어주었다. 이 판결은 계약서상 문구보다 법이 보호하려는 가맹점주의 권익이 우선한다는 원칙을 재확인했다.

가맹점주들이 공동으로 대응에 나설 경우 본사가 이를 방해하는 행위도 엄격히 금지된다. 앞서 살펴본 BBQ와 BHC와 유사한 사례가 맘스터치에서도 발생했다. 2020년 사모펀드에 인수된 맘스터치는 본사가 수익성 위주로 정책을 변경하면서 점주들의 부담이 늘어났다는 주장이 제기되었다. 2021년 일부 점주들이 점주협의회를 구성해 거래 조건 개선을 요구하자 본사는 협의에 응하지 않고 오히려 협의회 가입 점주 명단을 요구했다. 나아가 협의회 활동을 주도한 점주에게는 계약 해지를 경고하고 실제로 해당 점포와의 계약을 해지하며 물품 공급을 중단했다. 공정위는 맘스터치에 시정명령과 과징금 3억 원을 부과했다. 주목할 점은 이후 본사가 점주협의회 임원들을 명예훼손 등으로 고소한 사건에서 수사기관과 법원이 점주들의 문제 제기가 '허위사실이 아니다'라고 판단했다는 점이다. 이는 점주들의 주장이 단순한 불만이 아닌 정당한 의견 표명이었음을 의미한다. 이 사

▎맘스터치가 보낸 단체활동 중지 요청문

6. 따라서, 당사는 다시 한번 아래 사항의 이행을 촉구하는 바 입니다. 만약, 귀하가 당사의 적법한 이행 촉구 요청에 응하지 않고, 상기와 같이 가맹점주 개인의 의견을 협의회의 대표 의견으로 당사에게 의견을 제시할 경우, 당사입장에서도 가맹사업법 제14조의2에 따라 협의 등에 응할 의무가 없다는 점을 알려드립니다.

● 요청사항
1. 전국맘스터치점주협의회 가입 가맹점주 매장 418개 리스트
2. 전국맘스터치점주협의회 가입자(명의자) 명단 리스트
3. 전국맘스터치점주협의회의 대표성 확인 전, 전국맘스터치점주협의회 명의의 활동 중지(내용증명 발송 등)

건은 가맹점주들이 개별적으로는 힘이 약하더라도 단체를 통해 목소리를 낼 권리가 법적으로 보장됨을 명확히 한 사례로 평가된다.

본사가 우월적 지위를 이용해 불필요한 물품 구매를 강제하는 행위도 제재 대상이다. 샌드위치 브랜드인 써브웨이는 2009년부터 10년 넘게 가맹점주들에게 특정 회사의 세척제 13종만 사용하도록 강제했다. 이 세척제는 샌드위치의 맛이나 품질과 직접적인 관련이 없는 품목이었음에도 본사는 점주들의 선택권을 제한했다. 공정위는 이를 부당한 거래 강제 행위로 보고 시정명령을 내렸다. 비슷한 사례로 에그드랍은 2020년, 가맹점 개설에 필요한 인테리어나 주방 기구를 특정 업체에서만 구입하도록 강제하거나 강하게 권유했다. 문제는 본사가 이후 해당 업체로부터 리베이트를 받았음에도 이 사실을 정보공개서에 기재하지 않고 가맹점주들에게 알리지 않았다는 점이다. 공정위는 이를 정보 제공 의무 위반과 부당한 거래 강제로 판단하고 시정명령과 과징금 4억 200만 원을 부과했다. 이 두 사건은 본사가 지정한 필수 품목 뒤에 숨겨진 불투명한 이익 구조를 보여준다. 법은 이러한 정보 비대칭과 불균형을 바로잡아 가맹점주가 공정한 조건에서 거래할 수 있도록 보장하는 데 그 목적이 있다.

아울렛과 마트가 납품업체를 울리는 방법

대형마트와 납품업체 간의 거래에서도 갑의 힘을 이용한 불공정 행위가 꾸준히 문제되어 왔다. 이들의 불공정 행위는 대부분 마트가 부담해야 할 비용이나 위험을 납품업체에 떠넘기는 방식이다.

2016년 공정위는 홈플러스·이마트·롯데마트 3사에 대해 총 238억 9,000만 원의 과징금을 부과했다. 이는 당시 대규모 유통업법 위반 사건 중 단일 건으로는 가장 큰 액수였다. 당시 3사 모두에게 공통적으로 발견된 대표적인 문제는 납품업체 직원 부당 사용이었다. 대규모 유통업법에 따르면 마트가 자기 매장에서 물건을 진열하고 판매할 직원을 납품업체로부터 함부로 파견받을 수 없다. 하지만 3사 모두 이 규정을 지키지 않고 납품업체 직원들을 자사 업무에 동원했다.

부당 반품 역시 고질적인 문제였다. 마트가 납품업체로부터 직접 사들인 상품인 직매입은 그 순간 마트의 재고가 된다. 따라서 팔리지 않는다고 해서 마음대로 납품업체에 돌려보낼 수 없다. 하지만 3사 모두 정당한 이유 없이 상품을 반품하며 재고 부담을 납품업체에 떠넘겼다. 당시 3사 중에서도 홈플러스의 위반 정도가 특히 심각했다. 홈플러스는 2014년부터 2015년까지 4개 납품업체에 줘야 할 물건 값 약 121억 원을 '판촉비용분담금'이라는 명목을 붙여 제대로 주지 않았다. 또한 10개 납품업체의 파견사원을 마트가 직접 고용한 것처럼 서류를 꾸미고 그 인건비를 광고비 등으로 다시 납품업체에 떠넘긴 사실도 드러났다. 더 큰 문제는 홈플러스가 2013년에 이미 같은 행위로 공정위의 시정명령을 받았음에도 이를 반복했다는 점이다. 결국 공정위는 시정명령을 이행하지 않은 홈플러스를 검찰에 고발했다. 대규모 유통업법 위반으로 검찰 고발까지 이어진 것은 이 사례가 처음이었다.

대형마트의 비용 전가 사례는 이뿐만이 아니다. 이와 별개로 롯데마트는 2015년에도 대규모 제재를 받았다. 당시 롯데마트는 삼겹살 할인 행사 비용을 납품업체에 떠넘기는 등 여러 불공정 행위로 총 412억 원의 과징금을 부과받았다. 또한 정식 파견 요청 절차도 없이 공문 한 장만으로 납품업체 직원 2,700여 명을 파견받아 자사 업무에 동원한 사실도 함께 적발됐다. 이러한 사건들은 대형 유통업체가 갑이라는 우월한 지위를 이용해 재고 부담, 인건비, 판촉비 등 마땅히 자신이 져야 할 경영 위험을 을인 납품업체에 떠넘기는 구조적 문제를 명확히 보여준다. 대규모 유통업법은 바로 이러한 불공정한 힘의 균형을 바로잡고 대등한 거래 관계를 유도하기 위한 법적 장치다.

겉으로는 동반자, 속으로는 희생양

앞서 언급했듯이 대리점법이 2016년 마침내 시행된 데에는 결정적인 계기가 있었다. 바로 사회적으로 큰 파장을 일으켰던 남양유업의 밀어내기 사건이다. 본사가 우월적 지위를 이용해 대리점에 물량을 강제로 떠넘기고 각종 불이익을 주었던 이 사건은 갑질이라는 단어를 사회 전반에 확산시켰고 대규모 소비자 불매운동까지 촉발했다.

이후 대리점법은 밀어내기뿐 아니라 거래 위험과 비용 전가 같은 새로운 형태의 불공정 행위까지 포괄하는 규범으로 발전했다. 대표적인 사례가 제일사료 사건이다. 하림그룹 계열사인 제일사료는 2009년부터 13년간 축산 농가로부터 받지 못한 사료 대금의 연체이자 약 30억 원을 대리점 수수료에서 차감하는 방식으로 떠넘겼다. 농가와 거래 계약을 맺은 주체는 본사였지만 이익이 아닌 손실은 대리점이 떠안아야 했다. 공정위는 이를 대리점법 위반으로 판단해 시정명령과 과징금 9억 6,700만 원을 부과했다.

대리점법은 이처럼 위험의 전가뿐만 아니라 본사가 우월적 지위를 이용해 대리점에 부당한 판매 목표를 강제하는 행위도 엄격히 금지한다. 화장품 업계 1위인 LG생활건강이 대표적인 사례다. LG생활건강은 2013년부터 2017년까지 자사 화장품 대리점들에 매달 무리한 판매 목표를 할당하고 이를 달성하지 못하면 계약서에 근거가 없는데도 불구하고 대리점의 공급 가격을 인상하거나 할인 혜택을 축소하는 등 불이익을 주었다. 또한, 본사가 주도하는 특정 캠페인 상품의 구매를 사실상 강제하기도 했다. 공정위는 이러한 행위가 대리점의 자율적인 경영 활동을 심각하게 침해하는 판매목표 강제 행위 및 불이익 제공 행위에 해당한다고 판단하고 2017년 시정명령과 함께 과징금 7억 7,800만 원을 부과했다. 이는 대리점법이 밀어내기나 위험 전가 외에도 본사의 실적 압박을 위한 부당한 경영 간섭으로부터 대리점을 보호하는 역할을 한다는 것을 보여준다. 이 사건은 대리점법이 단순한 물량 밀어내기 규제에 머물지 않고 위험의 전가 자체를 불공정 행위로 본다는 점을 명확히 한 결정이었다. 판매의 동반자라는 이름이 무색할 만큼 거래의 책임이 한쪽으로 쏠려 있다면 그 관계는 이미 대등하지 않다. 대리점법은 바로 그 균형을 회복하기 위한 법이다.

갑질은 왜 반복될까

지금까지 살펴본 대부분의 갑질 사건은 두 가지 공통된 문제에서 비롯된다. 하나는 거래상 지위의 남용이고 다른 하나는 정보의 비대칭이다. 앞서 설명한 대로 거래상 지위 남용은 시장 점유율이 높은 시장지배적 사업자의 문제와는 다르다. 시장 전체에서 큰 영향력을 갖지 않더라도 특정 상대방과의 개별 거래 관계에서는 상대방의 선택권을 제한할 만큼 강한 힘을 가질 수 있다. 예를 들어 소규모 프랜차이즈 본사라 하더라도 가맹점주 한 명에게는 계약상 절대적인 갑이 될 수 있는 것이다. 이러한 우월적 지위가 물량 밀어내기, 비용 떠넘기기, 부당한 경영 간섭과 같은 불공정 행위를 낳는다. 정보의 비대칭은 이러한 불평등한 관계를 더욱 견고하게 만든다. 특히 프랜차이즈 산업에서는 본사의 주된 수익 구조가 차액가맹금이라는 방식으로 숨겨진 경우가 많다. 차액가맹금이란 본사가 가맹점주에게 필수 구매 품목을 공급하면서 붙이는 유통 마진을 의미한다. 본사가 이 마진을 얼마로 책정하는지 점주가 정확히 알기 어렵기 때문에 매출이 늘어도 점주의 실제 이익은 늘지 않고 비용 부담만 커지는 구조가 만들어지기도 한다. 미국이나 유럽은 매출액에 비례해 투명하게 로열티를 받는 방식이 일반적이지만 한국은 이러한 차액가맹금 중심의 구조가 여전히 많다. 결국 불투명한 정보 구조와 한쪽으로 기운 힘의 결합이 불공정 거래의 근본적인 원인이 되는 것이다.

그렇다면 해법은 무엇인가? 최근 공정거래 정책의 흐름은 강력한 사후 처벌에서 나아가 예방과 신속한 피해 구제로도 이동하고 있다. 피해를 입은 사업자가 거대 본사를 상대로 직접 소송을 제기하기란 시간과 비용 부담이 매우 크다. 이러한 현실을 고려하여 마련된 제도가 바로 한국공정거래조정원을 통한 대안적 분쟁 해결이다. 이는 법원의 소송보다 절차가 간단하고 당사자 간의 자율적인 합의를 중심으로 분쟁을 비교적 빠르게 해결할 수 있도록 돕는다. 여기에 집단적 구제 제도 역시 확대되는 추세다. 현행 약관규제법에서는 20명 이상의 피해자가 모이면 집단분쟁조정을 신청할 수 있다. 향후 집단소송제까지 본격적으로 도입된다면 개별 점주가 아닌 피해를 본 을들의 공동 대응이 더욱 활발해질 수 있다. 이러한 제도적 변화는 단순한 제재 강화를 넘어 기업 스스로 관행을 바꾸도록 유도하는 자율규제의 확산으로도 이어진다. 법이 강제하기 전에 기업 스스로가 거래 관행을 개선하는 것이다. 갑과 을이 서로를 불신하는 관계에서 벗어나 함께 이익을 나누는 공정한 동반자 관계로 전환하는 것, 그것이 결국 이 법들이 지향하는 최종 목표다.

▌표시 광고와 약관

우리는 일상에서 수많은 광고 문구를 마주한다. "하루 한 알로 완벽한 건강", "바르기만 해도 촉촉해지는 피부" 등 짧고 강렬한 문장들이 소비자의 선택을 유도한다. 하지만 만약 이런 광고가 사실이 아니거나 중요한 정보를 빠뜨렸다면 소비자는 잘못된 정보를 믿고 구매 결정을 내리게 된다. 이는 소비자 피해로 직결될 뿐만 아니라 정직하게 광고한 기업이 오히려 경쟁에서 밀려나게 만들어 시장 전체의 신뢰를 무너뜨린다.

이러한 문제를 막기 위해 마련된 법이 바로 「표시·광고의 공정화에 관한 법률(이하 표시광고법)」이다. 이 법은 명백한 거짓 광고뿐만 아니라 사실에 기반했더라도 소비자를 오해하게 만들 수 있는 표현까지 규제한다. 예를 들어 객관적인 근거 없이 '국내 1위'라고 주장하거나 '천연 성분 100%'라고 광고했지만 실제로는 극히 일부만 해당하는 경우 등이 모두 위법 행위가 될 수 있다. 미국의 연방거래위원회(FTC)가 이러한 광고를 감시하듯 우리나라에서는 공정거래위원회가 표시광고법 위반 여부를 조사하고 시정명령이나 과징금을 부과한다. 광고와 더불어 소비자의 권익에 큰 영향을 미치는 또 다른 영역은 바로 약관이다. 온라인 서비스에 가입하거나 금융 상품을 계약할 때 우리는 '약관에 동의합니다'라는 버튼을 습관적으로 누르곤 한다. 하지만 그 안에는 깨알 같은 글씨로 채워진, 소비자가 거의 읽지 않는 조항들이 숨어있다. 약관은 수많은 소비자와 기업이 동일한 조건으로 거래하기 위해 기업이 미리 정해 놓은 일종의 계약 규칙집이다.

문제는 이 규칙을 만드는 주체가 대부분 힘이 더 강한 기업이라는 점이다. 만약 기업이 소비자에게 불리한 조항을 눈에 띄지 않게 넣어둔다면 이는 마치 친구에게 돈을 빌려주면서 계약서 구석에 '이자는 내 마음대로 올릴 수 있다'는 조항을 몰래 넣는 것과 같다. 이러한 불공정을 바로잡기 위해 「약관의 규제에 관한 법률」, 즉 약관규제법이 존재한다. 이 법은 약관이 명확하게 작성되어야 함은 물론, 특히 소비자에게 중대하게 불리한 조항은 굵은 글씨나 별도의 설명을 통해 고객이 확실히 인지할 수 있도록 명시할 것을 규정한다.

이 두 법률은 정보의 비대칭 문제를 해결한다는 공통점이 있다. 소비자는 기업만큼 상품에 대한 모든 정보를 알 수 없고 일방적으로 제시된 약관 조항을 바꾸자고 협상할 힘도 없다. 법은 바로 이 불균형을 바로잡기 위해 개입한다. 표시광고법이 기업이 소비자를 속이는 행위를 규제한다면 약관규제법은 기업이 불리한 정보를 숨기는 행위를 막는 셈이다. 두 법 모두 소비자가 정확한 정보에 기반하여 합리적인 선택을 할 수 있도록 공정한 정보의 장을 만드는 것을 목표로 한다.

'7년의 저주' 아이돌 계약서의 비밀

케이팝(K-POP) 팬이라면 '아이돌 7년 징크스'라는 말을 한 번쯤 들어봤을 것이다. 데뷔 7년 차를 전후로 멤버가 탈퇴하거나 팀이 해체되는 일이 유독 자주 발생했기 때문이다. 동방신기의 일부 멤버가 JYJ로 독립해 활동하게 된 분쟁이나 소녀시대의 제시카가 탈퇴한 사건 등이 대표적이다. 팬들 사이에서는 마치 7년째에 찾아오는 마법이나 저주처럼 불렸지만 그 이면에는 법과 계약의 냉정한 현실이 숨어 있었다.

과거 연예기획사들은 연습생 시절부터 10년, 길게는 13년이 넘는 초장기 전속계약을 체결하는 것을 관행처럼 여겼다. 데뷔 후 수익 배분은 기획사에 일방적으로 유리하게 책정되는 경우가 많았고 아티스트가 중도에 계약을 해지하려면 잔여 기간 수익의 몇 배에 달하는 과도한 위약금을 물어야 했다. 이는 사실상 아티스트의 직업 선택 자유를 심각하게 제한하는 불공정한 계약이었다.

이러한 관행이 사회적 문제로 떠오르자 2009년 공정위가 개입했다. 공정위는 기획사가 우월한 지위를 이용해 일방적으로 정한 불공정 약관을 바로잡기 위해 「대중문화예술인 표준전속계약서」를 제정하여 보급했다. 이는 불공정한 계약 조항을 규제하는 약관규제법의 정신을 연예 산업에 적용한 사례였다.

이 표준계약서의 핵심은 계약 기간의 상한을 최대 7년으로 제한한 것이다. 그렇다면 왜 7년이었을까? 이 숫자는 단순한 미신이 아니라 기획사의 투자 회수 기간과 아티스트의 직업 선택의 자유라는 두 가치를 절충한 법적 기준점이다. 기획사 입장에서는 연습생 발굴, 트레이닝, 앨범 제작 등에 막대한 비용을 투자했기에 이를 회수할 최소한의 기간이 필요했다. 반대로 아티스트 입장에서는 10년 넘게 한곳에 묶여 경력을 이어가지 못할 위험을 감수하는 것은 불합리했다. 공정위는 7년이라는 기간이 양측의 입장을 균형 있게 반영한 합리적인 상한선이라고 판단했다.

표준전속계약서가 도입된 이후 7년은 징크스가 아니라 재계약 시즌을 알리는 건전한 기준점이 되었다. 방탄소년단(BTS)이나 세븐틴

② **가수, 계약기간 제한 없지만 7년 지나면 해지를 용이하게 함** (가 수) 3조 1~3항

o 가수의 경우 당초 계약기간에는 제한이 없지만, 7년이 넘으면 가수가 계약 해지를 주장할 수 있도록 하였음(해지통보 후 6개월 후에 계약이 종료되므로 실질적으로는 7년 6개월)

- 하지만, 연예기획사와 가수가 합의한 경우에는 해지권 행사를 제한할 수 있도록 하여 **정당한 사유가 있는 경우에는 별도 합의에 따라 장기계약도 가능**(해외활동 등을 위해 7년 이상의 계약존속이 필요한 경우)

o 신인가수들을 체계적으로 발굴·육성 및 수익창출을 위해서는 10년이 넘는 계약기간도 필요하고, 굳이 소속 가수들이 원한다면 계약기간 자체는 문제 삼을 것이 없다는 기획사측의 주장도 일면 타당하나, 표준약관은 **일부 성공한 가수보다는 대다수의 가수들의 권익보호에 초점을 맞추었음**

처럼 멤버 전원이 소속사와 깊은 신뢰를 바탕으로 7년을 넘어 함께 재계약하고 활동을 성공적으로 이어가는 사례가 늘어난 것은 결코 우연이 아니다. 공정한 계약 구조가 아티스트와 소속사 간의 신뢰를 다지는 기반이 된 것이다. 결국 K-POP의 7년 법칙은 불공정의 종말이자 공정한 파트너십의 시작을 의미하게 되었다. 이처럼 법이 계약 문화를 바꾸고 그 문화가 다시 산업 전체를 건강하게 발전시키는 토대가 된다. 그 변화의 시작에 약관규제법이 있었다.

'확률 0%' 넥슨의 속임수

"왜 돈을 써도 원하는 아이템이 안 나오지?" 2024년 1월, 공정위는 넥슨코리아에 116억 4,200만 원의 과징금을 부과했다. 전자상거래법 위반 사건으로는 역대 최대 규모였다. 게임업계는 물론, 일반 소비자에게도 큰 충격이었다.

사건의 중심에는 넥슨의 대표 게임 '메이플스토리'가 있었다. 이

유료 확률형 상품인 큐브의 종류별 기능과 가격

	레드 큐브	블랙 큐브
이미지		
가격	개당 1,200원	개당 2,200원
효과	1. 잠재능력 재설정 2. 잠재능력 등급 업 (유니크 → 레전드리: 0.3%)	1. 잠재능력 재설정 2. 잠재능력 등급 업 (유니크 → 레전드리: 1.4%) 3. 메모리얼 기능

게임에는 큐브라는 유료 아이템이 있다. 큐브는 캐릭터 장비의 능력치를 다시 설정해 주는 확률형 상품이다. 쉽게 말해 돈을 내고 한 번 더 뽑기를 하는 구조다. 이용자들은 큐브를 통해 강력한 옵션을 얻을 수 있다고 믿었다. 그러나 넥슨은 2010년부터 약 10년 동안 인기 옵션이 잘 나오지 않도록 확률을 조작했다. 심지어 '보보보(보스 대미지 증가)'나 '방방방(방어율 무시)' 같은 최고 등급 조합은 아예 나오지 않게 막아두었다. 그럼에도 넥슨은 공지사항에 "큐브의 기능은 기존과 동일하다"고 적었다.

공정위 조사 결과 넥슨은 사소한 업데이트는 400회 넘게 공지하면서도 정작 소비자가 가장 궁금해할 확률 변경 내용은 10년간 숨겼다. 그 사이 큐브는 메이플스토리 매출의 약 30%를 차지했고 10년 동안 5,500억 원이 넘는 매출을 올렸다. 공정위는 이를 소비자를 기만한 행위로 판단했다. 특히 2018년 서든어택 사건으로 이미 제재받은 전력이 있었기 때문에 가중 처벌을 내렸다. 넥슨은 "당시에는 확률 공개 의무가 없었다"며 반발했지만 여론의 반응은 냉담했다.

"속였다" 드러난 '확률 조작' … 넥슨에 116억 원 과징금 / SBS 뉴스 (2024.01.03.)

이 사건이 중요한 이유는 단순한 과징금 규모 때문이 아니다. 눈에 보이지 않는 디지털 상품의 불투명성, 그리고 기업이 통제하는 정보 비대칭 구조의 위험성을 드러냈기 때문이다. 이용자들은 시스템을 믿었지만 그 시스템 자체가 기업의 의도에 따라 조작될 수 있었던 것이다. 결국 이 논란은 법을 바꾸는 계기가 되었다. 2024년 3월부터 「게임산업법」이 개정되어 모든 게임사는 확률형 아이템의 구체적인 확률을 공개해야 한다. 넥슨 사건은 게임 산업 안에서 공정거래의 원칙이 얼마나 중요한지를 보여준 상징적 사례다. 보이지 않는 코드 한 줄, 숨겨진 확률 수치 하나가 수백만 명의 소비자를 속일 수 있다는 사실. 그게 바로 디지털 시대의 새로운 불공정 거래다.

친환경 광고에 속지 마라, '그린워싱'

최근 소비자들은 물건을 구매할 때 가격뿐 아니라 가치를 중요하게 여긴다. 환경을 생각하고 지속 가능한 소비를 하려는 경향이 뚜렷

해지면서 기업들도 친환경을 내세운 상품을 앞다투어 출시하고 있다.

2021년, 화장품 브랜드 이니스프리는 '페이퍼 보틀'이라는 제품을 출시했다. 이름만 들으면 플라스틱 대신 종이로 만든 친환경 용기처럼 들렸고 많은 소비자가 긍정적으로 반응했다. 하지만 한 소비자가 직접 용기를 분해해 본 결과 종이 포장 안에는 여전히 플라스틱 병이 들어 있다는 사실이 드러났다. 이니스프리는 플라스틱 사용량을 절반으로 줄였을 뿐이며 플라스틱이 전혀 없는 용기라고 광고한 적은 없다고 해명했다. 그러나 공정위의 판단은 달랐다. 페이퍼 보틀이라는 이름 자체가 소비자에게 플라스틱이 없는 것처럼 오인하게 만드는 기만적 광고에 해당한다고 본 것이다.

온라인 패션 플랫폼 무신사도 '에코레더'라는 이름으로 친환경 제품 이미지를 강조했다. 그러나 실제로는 화학섬유로 만든 인조가죽

▌한 업체의 인조가죽 제품 실제 판매 화면

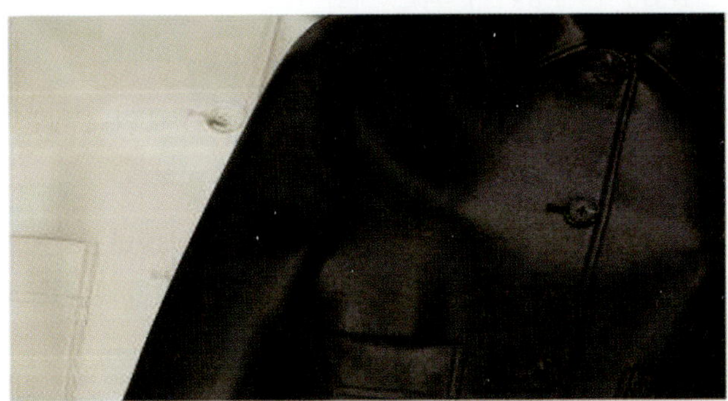

이었다. 공정위는 이 역시 부당한 광고라고 판단해 경고 조치를 내렸다. 공정위는 '에코', '친환경', '지속 가능한' 같은 표현을 사용하려면 반드시 객관적인 근거가 있어야 한다고 강조했다. 또한 제품의 일부만 친환경적인 특성을 가졌음에도 전체가 그런 것처럼 보이게 광고하는 것 역시 소비자를 속이는 행위라고 명시했다.

이러한 행태를 '그린워싱(Greenwashing)', 즉 녹색 위장술이라고 부른다. 겉으로는 환경을 생각하는 듯 포장하지만 실제로는 친환경 이미지 자체를 판매하는 마케팅 전략인 셈이다. 이 사건들은 단순히 두 기업의 문제를 넘어 시대가 변하면서 불공정 광고의 형태도 진화하고 있음을 보여준다. 과거에는 단순한 가격 속임수나 제품의 효능을 부풀리는 허위 광고가 문제였다면 이제는 소비자가 중시하는 가치를 가장한 기만적 방식이 새롭게 등장하고 있다. 공정위의 제재는 이러한 그린워싱에 대한 공식적인 경고장이었으며 경쟁법이 시대의 변화와 소비자의 새로운 가치관에 맞춰 규제의 칼날을 날카롭게 벼리고 있음을 보여주는 사례다.

모두가 1위라고 외치는 학원 광고의 함정

수험생과 학부모라면 한 번쯤 본 적 있는 문구들이다. 불확실한 미래 앞에서 이런 광고는 강한 유혹처럼 다가온다. 그러나 이 화려한 문장들 뒤에는 숫자의 착시가 숨어 있었다. 공정위는 최근 몇 년간 교육 서비스 시장에 만연한 허위·과장 광고 관행을 집중 단속했다. 조사 결과 일부 대형 학원들이 내세운 합격률은 사실상 의미 없는 통계 조작에 가까웠다.

예컨대 한 업체는 "10명 중 9명 합격"이라는 문구를 광고했지만 실제로는 설문 응답자 10명 중 9명이 합격했다고 답한 결과였다. 표본의 규모도 작고 객관적 검증도 없었다. 또 다른 학원은 "최단기 합격 1위"를 자칭했지만 외부 근거가 전혀 없는 자의적 표현이었다.

▮ 성적 향상 1위 관련 실제 홈페이지 광고 내역

　　메가스터디 등 일부 업체는 교재 저자의 학력·경력을 실제보다 과장해 홍보하기도 했다. 공정위는 이 같은 사례들을 표시광고법 위반으로 판단해 허위와 과장, 기만 광고에 해당한다고 지적했다. 특히 "1위", "최다" 등은 소비자의 신뢰를 얻는 핵심 문구이기 때문에 이를 근거 없이 사용한 행위는 명백한 기만이라고 판단했다. 교육 서비스 시장 또한 정보 비대칭이 심한 영역이다. 소비자는 강사의 실제 실력이나 합격률의 신뢰도를 직접 검증할 방법이 없다. 이 틈을 타 기업들은 소비자의 불안을 상업화해왔다. 불안할수록 더 비싼 강의를 산다는 심리를 이용한 것이다. 공정위의 이번 조치는 단순한 허위 광고 시정에 그치지 않는다. 정보의 불균형 속에서 소비자가 합리적으로 선택할 수 있도록 시장 질서를 바로잡는 시도였다. 동시에 '1위 마케팅'이 난무하는 한국 교육 시장에 근거 없는 자신감은 기만이라는 원칙을 세운 사건이기도 하다.

'구름빵' 대박 났는데 1,850만 원뿐

동화책 〈구름빵〉은 45만 부 이상 팔리고 뮤지컬과 애니메이션으로 제작되어 수십억 원대의 수익을 거둔 대표적인 히트작이다. 그러나 정작 작가 백희나 씨가 받은 총금액은 1,850만 원에 불과했다. 이는 초기에 받은 저작권 양도금 850만 원과 전시회 지원금 1,000만 원이 전부였다. 백 작가는 출판사를 상대로 계약이 불공정하다며 소송을 제기했지만 대법원은 최종적으로 출판사의 손을 들어주었다. 그 이유는 계약 형태가 '매절(賣切) 계약'이었기 때문이다. 매절 계약은 작가가 저작권을 일괄 양도하는 방식이다. 작품이 흥행하든 실패하든 작가는 처음에 받은 계약금 외에 추가 수익을 배분받지 못한다. 출판사는 흥행 실패의 위험을 모두 감수하는 대신 성공할 경우 모든 수익을 가져가는 구조다. 백 작가는 이 계약이 약관규제법상 불공정 약관에 해당한다고 주장했다. 하지만 법원은 계약 당시 출판사가 흥행 실패의 위험을 부담한 점 등을 고려하여 계약 자체는 유효하다고 판단했다. 이 판결은 약관규제법이 모든 불리한 계약을 무효로 돌리지는 않는다는 점을 보여준다. 즉, 계약 자유의 원칙과 형평의 원칙 사이에서 법원이 얼마나 신중하게 접근하는지를 보여주는 사례다. 그러나 법정 패소 이후 사회적 논의가 활발하게 일어났다. 작가와 창작자 단체들은 이러한 계약 관행이 과연 공정한지 문제를 제기했다. 여론은 매절 계약의 불합리성을 비판했고 국회에서는 이른바 '구름빵 보호법'이 발의되기도 했다.

'검정고무신' 비극 없도록 … 뒤늦게 대책 마련 나선 정부 / SBS 뉴스 (2023.03.15.)

〈구름빵〉이 제기한 창작자의 불공정 계약 문제는 몇 년 뒤 〈검정고무신〉 사건을 통해 다시금 수면 위로 떠올랐다. 원작자인 고(故) 이우영 작가는 캐릭터 저작권은 물론 2차적 사업권까지 포괄적으로 묶인 계약으로 인해 작품의 오랜 성공에도 불구하고 정당한 수익을 배분받지 못하고 창작 활동에 제약을 받은 것으로 알려졌다. 이 사태는 2023년 작가의 비극적인 선택으로 이어지며 큰 사회적 파장을 낳았다. 〈구름빵〉과 〈검정고무신〉 두 사건은 모두 창작자가 자신의 성공적인 작품에서 소외되는 매절 계약 및 포괄적 양도 계약의 불합리성을 여실히 보여주었다.

공정위도 나섰다. 공정위는 2014년, 출판계에서 관행적으로 사용되던 불공정 약관들을 시정하도록 조치했다. 여기에는 2차적 저작물 작성권의 포괄적 양도 조항, 계약이 묵시적으로 자동 갱신되는 조항 등이 포함되었다. 2023년에는 계약의 불공정 조항 여부에 대한 약관 실태조사도 실시했다. 〈구름빵〉 사건은 법이 보호하지 못한 자리를 사회적 논의와 공적 규제가 메웠던 드문 사례다. 법정에서는 졌지만 그 패소가 오히려 제도의 변화를 이끌었고 이후 〈검정고무신〉 사건은 이러한 변화의 필요성을 다시 한번 절박하게 확인시키는 계기가 되었다.

마일리지 깎아버린 항공사의 배짱

수년간 모은 항공사 마일리지는 소비자에게 중요한 자산이다. 2022년 말, 대한항공은 2023년 4월부터 시행을 목표로 한 새로운 마일리지 개편안을 발표했다. 이 개편안의 핵심은 마일리지 공제 기준을 지역 기반에서 거리 기반으로 바꾸는 것이었다. 문제는 이 변경안이 단거리 노선은 유리해지는 반면, 소비자들이 선호하는 장거리 노선의 공제율은 대폭 상향 조정된다는 점에 있었다. 코로나19 팬데믹으로 수년간 하늘길이 막혀 마일리지를 사용할 기회조차 없었던 소비자들은 "이용하지도 못한 마일리지를 더 써야 한다"며 강하게 반발했다.

마일리지 제도는 항공사가 제공하는 단순한 혜택처럼 보이지만 실상은 소비자가 일정한 신뢰를 전제로 이용하는 계약상의 권리에 가깝다. 따라서 항공사가 일방적으로 기준을 소비자에게 불리하게 변경하는 것은 약관규제법에 저촉될 소지가 있다. 이 논란은 공정위가 대한항공과 아시아나항공의 기업결합 심사를 진행하던 시기와 맞물려 더욱 증폭되었다. 공정위는 이 개편안이 소비자의 합리적 기대를 침해한다고 보고 제동을 걸었다.

이 사건의 의미는 공정위의 대응 방식에 있었다. 공정위는 소비자 피해가 발생한 뒤에 조치하는 사후 규제에 그치지 않았다. 대신 두

항공사의 기업결합 심사 과정에서 별도의 마일리지 통합 방안이 소비자에게 불이익을 주지 않도록 조건을 부과하는 사전 규제 카드를 활용했다.

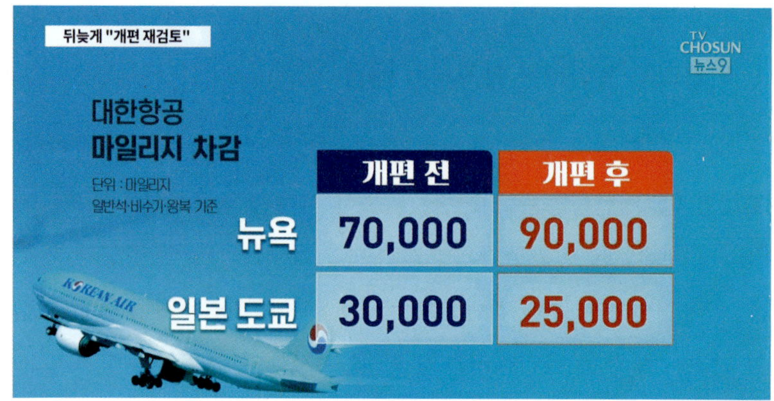

잇단 비판에 … 대한항공 "마일리지 개편 전면 재검토" / TV조선 뉴스9 (2023.02.20.)

결국 대한항공은 거센 소비자 반발과 공정위의 압박에 밀려 마일리지 개편안 시행을 보류했다. 이 사건은 공정위의 역할이 기업결합을 승인할 때 단순히 시장점유율 같은 경쟁 제한성뿐만 아니라 소비자에게 불리한 계약 변경을 막는 사전 감시 기능으로까지 진화하고 있음을 보여준 사례다.

똑똑한 소비자가 판을 바꾼다

앞서 살펴본 사례들은 공정위와 법원이 불공정의 경계선을 어디에 긋는지를 보여준다. 넥슨과 에듀윌, 해커스 등 관련 사건은 기업이 명백한 허위 정보로 소비자를 속인 경우였다. 확률이나 합격률 같은 숫자를 조작하거나 객관적 근거 없이 1위를 내세웠다. 이니스프리와 무신사 사례는 사실의 왜곡이 아닌 인식의 왜곡을 문제 삼았다. '페이퍼 보틀'이나 '에코레더'처럼 표현 자체는 틀리지 않았을 수 있으나 소비자가 제품의 본질을 오인하도록 유도했다는 이유로 제재를 받았다. 이 사건들은 기업이 제공하는 정보는 정확해야 할 뿐만 아니라 오해의 소지가 없어야 한다는 원칙을 세웠다. 약관규제법과 관련된 케이팝(K-POP) 아이돌 전속계약과 대한항공 마일리지 개편안은 우월적 지위를 가진 기업이 일방적으로 계약 조건을 변경하려 한 경우였다. 소비자가 협상력 없이 '동의합니다' 버튼을 누를 수밖에 없는 현실에서 법은 그 불균형을 바로잡는 최소한의 장치로 작동했다.

반면, 〈구름빵〉 사건에서 법원은 계약이 작가에게 불리하게 보일지라도 출판사가 초기에 흥행 실패의 위험을 모두 부담했다는 현실적 맥락을 중시하여 계약 조항의 유효성을 인정했다. 이는 법의 판단이 항상 이상적인 형평을 보장하지는 못한다는 사실, 그리고 제도적 구제의 한계를 사회적 논의가 보완해야 함을 일깨워준다. 결국 이 사례들의 공통점은 정보의 비대칭과 지위의 불균형이다. 공정거래법은 이 두 가지 문제를 바로잡기 위한 사회적 장치이며 불공정 행위로부터 시장의 신뢰를 지키는 최소한의 방어선이다. 그러나 법이 제 역할을 다하려면 소비자의 참여가 뒷받침되어야 한다. 광고 문구를 비판적으로 읽고 약관의 세부 내용을 확인하는 자세가 필요하다. "1위", "최고", "친환경" 같은 포괄적인 문구에 현혹되지 않고 그 근거와 조건을 따져보는 태도가 중요하다.

무엇보다 불공정하다고 느껴지는 순간 침묵하지 않는 것이 중요하다. 대한항공 마일리지 사건에서 보듯 소비자의 집단적 반발이 기업의 결정을 바꾸고 공정위의 선제적 대응을 이끌어냈다. 공정한 시장은 법만으로 완성되지 않는다. 법은 틀을 세우고 소비자는 그 틀을 움직이는 힘이다. 그 두 축이 함께할 때 비로소 공정은 선언이 아닌 현실이 된다.

▌소비자 보호

소비자 돕는 전화 한 통, 1372 소비자상담센터

물건에 하자가 있거나 환불을 거절당했을 때 소비자가 이용할 수 있는 통합 상담 창구가 있다. 바로 '1372 소비자상담센터'로, 전국 어디서나 같은 번호로 연결되는 통합 상담 창구다. 전화를 걸면 한국소비자원, 소비자단체, 지방자치단체의 소비생활센터가 모두 하나의 네트워크로 연결되어 가장 적합한 기관으로 상담이 자동 배분된다. 덕분에 소비자는 담당 기관을 일일이 찾을 필요 없이 한 번의 전화로 신속한 도움을 받을 수 있다. 예를 들어 단순한 제품 불만이나 환불 문제는 지역 소비생활센터로 연결된다. 반면 보험, 의료, 금융 상품처럼 전문적인 검토가 필요한 사안은 한국소비자원으로 바로 배정된다. 이 시스템을 통해 소비자는 문제의 성격에 맞는 전문가와 빠르게 연결될 수 있다. 센터에 접수된 상담은 일회성으로 끝나지 않는다. 모든 상담 내용은 언제, 어떤 품목, 어떤 사유로 접수되었는지가 데이터로 축적된다. 이 자료는 공정위가 전국 소비자 피해의 흐름과 패턴을 분석하는 데 활용된다. 즉, 한 사람의 전화 한 통이 미래의 피해를 예방하는 정책 근거가 되는 것이다.

다만 1372에 상담을 신청하기 전에 소비자가 반드시 준비해야 할 것들이 있다. 소비자 구제 절차는 결국 증거를 통해 사실관계를 입증하는 과정이기 때문이다. 분쟁조정기관에 연락하기 전 먼저 판매자에게 문제점을 알리고 환불이나 수리, 교환 등을 요구하는 절차를 거치는 것이 좋다. 이때 감정적으로 대응하기보다 구체적인 문제점과 요구사항을 명확히 전달해야 한다. 또 모든 증거를 확보해야 한다. 가장 기본은 영수증, 신용카드 결제 내역, 계좌 이체 확인증 등 구매 사실과 날짜를 증명할 자료다. 제품의 하자를 입증할 수 있는 사진이나 동영상도 필수다. 계약서, 보증서, 약관, 그리고 제품의 광고 화면 캡처 등 사업자가 약속한 내용을 증명할 자료도 중요하다. 사업자와 주고받은 문자 메시지, 이메일, 통화 녹음 등도 분쟁 해결에 결정적인 증거가 될 수 있다. 만약 사업자가 연락을 피하거나 서면 증거를 남기기 어려운 상황이라면 우체국을 통해 '내용증명' 우편을 발송하는 것도 법적 효력을 갖는 확실한 방법이다. 이러한 자료가 충분히 갖춰져야 이후 소비자원 등의 조정 절차에서 객관적인 사실관계를 바탕으로 원활하게 구제를 받을 수 있다.

규제는 공정위, 구제는 소비자원

우리나라의 소비자 보호 체계는 크게 공정거래위원회와 한국소비자원이 역할을 나누어 운영하고 있다. 간단히 말해 공정위는 규제와 예방을, 소비자원은 상담과 구제를 맡는다. 공정위는 사업자가 만든 약관이나 거래 조건의 불공정성을 사전에 차단하는 역할을 한다. 예를 들어 렌터카 업체가 교통사고 시 과도한 수리비를 청구하던 관행이 문제가 되자 공정위는 표준약관을 개정해 수리 내역 공개를 의무화하고 면책금 기준을 명확히 했다. 이처럼 공정위는 개별 피해가 발생하기 전에 제도를 바꾸는 예방 중심의 역할을 한다.

반면 이미 피해가 발생한 경우에는 한국소비자원이 나선다. 소비자원의 조정 절차는 일종의 소송 없는 재판과 같다. 소비자가 피해 사실을 신청하면 소비자원은 자료를 검토하고 필요 시 시험 검사나 전문가 자문을 거쳐 문제의 원인을 객관적으로 확인한다. 이후 소비자분쟁해결기준에 따라 사업자와 소비자에게 합의를 권고한다. 만약 합의가 이루어지지 않으면 사건은 소비자분쟁조정위원회로 넘어간다. 여기서 내린 조정 결정을 양측이 수락하면 그 결정은 법원의 화해 판결과 동일한 효력을 가진다. 만약 사업자가 이를 이행하지 않으면 소비자는 별도의 소송 없이도 강제 집행을 신청할 수 있다.

앞서 공정위로부터 과징금을 부과받은 넥슨의 '메이플스토리' 확률 조작 사건이 대표적인 사례다. 2024년 1월 공정위 제재와는 별개로, 큐브 아이템을 구매한 이용자 5,800여 명은 소비자원에 집단분쟁조정을 신청했다. 소비자분쟁조정위원회는 2024년 8월, 이 신청을 받아들여 넥슨의 기만행위와 손해배상 책임을 인정했다. 위원회는 넥슨이 신청자들에게 구매 금액의 일부(레드큐브 3.1%, 블랙큐브 6.6%)를 현금 환급이 가능한 넥슨캐시로 지급하라고 결정했다. 주목할 점은 넥슨의 반응이었다. 넥슨은 2024년 9월, 소비자원의 조정 결정을 수용했을 뿐만 아니라 조정을 신청하지 않은 전체 피해 이용자 약 80만 명에게도 동일한 기준을 적용해 보상하겠다고 밝혔다. 이 보상안의 총규모는 약 219억 원에 달하는 것으로 추산되며 이는 소비자 집단분쟁조정 제도 도입 이래 최대 규모의 보상 사례로 기록되었다. 이처럼 1372 상담센터, 한국소비자원, 공정위로 이어지는 연결망은 소비자가 긴 시간과 비용이 드는 법원 절차를 거치지 않고도 빠르고 실질적인 피해 구제를 받을 수 있도록 돕는다.

2동-2

공정거래위원회

103
공정거래위원회
Fair Trade Commission
기자실

2동
공정거래위원회
FAIR TRADE COMMISSION
2B-1
2동 정문(A지)

CHAPTER 3

• 조사의 시작과 끝

• 전원회의장은 전쟁터

• 공정위, 정부 내의 외로운 파수꾼

• 동의의결

• 과징금, '경제 검찰'의 핵심 무기

조사에서 과징금까지

조사에서 과징금까지

▎ 조사의 시작과 끝

독자 여러분이 동네 마트에서 물건을 살 때 비슷한 가격에 놀라거나 온라인 쇼핑몰에서도 같은 제품인데 가격 차이가 커서 검색 결과가 이상하다고 느낀 적이 있다면 그것은 우연이 아닐지도 모른다. 시장을 독점하거나 힘이 세지면 이익을 극대화하기 위해 과감한 수단을 동원하게 되고 때로 법 위반의 선을 위태롭게 침범할 수 있기 때문이다. 기업들의 이런 수상한 행동을 감시하고 제재하는 것이 바로 공정위의 역할이다. 공정위가 기업의 독점과 과점, 불공정 거래와 관련된 사건을 접수하고 조사해 최종 판정을 내리기까지의 과정은 마치 형사 사건의 수사와 재판을 합친 것 같다. 다만 검찰과 법원이 따로 있는 것과 달리 공정위는 수사기관이면서 동시에 심결기관 역할까지 한다. 그렇다면 공정위는 구체적으로 어떤 과정을 거쳐 기업의 잘못을 가려내고 제재를 가할까? 일반인에게는 다소 복잡해 보이는 이 절차를 쉽게 풀어본다.

불시에 들이닥친 조사관과 방어하는 기업

공정위 조사는 크게 세 가지 방식으로 시작된다. 피해를 당한 기업이나 소비자의 신고, 언론이나 시민단체의 제보, 그리고 공정위가 스스로 문제를 발견하는 직권 조사다. 사건이 등록되면 본격적인 조사가 시작된다. 현장 조사는 공정위 조사관들이 기업 사무실에 방문하는 것으로 시작된다. 조사관들은 먼저 신분증과 공문을 제시하며 조사 목적을 명확히 밝힌다.

"공정거래위원회에서 나왔습니다. 협조 공문을 확인해 주세요."

최근에는 조사 공문에 법 위반 혐의뿐만 아니라 조사 대상 기간, 거래 분야, 행위 유형까지 구체적으로 기재하도록 규정이 강화됐다. 현장 조사는 보통 6~7명 정도가 나가지만 사안에 따라 담당 과장이 동행하거나 국 단위의 더 많은 인원이 여러 곳에 동시에 투입되기도 한다. 조사 대상 기업 측도 변호사를 대동해 대응하는데 때로는 조사관 1명당 변호사 1~2명이 붙는 경우도 늘고 있다. 쿠팡의 검색 순위 조작 의혹을 조사할 당시 쿠팡 측 법률 대리인들이 법적 권리를 행사하며 조사관들이 임의로 문서를 열람하지 못하도록 컴퓨터 마우스 조작을 직접 관리하는 등 조사 범위와 방식에 제한을 두려 한 사례도 있었다.

현장에서 조사관들이 하는 일은 형사 수사와 매우 유사하다. 관련 서류를 수집하고 담당자들을 불러 진술을 듣는다. 과거에는 주로 사무실의 컴퓨터 하드디스크나 파일 캐비닛이 대상이었지만 지금은 기업 업무가 클라우드나 원격 서버에 저장되는 경우가 많아졌다. 따라서 조사관들은 이들 서버에 저장된 자료까지 확보해 분석한다. 다만 이 모든 조사는 법원의 영장으로 진행되는 강제수사가 아닌 행정조사라는 점이 중요하다. 이는 검찰의 압수수색처럼 새벽이나 한밤중에 이뤄질 수 없으며 원칙적으로 기업의 통상적인 업무 시간에만 진행된다는 한계를 갖는다. 물론 조사 거부나 방해 행위에 대해서는 형사 처벌, 과태료, 이행강제금 등 별도의 제재가 가능하다.

현장 조사를 마친 뒤에는 핵심 관계자들에 대한 진술조사가 이뤄진다. 공정위는 출석요구서를 발부해 기업 임직원을 불러 조사하며 이때 조사받는 사람은 형사 사건의 피의자 신문처럼 변호사의 조력을 받을 권리가 있다. 예를 들어 라면이나 아이스크림 가격 담합 사건을 조사한다면 공정위는 각 회사에 현장 조사를 나가 가격 결정 관련 회의록, 이메일, 메신저 대화 등을 수집한다. 그리고 마케팅 담당자, 영업팀장 등을 불러 "언제 가격 인상을 결정했나요?", "다른 회사와 가격에 대해 이야기한 적이 있나요?" 같은 질문을 통해 법 위반 여부를 확인한다.

이렇게 조사가 끝나면 사건 담당자인 심사관은 심사보고서를 작성한다. 이는 검찰의 기소장과 동일한 역할을 하며 법 위반 내용, 증거, 제재 의견 등을 담는다. 심사보고서는 조사받는 기업, 즉 피심인에게도 보내진다. 기업은 법무법인 등을 대리인으로 선임해 심사보고서에 대한 공식 의견을 제출하며 이 과정이 끝나면 안건은 최종 결정을 위해 위원회에 상정된다.

기업 운명을 가르는 심판의 날

공정위의 심의는 크게 두 가지 방식으로 나뉜다. 비교적 쟁점이 단순하고 규모가 작은 사건은 3명의 위원으로 구성된 소회의에서 다룬다. 반면 과징금 규모가 큰 대형 사건, 새로운 유형의 복잡한 사건, 사회적 파장이 큰 사건들은 9명의 위원 전원이 참여하는 전원회의에서 다룬다. 이는 법원에서 단독판사가 처리하는 사건과 합의부가 맡는 사건을 나누는 것과 비슷하며 언론에 보도되는 주요 사건들은 대부분 이 전원회의에서 결정된다.

심의 절차는 법정에서의 변론과 매우 유사하다. 여기서 중요한 점은 공정위의 역할이 나뉜다는 것이다. 사건을 조사한 담당자, 즉 심사관은 검사의 역할을 맡아 조사 대상 기업인 피심인의 위법성을 주장한다. 그리고 위원장, 부위원장, 상임·비상임위원으로 구성된 위원회는 판사의 역할을 맡아 양측의 주장을 듣고 최종 판정을 내린다. 심의는 통상 '심사관의 심사보고서 발표 → 피심인의 의견 진술 → 심사관의 반박 → 피심인의 재반박 → 위원들의 질의 → 심사관의 최종 조치 의견 → 피심인의 최후 진술' 순서로 진행된다. 예를 들어 대형 마트가 납품업체에 각종 비용을 떠넘겼다는 사건을 가정해 보자. 심사관은 "피심인이 납품업체에 진열비, 판촉비 등을 일방적으로 부담시켰다"고 주장한다. 이에 맞서 피심인의 대리인, 주로 대형 법무법인은 "이는 정당한 상거래 관행이며 납품업체도 동의한 사항"이라고 반박한다. 위원들은 양측의 주장과 증거를 검토하고 쟁점을 질의한 뒤 법 위반 여부를 판단해 최종 결론을 내린다.

최종 결정은 재적 위원 과반수의 찬성으로 이뤄진다. 전원회의의 경우 9명 중 과반수인 5명이 일치된 의견을 내야 합의가 성립된다. 만약 위원이 사건과 이해관계가 있어 제척되는 등 이유로 재적 위원 수가 5명이 된다면 전원이 합의해야 결론을 내릴 수 있다.

최근에는 기업의 방어권을 강화하기 위해 여러 제도가 도입되었다. 공식 심의 전에 기업이 자신의 입장을 설명할 기회를 주는 '예비 의견 청취 절차'가 생겼고 사안이 복잡한 경우 심의를 여러 차례에 걸쳐 진행할 수 있게 됐다. 과거에는 전원회의를 단 하루만 열어 12

시간 이상 마라톤 심의를 하는 경우도 있었지만 지금은 위원의 집중력 유지와 피심인의 방어권 보장 등을 위해 회의를 1~2차례로 나눠 진행하는 것이 일반적이다. 또한 공정위 청사가 세종시에 있어 서울에 본사를 둔 피심인의 이동 여건을 고려한 측면도 있다. 과거 퀄컴(Qualcomm Incorporated)에 대한 1조 원대 과징금 부과 사건의 경우 그 중대성과 복잡성으로 인해 공정위 전원회의가 무려 5차례나 개최되기도 했다.

법정으로 가는 기업들

심의를 거쳐 공정위가 내릴 수 있는 결정은 다양하다. 법 위반 사실이 없다고 판단하면 무혐의 결정을 내린다. 위반의 정도가 경미하면 경고 조치를, 사업자의 자발적 시정을 유도할 때는 시정권고를 한다. 시정권고는 사업자가 수락하면 사건이 종결되지만 거부하면 정식 심의 절차가 진행될 수 있다. 시정명령은 위반 행위 중단이나 계약 조건 수정 등 구체적인 이행을 요구하는 처분이다. 이를 따르지 않으면 불이행 자체가 다시 위법 행위로 간주돼 과태료나 형사 처벌을 받을 수 있다. 과징금은 매출액의 일정 비율을 기준으로 부과하는 경제적 제재다. 최종 규모는 위반 행위의 유형, 기간, 매출 규모 등을 종합해 산정한다. 다만 이 과정에서 자진신고 여부, 조사 협조, 위반의 중대성 등 여러 사정을 고려해 감경이 이루어지기도 한다. 이 때문에 예상보다 금액이 줄어들어 '솜방망이 처분'이라는 논란이 제기되기도 한다. 가장 강력한 조치인 검찰 고발은 형사 처벌이 필요한 중대 위반 사건에 내려진다.

기업이 공정위의 결정에 불복할 경우 결정 통지를 받은 날로부터 30일 이내에 공정위에 '이의신청'을 할 수 있다. 이는 공정위에 재심의를 요구하는 행정적 구제 절차다. 쟁점을 뒤집을 새로운 증거가 없다면 이 단계가 형식적인 절차에 그칠 수도 있으나 과징금 산정 오류 등을 반박해 감액을 이끌어내기도 한다.

최근에는 기업들이 이의신청을 생략하고 바로 법원에 행정소송을 제기하는 경우가 많다. 공정위 사건 소송은 독특한 절차를 따른다. 공정위의 전문적 판단을 존중해 1심 법원 기능을 대신하기 때문에 지방법원을 거치지 않고 서울고등법원에서 1심이 시작된다. 이후 대법원으로 이어지는 사실상의 '2심제'로 운영되는 것이다. 행정소송으로 가면 법원이 사실관계와 법리 적용을 모두 다시 심리하므로 사건의 제2막이 시작되는 셈이다.

2024년 확정판결 기준으로 공정위의 전부 패소율은 8.8%로 10% 미만을 기록했다. 기업 입장에서는 패소하더라도 최종 판결까지 시간을 벌 수 있다는 이점이 있지만 경영 불확실성이 장기간 유지되는 부담도 있다. 또한 시정명령이 기업의 핵심 사업 모델에 영향을 주는 경우 기업은 소송과 별개로 집행정지를 신청하기도 한다. 법원은 명령을 즉시 이행할 경우 회복하기 어려운 손해가 발생할 우려가 크다고 판단되면 본안 소송 판결 전까지 그 명령의 효력을 중지시키는 집행정지 신청을 인용하는 경우가 많다.

이처럼 공정위는 사건의 조사와 판정 기능을 한 기관이 동시에 맡는 독특한 구조를 갖는다. 전문성으로 신속한 결정을 내릴 수 있다는 장점이 있지만 막강한 권한이 한곳에 쏠린다는 우려 역시 존재한다. 그럼에도 공정위의 역할이 중요한 이유는 분명하다. 기업들이 담합이나 불공정 거래를 제대로 제재받지 않으면 시장 경쟁은 무너지고 그 부담은 결국 소비자 지갑에서 빠져나가기 때문이다. 공정위의 집행력은 시장의 공정성과 소비자 후생을 지키는 안전장치이며 그 과정에서 절차적 투명성과 규제 실효성의 균형을 잡는 것이 무엇보다 중요하다.

'감히 나를 조사?', 조사방해의 백태

공정위의 현장 조사는 기업이 은밀하게 벌인 담합이나 불공정 거래 등 위법 행위가 드러나는 순간이다. 기업 입장에서는 막대한 과징금, 평판 손상, 법정 다툼으로 이어질 수 있는 생존의 문제다. 이 때문에 과거 기업들은 현장 조사 개시와 동시에 증거를 인멸하거나 은닉하려는 모습을 보였다.

2000년대 초반은 공정위의 위상이 지금처럼 확고하지 않던 시기다. 현장 조사 권한은 행정조사였고 조사 방해에 대한 제재도 과태료 부과 수준에 그쳤다. 일부 대기업은 공정위를 사업 활동을 방해하는 외부 세력으로 간주하며 노골적으로 반발했다. 이 시기의 조사 방해는 증거 서류를 은닉하고 파쇄하거나 조사관의 출입을 물리적으로 막는 형태였다. 기업들은 수백억 원의 과징금을 피하는 것이 소액의 과태료를 내는 것보다 이득이라고 판단했고 이는 조사 방해를 일종의 대응 전술로 만들었다.

초창기 대표 사례는 2003년 귀뚜라미 보일러 사건이다. 공정위가 보일러 제조업체의 입찰 담합 조사를 시도하자 한 직원이 조사관에게 폭언하고 물리적으로 방해했다. 이 직원은 경찰이 도착한 뒤에도 폭언을 계속했다. 이 사건은 담합 조사 중 발생한 조사 방해 행위로 제재를 받은 첫 사례로, 해당 직원에게 과태료 1,000만 원이 부과됐다. 하지만 이 정도 제재 수준은 기업에게 실질적인 억제력이 되지 못했다.

2005년 4월 삼성토탈 사건은 물리적 충돌로까지 발전했다. 조사관들이 담합 증거 자료에 날인하는 과정에서 직원들이 핵심 서류를 빼돌렸다. 상무가 부장에게, 부장이 과장에게 전달하는 릴레이 방식으로 서류를 비상구 밖으로 빼내 폐기했다. 이 과정에서 직원들은 조사관을 뿌리치고 비상구 문을 온몸으로 막아서는 등 물리력을 동원했다. 공정위는 이를 공권력 무시 행위로 보고 상무에게 5,000만 원, 직원 3명에게 각 4,500만 원 등 총 1억 8,500만 원의 과태료를 부과했다.

같은 해 9월 현대하이스코 사건은 고위 임원이 조사에 불복한 사례다. 한 상무는 담합 조사를 위해 사무실에 진입하려는 조사관들에게 "감히 본인의 사무실을 조사할 수 있느냐"고 반발하며 약 6시간 10분간 진입을 거부했다. 조사관들이 막혀 있는 동안 이 상무는 직원들을 시켜 결재 서류를 들여오는 척하며 책상 위 서류들을 외부로 몰래 반출시켰다. 그에게 과태료 5,000만 원이 부과됐다.

▌현대하이스코의 조사 방해 행위

① 피심인은 **"감히 본인의 사무실을 조사할 수 있느냐"**고 하면서 공정위의 조사를 10:20분경부터 16:30분까지 약 6시간에 걸쳐 거부하고 지연시킴

② 상기 조사거부 지연과정에서 영업부 소속 직원들에게 지시하여 결제를 받으러 들어오는 것처럼 하고 책상위에 있는 서류들을 결재서류와 함께 몰래 가지고 나가 동 서류들에 대해 조사를 못하게 함

같은 해 발생한 삼성전자 사건은 조사 방해가 우발적 행위가 아닌 본사 차원의 사전 계획된 시스템으로 진화했음을 보여주는 전환점이 되었다. 공정위가 삼성 계열사 세메스의 하도급 실태조사를 실시하자 삼성전자 본사 직원들이 개입해 관련 서류를 조직적으로 조작했다. 이들은 단가합의서를 사후에 수정하고 부당한 단가 인하 사실을 은폐하기 위해 발주서 변경 사유를 단가입력 오류 등으로 허위 기재했다. 더 심각한 사실은 삼성전자가 '공정위 조사대비 요령(지침)'이라는 대외비 문건을 만들어 계열사에 배포하며 조직적 대응을 운영했다는 점이다. 이 지침에는 '조직도, 전화번호부… 삭제 및 싱글(삼성그룹 전산망) 가동 중지', '오해 소지가 있는 문서 폐기', '조사관 1 대 1 관리' 등 치밀한 행동 요령이 담겨 있었다. 이 사건으로 법인과 직원은 총 6,000만 원의 과태료를 부과받았다. 이 지침의 존재는

이후 다른 기업들의 조사 방해 행태에도 영향을 미치며 조사 방해를
기업의 리스크 관리 전술로 확산시키는 계기가 됐다.

공정위 조사대비 요령(지침)

2010년대 들어 증거 보존 방식이 디지털로 전환되자 조사 방해
수법 역시 전산 자료 은닉과 파괴에 집중하며 더욱 지능화됐다. 공정
위는 과태료 상한선을 부과했으나 기업들은 여전히 이를 낮은 비용
으로 인식했다. 2011년 CJ제일제당은 밀가루 담합 혐의 조사 중 부사
장까지 가담해 조사 방해를 주도했다. 이들은 2003년과 2005년에도

조사 방해로 제재받은 전력이 있었다. 조사 직전, 직원이 핵심 증거가 담긴 외부 저장장치를 회사 1층 화단에 숨겼고 조사관에게는 '외장하드가 없다'고 허위 진술했다. 이후 해당 임원은 숨긴 장치의 파일 삭제를 지시했고 최소 170개 파일이 삭제되었다. 공정위는 이 상습적이고 조직적인 방해 행위에 총 3억 4,000만 원의 과태료를 부과했다. 이는 당시 조사 방해 사건 사상 최대 금액이었지만 역설적으로 과태료 제재가 기업에게는 여전히 감수할 만한 비용으로 여겨졌음을 보여준다.

▍외장하드를 화단에 은닉했다는 본인의 확인서

【 증거자료의 은닉 : 피심인의 확인서 】

본인은 2011년 1월 10일 오전 10시경 공정위 직원들이 13층 사무실에 출입했을 당시 본인의 업무 관련 문서가 저장된 외장하드를 회사 1층 화단에 옮겨두었음, (중략) 외장하드에는 제분(밀가루 등) 원가 상승에 따른 영향을 분석한 자료 등이 저장되어 있음, 이후 본인은 오후 4시경 회사 1층 화단에 있는 외장하드를 같은 팀 안○○에게 전달하였음 (후략)

2011. 1. 11. 김○○ 과장

2011년 삼성전자 휴대폰 유통 관련 조사는 조직적 방해의 정점을 보여주었다. 삼성은 이전 지침을 고도화해 총체적인 방해 행위를 실행했다. 우선 보안팀은 신분 확인 등을 이유로 조사관의 출입을 약 50분간 고의로 지연시켰다. 이후 내부 보고 문건에는 이 대처가 '잘했다'고 평가되었다. 출입이 지연되는 동안에는 조사 대상 부서원들은 자료를 폐기했고 심지어 전무의 지시에 따라 핵심 인물의 PC 3대를 빈 PC로 교체했다. 또 조사 대상인 상무는 사내에 있었음에도 '서울 출장 중'이라는 사전 시나리오에 따라 거짓 응대하며 조사를 피했다. 조사관이 철수하자 그는 파일 삭제 프로그램을 이용해 PC의 중요 자료를 모두 삭제했다.

* 위 문서는 삼성전자 내부 보고용으로 CCTV 영상을 캡쳐하여 만들어졌음

공정위는 법인과 임직원에게 역대 최고액인 총 4억 원의 과태료를 부과하고 본안 사건 과징금도 23억 8,000만 원을 가중했다. 이 사건은 조사 방해가 조직의 전문 자원을 동원한 준법 회피 전략 수준에 이르렀음을 보여준다. 삼성은 2005년과 2008년에도 조사 방해로 과태료를 부과받은 바 있어 이 같은 반복적 위반에 비판이 쏟아졌다. 공론화가 확대되자 당시 이건희 삼성그룹 회장이 유감을 표명하며 법·윤리 위반에 엄정히 대처하겠다고 밝혔으나 실제로는 정반대의 일이 벌어졌다. 조사 방해를 주도했던 임직원들은 사법적 책임과 별개로 회사 내부에서 승진했다. 출입 통제를 지시한 전무는 2013년 부사장으로 승진해 그룹 미래전략실의 핵심 보직을 맡았고 조사를 회피하고 파일을 삭제했던 상무 역시 전무로 승진했다.

2011년 3월 LG전자 조사에서도 디지털 증거 은닉이 핵심이었다. 직원들은 조사 시작 직전 부서원들의 외부 저장장치 8개를 수거해 임원 사무실에 숨기고 문을 잠갔다. 조사관이 개방을 요구하자 이 장치들을 다른 층으로 옮기려다 적발됐다. 또한 한 직원은 파일 삭제 프로그램을 이용해 전자 파일들을 삭제했다. 이 사건으로 총 8,500만

원의 과태료가 부과됐다.

2010년대 초반까지 이어진 조직적 방해에 직면한 공정위는 과태료만으로는 기업을 억제할 수 없다는 한계를 절감했다. 수천억 원의 담합 이익에 비해 과태료는 벌금형 거래처럼 작동하는 미미한 비용에 불과했다. 이에 공정위는 조사 방해를 단순한 행정 질서 위반이 아닌 중대 범죄로 규정해 억제력을 높여야 한다는 결론을 내렸다. 2017년 4월, 마침내 처벌 수위를 근본적으로 강화하는 법 개정이 이루어졌다. 형사 처벌 도입이 핵심이었다. 개정된 법률에 따라 자료의 은닉·폐기, 접근 거부 등은 2년 이하 징역 또는 1억 5,000만 원 이하 벌금에 처할 수 있고 폭언·폭행, 고의적 현장 진입 저지 등 물리적 방해는 3년 이하 징역 또는 2억 원 이하 벌금에 처할 수 있게 됐다. 이 법 개정은 조사 방해의 책임을 법인의 비용에서 임직원 개인의 사법적 위험으로 전환하는 패러다임의 변화였다.

2018년 10월 한국조선해양(舊 현대중공업) 하도급법 위반 혐의 조사에서도 심각한 방해 행위가 발생했다. 회사는 조사 대상 부서의 외부 저장 장치 273개와 PC 101대를 조직적으로 교체하고 관련 자료를 은닉했다. 확보된 증거 영상에는 직원들이 엘리베이터로 장비들을 수차례 이동시키는 모습이 담겼다. 이 사건은 하도급법 조사였기 때문에 당시 막 개정된 공정거래법상의 형사 처벌 조항을 직접 적용하기 어려웠다. 결국 법인과 직원에게는 하도급법에 따라 총 1억 2,500만 원의 과태료가 부과됐다. 그러나 시민단체의 고발로 검찰이 형법상 증거인멸 혐의로 수사를 진행했다. 이는 공정거래법 적용을 피하더라도 조직적 자료 파괴는 형사법상 중대 범죄로 취급된다는 강력한 신호가 됐다.

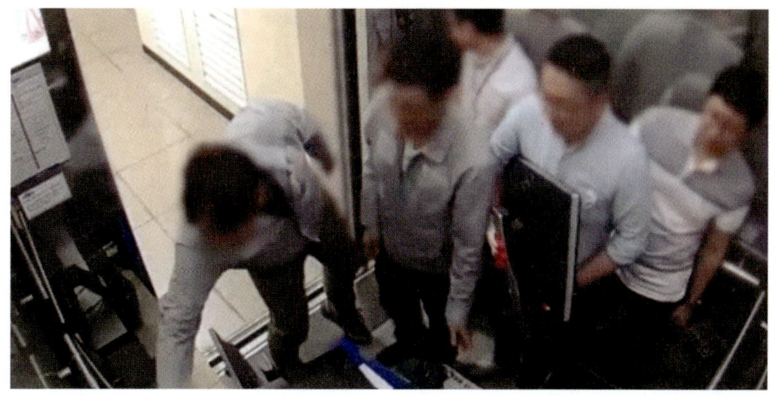

2020년 5월, 세아베스틸 사건은 개정된 형사 처벌 규정이 실제로 적용된 첫 사례로, 경쟁법 집행 역사에 중대한 이정표가 되었다. 공정위가 철스크랩 구매 담합 혐의로 세아베스틸을 조사하자 핵심 조사 대상자인 부장이 현장 조사 직후 다이어리와 업무 수첩을 문서 세단기로 파쇄하고 서류를 은닉했다. 다른 직원 2명은 공정위의 자료 보존 요청에도 전산 업체를 불러 업무용 PC의 운영체제를 재설치하게 했고 이 과정에서 저장 장치가 초기화됐다. 공정위는 이 행위에 무관용 원칙을 적용해 법인 및 소속 직원 3명을 검찰에 형사 고발했다. 이는 조사 방해가 더 이상 과태료로 끝나는 행위가 아니며 임직원 개인의 형사 책임을 동반하는 중대 범죄임을 시장에 명확히 알린 사건이었다.

글로벌 기업인 애플코리아도 예외는 아니었다. 애플은 2016년과 2017년, 이동통신사에 대한 갑질 혐의 관련 현장 조사에서 조직적으로 방해 행위를 했다. 2016년 1차 조사에서는 조사 기간 내내 인터넷 네트워크를 고의로 차단해 전산 자료 접근을 거부했다. 2017년 2차

조사에서는 한 임원이 조사관의 팔을 잡아당기고 앞을 가로막는 등 물리적 방법으로 현장 진입을 30여분간 고의로 저지했다. 공정위는 네트워크 차단 행위 등에 대해 총 3억 원의 과태료를 부과하는 한편, 고의적인 현장 진입 저지 행위에 대해서는 법인과 해당 임원을 검찰에 형사 고발했다. 이는 물리적 방해 행위에 대해 형벌 규정 도입 이후 최초로 고발 조치된 사건으로, 공정위가 국내외 기업을 막론하고 무관용 원칙을 적용함을 입증했다.

조사 방해는 중대 범죄

공정위 조사에 대한 기업들의 대응 방식은 지난 20여년간 물리적 저지에서 조직적·디지털 은폐로 그 수법이 진화해왔다. 2000년대 초반에는 조사관의 현장 진입을 몸으로 막는 등 단순한 물리적 행위가 주를 이뤘다면 2010년대 이후부터는 임원급의 지휘 아래 증거 인멸을 시스템화하는 치밀한 전략으로 변모했다. 이는 법적 리스크를 회피하고 본안 사건의 제재를 모면하기 위해 내부 인력과 자원을 동원하여 증거를 은닉하거나 파기하는 수준에 이른 것이다.

연도	회사명	처분(과태료)
1998	삼성자동차	1억 2,000만원
2003	현대상선	3,000만원
2003	삼성카드	2,000만원
2003	CJ	1,000만원
2003	귀뚜라미 보일러	1,000만원
2005	삼성토탈	1억 8,500만원
2005	CJ	2,000만원
2005	현대하이스코	5,000만원
2005	삼성전자	5,000만원
2006	세메스	1,000만원
2007	INP중공업	1,500만원
2008	삼성전자	4,000만원
2008	SK커뮤니케이션즈	1억 2,500만원
2010	이베이G마켓	2억 5,000만원
2011	CJ제일제당	3억 4,000만원
2012	삼성전자	4억원
2012	LG전자	8,500만원
2014	포스코건설	1억 4,500만원
2016	쌍용양회공업·한일시멘트	1억 6,500만원
2017	현대제철	3억 1,200만원
2020	한국조선해양	1억 2,500만원
2021	애플코리아	검찰 고발
2022	천재교육	1,250만원

　문제는 이러한 조직적인 조사 방해 행위가 일부 기업 내부에서 단순한 일탈을 넘어 공로로 인정받았다는 역설적인 상황이 발생했다는 점이다. 관련 임직원이 오히려 승진하는 등 부조리한 관행은 공정

위의 법 집행 실효성을 심각하게 훼손하는 요인으로 작용하였다. 기업들이 조사 방해를 감수할 만한 사업 전략으로 인식하는 풍토는 공정거래 질서의 근간을 흔들었다.

이에 공정위는 조사 방해 행위에 대한 제재 수위를 과태료라는 행정벌 수준에서 형사 처벌이 가능한 영역으로 상향 조정하며 법적 무기를 강화했다. 해외에서도 경쟁당국의 조사를 방해하는 행위에 대해 강력한 처벌을 내린다. 특히 미국에서는 법무부(DOJ)와 연방거래위원회(FTC)가 반독점 위반 조사 과정에서 증거 인멸이나 조사 방해를 중대한 사법 방해 행위로 간주한다. 예컨대 특정 기업이 반독점 소송에 대비하여 내부 커뮤니케이션 기록을 조직적으로 삭제하거나 은닉했을 경우 이는 본안 사건과 별개로 형사 처벌의 대상이 된다. 미국 법무부는 거대 기술 기업들을 대상으로 한 반독점 조사에서도 시장 지배력 남용뿐만 아니라 조사 과정에서의 불성실한 태도 역시 엄중히 다룬다. 이는 기업의 리더십이 조사 협조를 법적 의무로 인식하도록 강제한다.

다시 돌아온 강제조사권 도입의 20년 딜레마

2025년 12월, 세종 관가에 다시 오래된 유령이 배회하기 시작했다. 발단은 최근 발생한 '쿠팡 정보 유출 사태'였다. 거대 플랫폼 기업에서 민감한 소비자 정보가 유출됐다는 의혹이 불거지자 여론은 들끓었고 정부의 대응 속도에 대한 불만이 터져 나왔다. 이재명 대통령은 국무회의에서 주병기 공정거래위원장에게 뼈아픈 질문을 던졌다. "형사처벌은 사회적 비용이 크고 시간이 너무 오래 걸리지 않느냐"는 것이었다. 대통령의 문제의식은 명확했다. 재판 결과를 하염없이 기다리는 형벌보다는 징벌적 손해배상, 대규모 과징금 등 즉각적이고 실질적인 경제적 제재가 작동해야 기업이 움직인다는 논리다. 그리고 대통령실은 이 경제적 제재가 제대로 작동하기 위한 전제조건으로 공정위가 골든타임을 놓치지 않고 증거를 확보할 수 있는 강제조사권 카드를 검토하라고 지시했다.

구체적인 논의는 12월 19일 정부서울청사에서 열린 업무보고에서 더 뜨겁게 달아올랐다. 이 대통령은 보고 자료를 검토하던 중 "불공정 행위 조사에서 강제조사가 불가능하다는 이야기냐"고 단도직입적으로 물었다. 이에 주 위원장이 "지금 강제조사권은 없다. (기업이 조사에) 불응하면 고발할 수 있다"며 현행 제도의 한계를 설명하자 이 대통령은 "공정위가 조사권을 갖지 못할 합리적인 이유가 있느냐"고 반문했다. 대통령은 특히 "범죄 수사의 일환으로 강제수사를 하는 것과 강제조사에 응할 의무를 부여하는 것은 다른 문제"라며 자료 제출이나 조사에 응할 의무를 부과하는 행정적 강제력의 필요성을 역설했다. 주 위원장이 유럽연합(EU)의 강력한 과징금 사례를 보고하자 이 대통령은 "과징금이 좋겠다"며 경제적 제재 장치를 최대한 마련할 것을 지시했다.

국민들은 의아해한다. "공정위가 재계의 검찰이라면서 압수수색도 못 한다는 말인가?", 결론부터 말하면 그렇다. 앞서도 살펴봤듯이 현재 공정위의 현장 조사는 법적으로 피조사자의 자발적 협조를 전제로 하는 행정조사다. 문을 열어주지 않으면 과태료를 물릴 수는 있어도 강제로 문을 따고 들어가 서버를 들고나올 권한은 없다. 쿠팡 사태로 촉발된 '어떻게 하면 더 빠르고 실효성 있게 조치할 것인가'라는 고민이 결국 공정위의 손에 강제력을 쥐여줘야 하는가라는 20년 묵은 난제를 다시 소환한 셈이다.

시계를 20여 년 전으로 돌려보자. 2002년에서 2003년 사이, 당시에도 공정위는 조사권 강화를 외쳤다. 외환위기 이후 기업들의 카르텔이 교묘해지면서 자진신고나 협조만으로는 한계가 있다는 주장이었다. 당시 공정위는 조사 공무원에게 사법경찰관의 지위를 부여해달라고 법무부에 요청했다. 하지만 반발은 거셌다. 당시 전국경제인연합회(現 한국경제인협회)를 위시한 재계는 빈대 잡으려다 초가삼간 태운다며 강력히 저항했다. 그들의 논리는 정연했다. 담합을 못 잡는 건 권한이 없어서가 아니라 담합 자체가 은밀해 흔적을 남기지 않기 때문이라는 것이었다. 재계는 미국 법무부(DOJ)처럼 강력한 압수수색 권한이 있어도 모든 카르텔을 적발하진 못한다고 주장했다. 또한 재계는 당시 공정위가 한시적이었지만 계좌추적권이나 조사 거부 시 과태료 부과, 직권조사권 등 강력한 수단을 가지고 있다고 반박했다. 행정기관인 공정위가 수사권까지 가지면 기업 활동은 위축될 수밖에 없다는 공포심이 시장을 지배했다. 결국 당시의 시도는 행정 권력의

2025년 12월 19일, 정부서울청사 별관에서 열린 공정거래위원회의 업무보고

비대화를 우려한 여론과 부처 간 견제 속에 무산되었다.

논의가 수면 아래로 가라앉은 사이, 현장에서 벌어진 웃지 못할 조사방해는 이미 앞에서 살펴봤다. 정부는 조사방해에 대한 처벌을 강화하고 이행강제금을 도입하며 대응했지만 근본적인 딜레마는 해결되지 않았다. 학계와 법조계에서는 공정위 조사의 정체성이 무엇이냐는 질문을 던지기 시작했다. 이것이 행정조사라면 기업은 협조할 의무가 있지만 동시에 헌법상 진술거부권이나 영장주의의 보호를 받지 못하는 사각지대에 놓인다. 반면 공정위 조사는 결과적으로 검찰 고발로 이어져 형사처벌의 근거가 된다. "이름은 행정조사인데, 실질은 수사다. 권한은 경찰처럼 행사하려 하면서 통제는 행정기관 수준으로 느슨하게 받으려 한다"는 비판이 제기된 것이다.

2025년 현재 다시 불붙은 이 논쟁은 찬반양론이 팽팽하다. 단순히 '권한을 주자, 말자'의 문제가 아니라 헌법적 가치들이 정면으로 충돌하기 때문이다. 첫째, 조사의 실효성이다. 찬성 측은 증거은닉과 폐기를 원천 차단해 공정한 법 집행을 하려면 강제수단이 필수적이라고 보고 있다. 반면 반대 측은 강제 수사는 엄격한 사법 통제 하에 이뤄져야 하는데 행정 공무원이 임의로 사무실을 뒤지는 건 영장주의 위반이자 인권 침해라고 맞선다. 주 위원장 역시 업무보고에서 "영장을 청구하려면 상당한 범죄 혐의가 있어야 하는데 이는 조사 실효성 측면에서 단점이 될 수 있다"며 영장주의 도입의 현실적 어려움을 토로했다. 둘째, 이중 처벌의 위험이 있다. 강제조사권 도입론자들은 지루한 형사재판 대신 공정위의 신속한 행정제재로 소비자 피해를 빠르게 구제해야 한다고 주장한다. 하지만 반대론자들은 검찰의 수사와 공정위의 강제조사가 중복될 경우 기업은 동일한 사안으로 두 번 털리고 두 번 처벌받는 이중고를 겪게 된다고 우려한다. 이 대통령은 이와 관련해 "시장 질서를 어지럽히는 소수의 강자들은 영향력이 크고 조사를 방해해 흐지부지하게 만드는 힘이 있다"며 강력한 경제 제재를 통해 시장의 질서를 바로잡아야 한다고 강조했다. 셋째, 무소불위의 권력 논란이다. 공정위가 기소권인 전속고발권과 1심 법원 기능인 의결권에 이어 강제조사인 수사권까지 가지게 되면 견제받지 않는 '슈퍼 갑'이 되어 기업 활동을 옥죄게 된다는 시각이다.

그렇다면 해외 경쟁당국들은 어떨까. 흔히 미국이나 유럽은 강제조사권이 있다고 말하지만 디테일은 조금 다르다. 미국은 이원화되어 있다. 강력한 강제수사는 법무부(DOJ) 산하 독점금지국이 수행한다. 이들은 법원 영장을 발부받아 움직이는 수사기관이다. 반면 우리 공정위와 유사한 연방거래위원회(FTC)는 소환장(subpoena) 같은 조사 권한이 있지만 기업이 이를 거부하면 직접 강제하는 대신 법원에 소송을 제기해 집행을 구해야 한다. 즉, 사법부의 통제를 거친다. 독일 연방카르텔청은 비교적 강력한 권한을 가진다. 법원의 수색영장을 발부받아 압수수색을 할 수 있다. 하지만 이 경우에도 중요한 결과에 대한 현장 작성 기록 의무 등 구체적인 통제 장치가 마련되어 있다. 주목할 만한 모델은 일본이다. 일본의 공정거래위원회인 공정취인위원회는 2005년 독점금지법 개정을 통해 범칙조사 절차를 도입했다. 평소에는 행정조사를 하다가 악질적인 사안은 법관의 영장을 받아 강제조사로 전환한다. 주 위원장은 일본에서 판사로부터 강제영장을 발부받아 압수수색을 하는 사례와 함께 EU에서는 강한 과징금 부여와 강제 영장 청구를 병행하는 사례를 언급하며 "유동적인 방법을 사용할 수 있으면 좋다"는 의견을 밝혔다.

단순히 공정위 조사관에게 특별사법경찰권(특사경)을 부여하는 것이 만능열쇠는 아니다. 여기에는 치명적인 한계가 있다. 특사경이 되면 현행 법적으로 검사의 수사 지휘를 받아야 한다. 독립적인 경제 규제 기관인 공정위가 사실상 검찰의 지휘를 받는 하부 조직처럼 변질될 수 있다는 독립성 훼손의 딜레마가 발생한다. 그래서 전문가들은 강제조사권 도입 외에 다른 대안들을 함께 고민해야 한다고 말한다. 과징금 상향 등 경제 형벌 강화와 함께 징벌적 손해배상과 사적 집행의 활성화도 거론된다. 공정위가 모든 것을 해결하려 하기보다 피해자가 직접 소송을 통해 배상을 받기 쉽게 만드는 것이다. 정부는 단체 소송의 허가 절차를 폐지하고 자료 제출 명령제를 확대해 피해자의 입증 부담을 줄이는 방안을 보고했다. 이는 이 대통령이 주문한 "약자를 보호하고 강자를 절제시키는 역할"을 시장 시스템 내에서 구현하려는 시도다.

공정위는 흔히 경제 검찰이라고 불리는데 그 별명에는 분명 책임도 따른다. 심판이 호루라기만 불어서는 경기가 통제되지 않는 험악한 디지털 정글이 되었다. 그렇다고 심판에게 수갑과 권총까지 쉬여 주는 것이 옳은가? 강제조사권 도입 논의는 단순한 권한 확대가 아니라 기업 범죄에 대한 처벌 패러다임을 형벌에서 경제적 제재로 전환하려는 거대한 시도와 맞닿아 있다. 이것은 조사의 효율성을 높이는 무기가 될 수 있지만 동시에 방어권 보장이라는 헌법적 가치와 위태로운 줄타기를 해야 한다. 20년 묵은 이 논쟁의 결론은 어쩌면 우리가 시장의 심판자에게 어디까지 칼자루를 쥐여줄 수 있는지, 그리고 그 칼날이 남용되지 않도록 어떤 안전장치를 채울 수 있는지에 달려 있을 것이다. 대통령의 "각오를 세게 하고 똑바로 제대로 잘하라"는 당부는 이제 공정위가 그 무거운 책임을 어떻게 짊어질 것인지에 대한 답을 요구하고 있다.

전원회의장은 전쟁터

공정위의 전원회의장은 '정중한 전쟁터'로 불린다. 이곳은 단순한 회의실이 아닌, 수십 년간 쌓아온 기업의 명성과 시장에서의 운명이 결정되는 준사법기관의 심판대이다. 공정위는 행정부 소속이면서도 독립적인 결정을 내리는 독립 규제 위원회이자, 합의를 통해 사건을 심판하는 합의제 준사법기관이다. 이는 공정위가 행정부의 일반 부처와 달리 독자적인 권한으로 시장의 불공정 행위를 조사하는 기능과 이를 심판하는 기능을 동시에 수행한다는 의미이다.

이러한 강력한 권한 때문에 전원회의 석상에서는 치열한 법리 논쟁이 벌어진다. 한쪽에는 해당 사건을 수년 간 조사하고 위법성을 입증하려는 공정위 심사관이 자리한다. 이들은 사실상 검사의 역할을 수행한다. 맞은편에는 제재 대상 기업과 이들을 변호하는 국내 대형 법무법인의 대리인단이 앉는다. 양측은 겉으로는 정중하게 의견을 피력하지만 이면에서는 법리 해석과 사실관계를 두고 첨예한 우위를 점하기 위한 치열한 논리 싸움을 벌인다. 심사관은 방대한 조사 자료를 근거로 위법성을 주장하고 대리인단은 위법성이 없거나 제재가 과도함을 항변하며 위원들을 설득한다.

결론적으로 공정위 전원회의는 단순히 기업의 불공정 행위에 대해 시정조치와 과징금을 부과하는 장소가 아니다. 이곳에서 나오는 결정은 특정 산업의 잘못된 관행을 바꾸고 플랫폼 시장 등 새로운 기술 환경에 맞는 경쟁의 규칙을 정립하며 경제 전반에 막대한 파급효과를 미치는 정책적 판단이 된다. 따라서 이 정중한 전쟁터에서 오가는 논리와 증거는 개별 기업의 운명을 넘어 대한민국 시장 경제의 미래를 좌우하는 무게를 지닌다.

공정위가 경정을 내리는 방식

공정위의 전원회의는 총 9명의 위원으로 구성된다. 이는 장관 한 명이 모든 것을 결정하는 독임제부처와 달리 여러 전문가가 모여 토론하고 합의하는 '합의제 준사법기관'으로서의 성격을 보여준다. 9명의 위원은 위원장(장관급), 부위원장(차관급), 상임위원 3명, 비상임위원 4명으로 나뉜다. 위원장과 부위원장은 국무총리의 제청으로 대통령이 임명하며 특히 위원장은 국회 인사청문회를 거쳐야 한다. 이 9명 위원(위원장·부위원장 포함)의 가장 큰 특징은 임기 3년이 법률로 보장된다는 점이다. 이는 이들이 정권이나 외부의 압력에 흔들리지 않고 법과 원칙에 따라 독립적으로 판단할 수 있도록 보호하는 핵심 장치다.

위원이 되기 위한 자격 요건은 매우 까다롭다. 법원 판결과 같은 효력을 가진 공정위 심결의 전문성을 확보하기 위해 15년 이상 특정 분야의 경력을 요구한다. 자격 요건은 2급 이상 공무원(고위공무원단

❙ 전원회의 구성

포함) 출신, 판사·검사·변호사로 15년 이상 근무, 법률·경제·경영 등 관련 분야를 전공하고 대학 등에서 부교수 이상으로 15년 이상 근무, 기업경영 및 소비자보호 활동 15년 이상 종사 경력자 등이다. 이러한 전문 경력을 갖추었다 하더라도 공정거래법은 위원의 공정성과 정치적 중립성을 담보하기 위해 엄격한 결격 사유를 별도로 규정하고 있다. 대표적으로 정당의 당원이거나 정치 활동에 관여하는 사람은 위원이 될 수 없다. 또한 국회의원이나 지방의회 의원직을 겸직할 수 없으며 파산 선고를 받고 복권되지 않았거나 금고 이상의 실형을 선고받은 사람 등 국가공무원법상의 결격 사유에 해당하는 사람도 임명될 수 없다. 이는 위원이 경제적 판단을 내릴 때 어떠한 정치적 고려나 사적 이해관계로부터도 자유로워야 함을 강조하는 장치다.

위원 구성은 역할에 따라 다시 나뉜다. 위원장, 부위원장, 상임위원 3명은 매일 출근하며 공정위 업무를 전담하는 정무직 또는 임기제 공무원이다. 반면 비상임위원 4명은 주로 대학 교수, 변호사 등 본업을 유지하며 위원직을 겸한다. 이들의 핵심 역할은 공정위 내부 관료 출신 위주인 상임위원들의 시각을 보완하고 외부의 객관적인 시각을 심의에 반영하는 것이다. 이는 기업 이사회의 경영진을 견제하는 사외이사의 역할과 유사하다. 비록 법으로 명시된 것은 아니지만 비상임위원은 통상 법학 전문가 2명과 경제학 전문가 2명으로 구성해 법의 논리와 시장의 논리가 균형을 이루도록 하는 것이 오랜 관행이다.

주심위원의 결정적 질문

전원회의에서 가장 중요한 인물 중 하나는 주심위원이다. 주심은 해당 사건을 총괄하고 심사보고서를 비롯한 모든 자료를 숙지하는 사실상 사건의 지휘자 역할을 한다. 주심의 첫 질문은 단순한 시작이 아니다. 이는 수많은 자료를 검토한 결과로 파악한 핵심 쟁점을 압축적으로 드러내는 행위다. 법정에서 판사가 변론의 핵심을 꿰뚫는 질문을 던지는 것과 유사하고 때로는 사건의 최종 결론을 짐작하게 하는 단서가 되기도 한다.

2024년 공정위 전원회의를 뜨겁게 달궜던 쿠팡의 검색 순위 조작 의혹 사건은 유통업체의 이중적 지위라는 새로운 쟁점을 던졌다. 쿠팡은 고객이 물건을 검색하면 입점업체의 상품보다 자체 브랜드(PB) 상품을 검색 상단에 올리는 조작 행위 등으로 과징금 1,628억 원을 부과받았다. 통상적인 경쟁법 집행은 유통업체 간의 경쟁을 다루지만 이 사건은 유통업체와 입점업체 간의 경쟁을 들여다본 것이다. 당시 심의를 담당했던 주심은 사실 관계 확인 후 심사관의 논리에 대해 핵심적인 질문을 던졌다.

"유통업체의 경쟁 문제를 유통 서비스 간 경쟁이 아니라
유통업체와 그 안에 있는 입점업체 간의 경쟁, 보통 우리가
이것을 수직적 제한의 문제로 많이 다루어 왔는데 이거를
수평적 경쟁의 관점에서 지금 보고 있다, 심사관이.
따라서 그런 부분에 대해서 되게 판단이 어렵다, 기준도 없고,
일단 그런 생각이 들어요. 양쪽 다 동의하시는 건가요?"

이 질문은 플랫폼 사업자인 쿠팡이 PB상품을 파는 행위가 다른 입점업체와의 공정 경쟁을 해쳤는지, 즉 심판이 선수로 뛰면서 자신에게 유리한 판정을 했는지로 이어졌다. 전원회의 최종 결론은 쿠팡이 플랫폼 운영자로서의 공정한 경쟁환경 제공 의무를 저버리고 판

매자의 지위에서 사익을 추구한 행위가 공정 경쟁을 저해했다는 것이었다. 이는 주심의 첫 질문이 제기한 문제의식과 정확히 일치하는 결론이었다.

2023년 심의한 올리브영의 시장지배력 남용 여부 사건도 마찬가지다. 앞서도 설명한 대로 이 사건의 핵심 쟁점은 관련 시장을 어떻게 획정하느냐였다. 즉, 올리브영의 경쟁 상대를 오프라인 H&B(헬스앤뷰티) 매장으로 한정할 것인지, 아니면 온라인 유통 채널까지 포함할 것인지에 대한 판단이었다. 주심 위원은 심사관의 시장 획정 논리에 대해 이렇게 물었다.

> "심사관은 이 사건 관련시장을 H&B 시장 중에서도 온라인
> 시장은 빼고 오프라인 시장으로 획정을 했는데 보니까
> 심사관이 상품이 아닌 업태를 기준으로 시장을 구분하고 있는데
> H&B스토어 오프라인 채널이라는 업태 외에 H&B 온라인 채널이나
> 또 하나의 업태가 있다고 보는 거예요?"

이는 온라인 시장을 제외하고 오프라인만으로 시장을 좁게 획정해 올리브영을 시장 지배적 사업자로 판단한 심사관의 논리에 근본적인 의문을 제기한 것이다. 경쟁법에서 시장 획정이 좁을수록 지배력은 높게 나타나 위법성 판단이 쉬워진다. 이 질문은 심사관의 논리가 받아들여지기 어려울 수 있음을 암시했다. 최종적으로 공정위는 심사관이 제시한 시장 획정이 불분명하다는 이유로 올리브영의 시장 지배적 지위 및 법 위반 여부를 판단하기 곤란하다는 결론에 이르러 심의절차를 종료했다. 이처럼 주심의 첫 질문은 사건의 법리적 흐름과 결론을 엿볼 수 있는 중요한 가늠자 역할을 한다. 주심의 역할은 여기서 끝나지 않는다. 전원회의가 끝난 후 비공개로 진행되는 위원

들 간의 합의 과정에서도 주심은 사건의 쟁점을 정리하고 다양한 의견을 조율해 최종 결론을 도출하는 핵심적인 역할을 수행한다.

사건과 임기만 겹쳐도 제척

공정위 위원들이 모든 사건의 심의에 참여할 수 있는 것은 아니다. 심의의 공정성을 확보하기 위해 제척(除斥) 규정이 있기 때문이다. 제척이란 위원이 특정 사건과 이해관계가 있을 때 해당 사건의 심의와 의결에서 법률에 따라 당연히 배제되는 것을 말한다. 이는 법원 판사가 자신의 친족이 연루된 사건을 재판하지 않는 것과 같은 원리다. 공정거래법은 위원이 안건의 당사자이거나 친족 관계인 경우 등과 더불어 위원이 해당 사건의 조사 또는 심사에 관여한 경우에도 제척되도록 규정하고 있다.

문제는 이 조항이 공정위의 구조적 특성과 맞물려 독특한 딜레마를 낳고 있다는 점이다. 공정위의 상임위원은 대부분 국장 등 내부 고위공무원 출신이 임명된다. 이들은 위원이 되기 전에 심사관으로서 복잡한 대형 사건들의 조사를 지휘하거나 보고받은 경험이 있다. 그런데 이들이 위원으로 승진한 뒤 과거 자신이 관여했던 바로 그 사건을 심의할 수 없게 되는 것이다. 이 때문에 심의 과정에서 전문성을 갖춘 상임위원이 배제되는 경우가 종종 발생한다. 실제로 한 전직 상임위원은 사무처 근무 시절 조사를 담당했다는 이유로 1년 동안 20건에 달하는 주요 심의에 참여하지 못하기도 했다.

가장 대표적인 사례는 SK실트론 사건이다. 이 사건 심의 당시 9명의 위원 중 4명이 제척되거나 기업 측의 배제 신청 등 기피사유로 심의에서 빠졌다. 그 결과 단 5명의 위원만으로 심의가 진행되어야 했다. 5명은 전원회의를 열 수 있는 최소한의 의사정족수다. 이처럼 최소 정족수 위원만으로 중대한 결정을 내릴 경우 그 결정의 정당성 자체가 흔들릴 수 있다. 이는 공정성을 지키기 위한 제도가 오히려 전문성을 훼손하고 심의의 질을 떨어뜨릴 수 있다는 역설을 드러낸다.

▌SK실트론 사건 당시 전원회의 구성

이런 문제의식을 바탕으로 한기정 공정거래위원장은 재직 당시 제척 기준 완화를 추진한 바 있다. 과거 단순히 임기만 겹쳤다는 이유로 과도하게 제척되던 관행에서 벗어나 위원의 참여를 확대해 전문성을 높이려는 취지였다. 하지만 이 시도는 결국 무산되었다. 완화된 기준이 자칫 전관예우 논란을 키우고 공정위에 대한 국민적 신뢰를 훼손할 수 있다는 내부 검토 의견이 나왔기 때문이다. 그 결과 공정성과 전문성 사이의 딜레마는 해결되지 못한 채 최근의 주요 사건 심의에서도 상임위원이 제척되는 일이 계속 발생하고 있다.

비상임위원 제도는 계륵인가 필수인가

비상임위원 4명은 전원회의 합의의 정당성과 대표성을 높이고 외부의 시각을 반영하는 중요한 존재라고 설명했다. 그러나 이들의 낮은 참석률 문제는 위원회 운영의 구조적인 한계로 지적된다. 2020년부터 2025년까지 열린 전원회의에서 비상임위원들의 불참 횟수가 총 91차례에 달하는 것으로 나타났다. 한 비상임위원은 임기 중 3분의 1이 넘는 회의에 불참하기도 했다.

이러한 참석률 저조에는 여러 복합적인 원인이 있다. 첫째, 과중한 업무 부담이다. 비상임위원은 대부분 교수, 변호사 등 본업이 있는 겸직 형태이다. 매주 수요일에 하루 종일 이어지는 회의와 그에 앞서 검토해야 할 방대한 사건 자료를 본업과 병행하는 것은 현실적으로 부담이 크다. 둘째, 낮은 보수다. 공정위는 비상임위원에게 안건 검토 수당 20만 원, 회의 참석 수당 40만 원 수준을 지급하는 것으로 알려졌다. 이는 15년 이상의 경력을 갖춘 최고 수준의 법률, 경제 전문가에게 동기를 부여하기에는 턱없이 부족한 보수라는 지적이 많다. 셋째, 구조적 문제다. 이러한 낮은 보수와 과중한 업무 부담으로 인해 비상임위원직이 공익을 위한 봉사라기보다 부업이나 명예직 정도로 인식될 수 있다는 우려가 나온다.

최근에는 공정위 조직 확대 논의와 맞물려 위원 수 증원 방향도 확정했다. 이는 단순한 인력 충원을 넘어 급증하는 사건 수요에 대응하고 심결의 질적 수준을 높이기 위한 28년 만의 조직 혁신이라는 평가를 받는다. 주병기 공정거래위원장이 취임 후 첫 기자간담회에서 밝힌 바와 같이 현재 위원장과 부위원장을 포함한 상임위원 5명, 비상임위원 4명으로 구성된 9인 위원회 체제를 상임위원 1명과 비상임위원 1명을 추가하여 총 11명으로 확대하는 방안이 추진된다. 이는 사건 처리가 폭증하면서 위원회 심의의 병목 현상을 해소하고 사건 처리 기간을 단축하기 위한 방안이다. 위원장 직속으로 심의 인력을 19명 증원하고, 특히 상임위원 1명을 추가하는 것은 신속한 전원회의 개최와 심의 역량 강화에 핵심적인 역할을 할 것으로 기대된다.

이와 더불어 이런 조직 확대가 비대해진 관료 조직으로 이어질 것이라는 우려 섞인 반론도 만만치 않다. 학계와 법조계 일각에서는 "단순히 위원 수를 늘리는 것이 심결의 품질 향상을 담보하지 않는 다"고 지적한다. 오히려 의사결정 구조가 복잡해지면서 효율성이 떨어지면 공무원 수는 업무량과 관계없이 증가한다는 파킨슨의 법칙이 작용할 수 있다는 비판이다. 또한 추가되는 상임위원이 정부 측 인사로 채워질 가능성이 높아짐에 따라 준사법기관으로서 공정위가 가져야 할 생명과도 같은 독립성과 중립성이 훼손될 수 있다는 지적도 제기된다. 정부의 입김이 강해져 기업 규제의 강도만 높이는 결과로 이어질 수 있다는 재계의 불안감도 이와 궤를 같이한다.

결국 위원 정수 확대는 공정위에게 주어진 기회이자 시험대다. 주 위원장이 강조한 대로 사건 처리의 신속성을 확보해 기업의 법적 불확실성을 줄여주는 긍정적 효과를 낼지, 아니면 조직만 비대해지고 규제 칼날만 날카로워졌다는 비판에 직면할지는 미지수다. 공정위가 이번 조직 강화를 통해 피심인의 방어권을 충분히 보장하면서도 엄정한 법 집행이라는 두 마리 토끼를 잡을 수 있을지, 결국 시장은 경제 검찰의 변화를 예의주시하고 있다.

▌공정위, 정부 내의 외로운 파수꾼

정부가 하나의 목표를 향해 톱니바퀴처럼 돌아간다고 생각하기 쉽지만 현실은 다르다. 정부 조직 내에서도 각 부처는 저마다 다른 사명을 갖고 있으며 때로는 그 사명들이 정면으로 충돌하기도 한다.

그 중에서도 공정거래위원회는 유독 정부 내에서 '외로운 파수꾼'의 역할을 맡는 경우가 많다. 공정위의 기본 임무는 시장에서 일어나는 담합, 독과점, 불공정거래를 막아 공정한 경쟁 질서를 확립하는 것이다. 반면 다른 많은 경제 부처는 특정 산업을 육성하고 보호하는 것을 주된 역할로 삼는다.

해양수산부는 해운업계를, 방송통신위원회(現 방송미디어통신위원회)는 통신업계를, 금융감독원은 금융업계를 보호하고 챙기는 것이 그들의 당연한 임무다. 이 경쟁 촉진이라는 가치와 산업 보호라는 가치가 부딪힐 때 갈등은 필연적으로 발생한다. 공정위가 업계의 관행적 담합이나 불공정 행위에 제재의 칼을 빼들면 해당 산업의 주무 부처가 산업의 특수성을 무시한 처사라며 공공연히 반발하는 모습이 나타나는 것이다. 이어지는 사례들은 바로 이처럼 정부 부처 간의 철학이 정면으로 충돌했던 대표적인 사건들이다.

바다 위의 해운담합 전쟁, 공정위 vs 해양수산부

2022년 초, 공정거래위원회와 해양수산부가 정면으로 충돌했다. 공정위가 23개 국내외 해운사의 운임 담합에 대해 조사한 것이 발단이었다. 사건의 내용은 이러했다. 해운사들은 한국~동남아시아 항로에서 운임을 공동으로 정하기로 합의했다. 공정위는 이를 명백한 담합 행위로 보았다. 특히 해운사들이 120차례나 운임 합의를 하면서도 「해운법」이 요구하는 해수부 장관에게 신고하는 절차를 제대로 밟지 않았다고 지적했다.

하지만 해수부는 산업의 특수성을 무시한 조치라며 정면으로 반박했다. 해수부의 입장은 해운업은 「해운법」에 따라 산업 안정을 위해 공동행위가 허용되는 특수 분야이며 공정위의 제재가 코로나19로부터 막 회복하려는 산업에 치명타가 될 수 있다는 논리였다. 정치권도 가세했다. 해운업 비중이 큰 지역구 국회의원들이 공정위를 압박했고 심지어 2018년 조사의 발단이 되었던 화주단체 민원을 받은 국회의원마저 등을 돌려 공정위의 편을 드는 목소리가 없었다.

2022년 1월 12일에 열린 공정위 전원회의에는 이례적으로 해수부 국장까지 참석해 해운업계를 옹호했다. 그는 해운사들의 행위가 「해운법」상 요건을 갖춘 정당한 행위였다고 주장했다. 그러나 공정위는 법이 요구하는 충분한 정보 교환이나 정상적인 협의가 아닌 일방적 통보에 불과했다며 이를 반박했다. 결국 공정위는 23개 해운사에 총 962억 원의 과징금을 부과했다. 조성욱 당시 공정거래위원장이 이듬해 1월 18일 이 결정을 직접 브리핑하자 엿새 뒤 해수부 국장이 기자간담회를 자청해 공정위 결정을 정면 비판하는 자료를 배포했다. 해운업계는 즉각 공정위 처분에 불복하는 행정소송을 제기했다.

법정 다툼은 공정위의 완패로 시작됐다. 2024년 서울고등법원은 해운업계의 손을 들어주며 공정위의 처분을 모두 취소했다. 재판부

'해운사 담합' 결국 소송? … 과징금 900억 원에 '반발 / TV조선 뉴스9 (2022.01.23.)

는 산업 특수성을 다루는 특별법인 「해운법」이 일반법인 「공정거래법」보다 우선 적용되어야 하며 해수부의 감독 체계 안에서 이뤄진 행위를 공정위가 중복 규제할 수 없다고 판단했다. 공정위는 즉각 상고했다.

그리고 2025년 4월, 대법원에서 극적인 반전이 일어났다. 대법원은 "다른 법률에 공정거래법의 적용을 배제한다는 명시적 규정이 없는 한 공정거래법은 모든 산업에 적용된다"고 판시하며 공정위의 손을 최종적으로 들어줬다. 총 962억 원의 과징금 처분이 확정된 것이다.

그러자 해수부와 정치권은 다시 한번 함께 움직였다. 대법원 판결의 근거, 즉 「해운법」에 공정거래법 적용 배제 규정이 없다는 허점을 파고든 것이다. 이들은 해운 공동행위에 대해 공정거래법 적용을 아예 배제하도록 하는 「해운법」 개정안을 발의했다. 이른바 공정위 제재 무력화법이있다. 이 법안이 통과되면 공정위는 향후 해운사 담합에 대해 제재할 권한을 잃게 된다. 해당 법안은 국회 논의를 앞두고 있다.

통신 3사 "방통위가 시켰다", 공정위 vs 방송통신위원회

통신업계에서도 비슷한 부처 간 충돌이 벌어졌다. 2025년 3월, 공정위는 SK텔레콤·KT·LG유플러스 등 이동통신 3사에 총 1,140억 원의 과징금을 부과했다. 혐의는 번호이동 가입자에 대한 판매장려금 담합이었다. 쉽게 말해 한 통신사에서 다른 통신사로 휴대전화를 바꿀 때 받는 지원금을 3사가 서로 합의해 조절했다는 것이다.

공정위는 이들이 매일 고객 수 변동 내역을 공유하며 특정 회사로 고객이 쏠릴 경우 지원금을 줄이는 식으로 담합했다고 봤다. 실제로 담합 기간 동안 하루 평균 번호이동 건수는 2014년 3,000여 건에서 2016년 200건 이내로 급감했는데 공정위는 이를 경쟁 제한의 명백한 증거로 판단했다.

사건의 발단은 2014년 '아이폰 6 대란'이었다. 당시 공시된 보조금보다 훨씬 많은 불법 보조금이 지급되며 번호이동이 폭증했다. "스마트폰을 사려고 추운 새벽에 줄까지 서는 일이 반복되어서는 안 된다"는 당시 박근혜 대통령의 질책이 나온 이후 정부는 「단말기 유통구조 개선법」, 일명 단통법을 시행했다. 이로 인해 주무부처인 방송통신위원회에는 과열된 통신 시장을 안정시킬 막중한 임무가 주어졌다. 방통위는 이 권한을 한국정보통신진흥협회(KAIT)에 위탁해 시장을 감독했다. KAIT는 오피스텔에 시장상황반을 만들었고 이 곳에 통신 3사 직원이 모여 과도한 판매장려금 지급이나 번호이동 쏠림 현상을 매일 모니터링했다.

공정위가 확보한 증거는 해당 조직의 내부 문서였다. 문서에는 '합의', '협의', '공동으로 조정' 등 담합을 의심케 하는 용어들이 발견되었다. 하지만 통신사들과 KAIT 측은 "경쟁법상 담합이 아니라 방

"이동통신 3사, 번호 이동 담합" … 과징금 1천140억 부과 / SBS 뉴스 (2025.03.12.)

통위의 지침을 따르기 위한 행정적 순응도를 높이려는 표현이었을 뿐"이라고 강하게 반박했다. LG유플러스 같은 시장 3위 사업자가 경쟁을 포기하는 담합을 할 이유가 없다는 주장도 폈다.

공정위 전원회의에서도 이례적인 장면이 연출됐다. 현재 퇴직 상태인 당시 방통위 담당 국장이 직접 출석하여 "통신 3사는 담합하지 않았다"고 증언하며 통신사들을 옹호했다. SK텔레콤 측 대리인은 이들의 입장을 한 문장으로 요약했다.

> "이통 3사가 담합한 게 아니라 방통위가 단통법을 집행한 것이고,
> 이통 3사는 그러한 규제 하에서 경쟁을 계속한 것뿐입니다."

하지만 공정위는 이 주장을 받아들이지 않았다. 통신사들이 방통위의 지침 범위를 넘어 독자적으로 움직인 증거를 확보했기 때문이다. 이들은 방통위가 장려금 인하를 지시했음에도 불구하고 거꾸로 장려금을 인상하는 등 방통위의 행정지도 범위를 넘어선 별도의 합의를 했다고 공정위는 판단했다. 결국 공정위의 제재가 확정되자 KT가 먼저 행정소송을 제기했으며, 뒤이어 SK텔레콤과 LG유플러스도 행정소송을 제기한 상태다.

은밀한 정보교환도 담합일까, 공정위 vs 금융당국

공정위의 제재는 금융권에도 미쳤다. 앞서도 살펴본 2023년부터 조사 중인 4대 은행 주택담보대출비율(LTV) 담합 사건과 15개 금융사 국고채 입찰 담합 사건이 그것이다. KB국민·우리·신한·하나은행 등 4대 은행은 2020년부터 2년간 무려 7,500건에 달하는 LTV 자료를 출력물로 서로 공유했다. 공정위는 이들이 정보 공유를 통해

LTV를 낮춰 잡아 소비자들이 이자가 더 비싼 신용대출 등을 받도록 유도했다고 판단했다. 은행들의 반박은 지역과 자격에 따라 LTV를 제한하는 금융당국의 행정지도를 따랐을 뿐이고, 단순한 정보교환은 담합이 될 수 없다고 반박했다. 그리고 2024년 11월, 전원회의를 두 번에 걸쳐 열었지만 결과는 의외였다. 공정위는 "심사관 및 피심인들 주장과 관련한 사실관계 추가 확인 등을 위하여 재심사명령을 결정했다"라고 밝혔다. 당장 결론을 내리지 않고 재심사를 결정하는 것 자체가 아주 드문 일은 아니다. 하지만 은행 LTV 담합 사건처럼 사회의 이목이 쏠린 사안에 대해 이런 결정이 내려진 것은 상당히 이례적인 사례로 꼽힌다. 이렇게 결론이 나지 않자 공정위가 무리한 조사를 했다는 비판이 쏟아졌다.

2025년 5월, 이복현 당시 금융감독원장이 직접 나서서 공정위를 겨냥해 "금융업 특성상 경쟁 촉진 조치가 금융 안정과 소비자 권익 침해 소지도 있다. 최근 일부 금융인프라의 과점적 구조와 정보교환 행위의 경쟁 제한 가능성이 제기되고 있지만 신중한 접근이 필요하다"라고 말한 것이다. 이는 우회적이지만 공정위에 대한 비판으로 읽

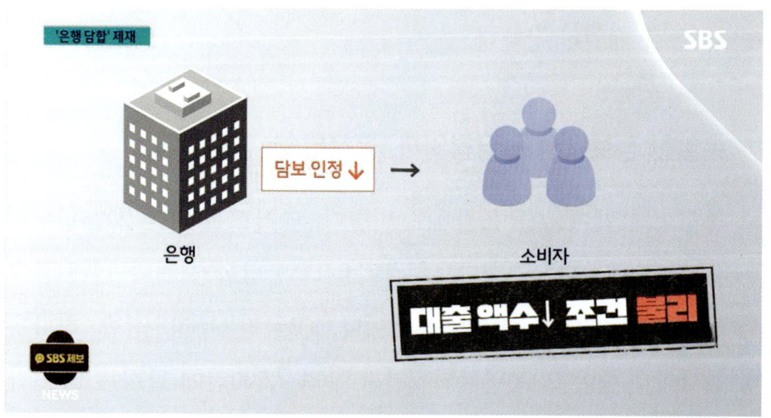

'담보 인정 비율' 담합 혐의, 4대 은행에 수천억 과징금? / SBS 뉴스 (2024.01.08.)

을 수 있었다. 금융당국이 나서서 공정위가 금융업의 특수성을 이해하지 못한다고 말한 셈이다. 이후 공정위는 이 사건에 대해 재조사를 실시했고 심사보고서를 상정해 전원회의 심의를 앞두고 있다.

국고채 입찰 담합 사건은 더욱 복잡했다. 공정위는 은행 5곳, 증권사 10곳 등 15개 금융기관이 국고채 입찰 과정에서 금리 정보를 사전에 공유하고 담합했다고 보고 있다. 문제는 과징금 규모다. 공정위가 국채 낙찰 금액을 매출액으로 보고 과징금을 산정하면 수조 원대까지 나올 수 있다는 관측이 나왔다. 금융업계는 발끈하면서 "국고채 입찰은 수익이 되지 않는다. 오히려 손해를 보는 구조다. 우수 국고채전문딜러(Primary Dealer: PD)에 선정되면 다른 영업을 할 수 있는 이름값과 신뢰로 이어질 뿐이다. 사실 기획재정부 업무를 민간 금융기관들에게 위탁한 셈인데, 금융사에겐 부담이다"라며 반발하고 있다. 기재부(現 재정경제부)도 공정위의 제재를 우려했다. 기재부 관계자는 "PD사 자격정지나 취소는 공정위 제재 결과를 보고 결정해야 할 문제"라며 "국채 시장에 영향이 클 수도 있는 만큼의 합리적인 결정이 내려지길 바란다"고 말했다. 실제로 PD사들의 참여 의지가 위축되면 국고채 응찰률이 낮아져 정부는 발행금리를 높여야 하고 이는 곧 조달 비용 상승으로 이어질 수 있다. 현재 이 사건도 LTV 건과 마찬가지로 전원회의를 앞두고 있다.

공정위 vs 방통위 vs 과기부, 누가 플랫폼을 규제할 것인가

공정위의 부처 간 갈등은 새로운 영역으로도 이어졌다. 바로 온라인 플랫폼 규제를 둘러싼 주도권 경쟁이다. 2021년 네이버·카카오·쿠팡 같은 거대 플랫폼들의 갑질 논란이 사회적 문제로 떠오르자 이를 규제할 법안 마련이 시급해졌다. 문제는 이 규제의 칼자루를 누가 쥘 것인가를 둘러싸고 부처 간의 충돌이 벌어진 것이다.

공정위는 "플랫폼의 거래상 지위 남용, 자사 우대, 경쟁 제한 행위 등은 전통적인 공정거래법의 규율 대상이므로 시장 경쟁 질서 유지를 사명으로 하는 공정위가 적임자"라는 논리를 폈다. 방통위는 "플랫폼은 단순한 거래의 장이 아니라 정보를 매개하는 '부가 통신 서비스'이자 미디어"라며 "이용자 보호와 서비스 안정성 확보 등은 방통위의 전문 분야"라고 맞섰다. 뒤늦게 참전한 과학기술정보통신부는 "플랫폼 산업 육성도 고려해야 한다"며 "같은 부처 내에서 규제와 진흥을 함께 다루는 것이 효율적"이라는 논리를 내세웠다.

이처럼 부처 간 밥그릇 싸움이 정리되지 않자 법안이 난립했다. 공정위는 온라인 플랫폼 공정화법(온플법)을, 방통위는 온라인 플랫폼 이용자보호법을 각각 추진했다. 당시 IT 업계는 이러한 정부 부처 간의 다툼을 강하게 우려했다. 플랫폼 감독 문제가 부처 간 권한 다툼으로 비화하면서 혁신 성장을 가로막는 중복 규제만 양산될 것이라는 지적이 쏟아졌다. 결국 이 진통 끝에 온라인 플랫폼법 제정은 무산되었고 현재까지도 입법 공백 상태로 방치돼 있다.

이후 이재명 정부 들어 '플랫폼 독점규제법' 등 새로운 법안이 발의되어 국회에 계류 중이지만 법안 통과까지는 넘어야 할 과제가 많다. 특히 미국 정부가 해당 법안에 대해 자국 빅테크 기업인 구글, 아마존 등을 겨냥한 규제라며 공식 반대 서한을 보내는 등 통상 마찰이라는 또 다른 거대한 장벽에 부딪힌 상황이다. 설상가상으로 한미 관세협상 결과 발표된 팩트 시트(Fact Sheet)에 '미국 기업을 차별하지 않는다'는 합의 사항이 명시된 점은 결정적인 난관으로 작용하고 있다. 이 합의는 향후 입법 과정에서 국제 약속 위반 논란을 불러일으킬 수 있어 플랫폼법 추진 동력을 약화시키는 강력한 제동 장치로 작용할 것으로 보인다.

공정거래법은 다른 법에 우선할까

공정위가 다른 정부 부처와 충돌하는 근본적인 이유는 철학의 차이에 있다. 대부분의 산업 주무 부처는 특정 산업을 육성하고 보호하는 것을 주된 역할로 삼는다. 이들은 과도한 경쟁이 시장을 침체시킬 수 있으므로 업계의 특수한 사정을 이해하고 적절한 협력을 허용해야 한다고 본다. 반면 공정위의 철학은 시장 경제의 기본은 공정한 경쟁이며 아무리 업계가 어려워도 담합은 불법이라는 것이다. 공정위는 단기적인 손해가 있더라도 장기적으로는 공정한 경쟁이 모두에게 이익이 된다고 본다. 이는 마치 축구 경기의 감독과 심판의 역할 차이에 비유할 수 있다. 감독은 자기 팀의 승리를 바라지만 심판은 오직 규칙에 따라 공정한 경기가 진행되기를 바란다.

이 철학의 차이는 종종 공정거래법 제116조를 둘러싼 법적 다툼으로 이어진다. 이 조항은 "다른 법령에 따라 행하는 정당한 행위"에 대해서는 공정거래법 적용을 배제한다고 규정하고 있다. 하지만 대법원은 이 예외 조항을 매우 제한적으로 해석한다.

"당해 사업의 특수성으로 경쟁제한이 합리적이라고 인정되는
사업 또는 인가제 등에 의하여 사업자의 독립적 지위가 보장
되는 반면 공공성의 관점에서 고도의 공적 규제가 필요한
사업 등에 있어서 자유경쟁의 예외를 구체적으로 인정하고 있는
법률 또는 그 법률에 의한 명령의 범위 내에서 행하는
필요·최소한의 행위를 말한다.
(대법원 1997. 5. 16. 선고 96누150 판결, 대법원 2014. 5. 16.
선고 2012두123665 판결 등 참조)"

또 다른 갈등 요인은 정보 비대칭이다. 산업 주무부처는 해당 산업에 대한 깊은 이해를 가졌지만 공정위는 상대적으로 산업별 특수성 이해가 부족할 수 있다. 해운담합 사건에서 해수부가 "공정위는 해운업을 모른다"고 비판한 것이나 금융감독원장이 "금융업 특성상 신중한 접근이 필요하다"고 말한 것도 이런 맥락이다. 하지만 공정위는 산업 특수성을 인정하더라도 법적 절차는 지켜야 한다는 원칙론을 고수한다. 전문성 부족은 전문가 자문과 추가 검토로 보완할 수 있지만 법의 원칙 자체를 굽힐 수는 없다는 입장이다.

만약 공정위가 없다면 어떻게 될까? 해운담합 사건에서 선사들이 15년간 담합을 벌인 것처럼 각 산업에서 관행이라는 이름의 불법 행위가 횡행할 가능성이 높다. 실제로 해운사들은 담합을 숨기기 위해 운임 인상 시기나 금액에 차이를 두는 등 은밀한 방식을 사용했다. 공정위가 없었다면 이런 담합은 계속 이어졌을 것이다. 공정위의 이러한 엄격한 기준은 한국만의 특수한 것이 아니라 국제적 기준과도 일치한다. 경제협력개발기구(OECD)는 2002년부터 해운업 운임 담합 폐지를 권고해왔고 유럽연합(EU) 등은 이미 이를 금지하고 있다. 미국과 일본의 경쟁당국도 신고 내용과 다르게 행해진 공동행위는 공정거래법 적용 대상임을 명확히 하고 있다.

물론 공정위가 다른 부처와의 갈등을 줄이려면 산업별 전문성을 더욱 강화해야 한다. 법적 원칙만 내세우기보다 해운업의 운임 동향이나 금융업의 시스템 리스크처럼 각 산업의 특수성을 충분히 이해한 바탕 위에서 합리적 판단을 내릴 필요가 있다. 또한 제재 발표 후 부처가 반발하는 사후 갈등 방식보다는 조사 초기 단계부터 관련 부처와 정보를 공유하는 등 협의를 강화하는 방향이 바람직하다. 물론 이는 부처의 개입을 의미하는 것이 아니며 이 과정에서 공정위의 독립성이 훼손되어서는 안 된다.

공정위는 정부 내에서 외로운 파수꾼 같은 존재다. 다른 부처들이 산업 육성에 집중할 때 공정위는 홀로 "그것이 법 위반이 아니냐"고 따져야 한다. 이런 역할이야 말로 시장 경제의 마지막 보루다. 만약 공정위마저 업계 사정이나 부처 간 조화를 이유로 원칙을 굽힌다면 시장의 불공정행위를 통제할 장치는 사라지게 된다. 물론 공정위도 산업 전문성이 부족하거나 경직된 법 해석을 할 수 있다. 하지만이는 시스템 개선으로 보완할 문제다. 공정위가 포기해서는 안 될 핵심 가치는 정치적 압력이나 업계의 로비, 다른 부처의 견제에 굴복하지 않고 법과 원칙에 따라 일관되게 판단하는 독립성과 원칙주의다. 그것이 공정위가 존재하는 이유이자 대한민국 시장 경제가 건전하게발전할 수 있는 전제다.

▎동의의결

"처벌받는 대신 이렇게 해보겠습니다"

공정거래법 위반 혐의로 조사를 받던 기업이 갑자기 개선안을 제시하며 사건이 마무리되는 경우가 있다. 여기서 활용되는 제도가 바로 동의의결 제도다. 동의의결이란 말 그대로 기업이 동의해서 내린결정에 대해 공정위가 의결하는 절차를 뜻한다. 즉, 공정위가 법 위반 여부를 최종적으로 판단하기 전에 기업이 스스로 "피해를 구제하고, 보상하고, 시정하겠다"고 개선책을 내놓고 공정위가 그 방안이합리적이라고 인정하면 위법성에 대한 최종 판단 없이 사건을 종결하는 제도다. 이는 마치 민사소송에서 양측이 합의로 재판을 끝내는 것과 비슷하다. 법정에서 판결을 통해 승패를 가리기보다 상호 수용 가능한 조건으로 분쟁을 마무리하는 방식이다. 다만 동의의결은 기업이 일방적으로 양보하는 구조에 좀 더 가깝다. 공정위는 조사를 중단하고 기업은 과징금이나 시정명령 같은 직접적인 제재 대신 자발적으로 마련한 개선방안을 이행하도록 한다.

동의의결 제도는 2007년 부처 간 이견으로 추진이 무산됐으나 이후 한미 자유무역협정(FTA) 협상 당시 미국 측의 요청이 직접적인 계기로 작용하면서 2011년에 처음 도입됐다. 당시 주요 선진국을 중심으로 협의를 통한 경쟁법 집행이 확산되며 글로벌 스탠더드로 자리 잡자 한미 양국은 이런 국제적 흐름에 발맞춰 FTA에 동의명령제(도입 당시 용어)를 포함하기로 합의했다.

제도 도입의 효과는 크게 세 가지로 요약된다. 첫째는 신속한 피해 구제다. 기존 절차에 따르면 조사에서 최종 의결에 이르기까지 수

▎동의의결 절차

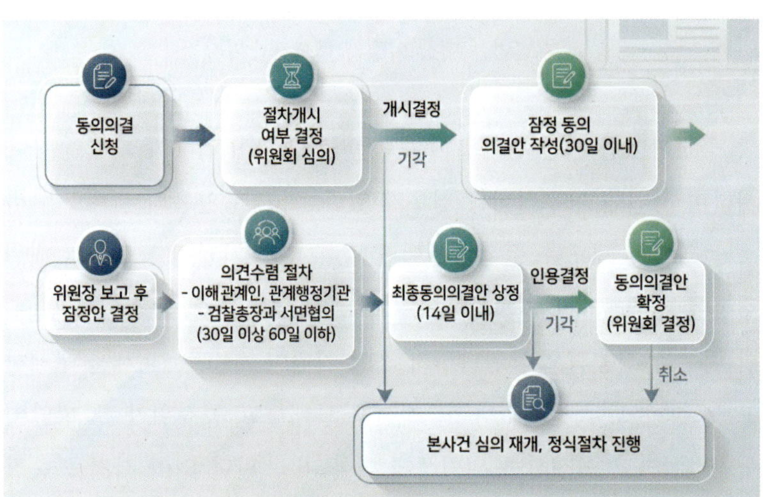

년이 소요돼 그 사이 소비자나 경쟁업체의 피해가 계속 누적된다. 반면 동의의결 제도를 활용하면 기업의 자발적 제안을 통해 단기간에 실질적인 구제책을 마련할 수 있다는 점에서 통상적인 시정조치의 한계를 보완할 수 있다. 일반 시정조치는 위법행위를 한 사업자에게 위반행위를 반복하지 말 것을 명령하고 경우에 따라 과징금을 부과하는 방식으로 제재를 가한다. 그러나 과징금은 원칙적으로 전액 국고로 귀속돼 소비자 피해 구제에는 사용될 수 없다. 피해를 입은 소비자는 복잡한 소송 절차를 거쳐 승소해야만 손해를 보상받을 수 있다. 둘째는 기업의 자발적 개선 유도다. 강제적인 제재보다 기업이 스스로 문제를 인식하고 개선방안을 제시하는 편이 더 효과적일 수 있다는 시각도 있다. 특히 시장 구조가 복잡하거나 기술 변화 속도가 빠른 분야에서는 일률적인 시정명령만으로는 현실적 대안을 마련하기 어렵다는 지적도 적지 않다. 이런 한계를 보완할 수 있는 '맞춤형 해결책'으로서 동의의결 제도가 부각되고 있다. 셋째는 행정 효율성이다. 공정위 입장에서도 모든 사건을 끝까지 조사하고 심의하는 데는 막대한 인력과 시간이 든다. 동의의결은 신속한 해결이 필요한 사건을 효율적으로 처리할 수 있게 하고 공정위가 더 중요한 사안에 집중할 수 있도록 돕는다.

법적·경제적 의미도 적지 않다. 동의의결은 기업에 위법이라는 낙인을 찍지 않으면서도 실질적인 시정 효과를 거둘 수 있는 수단이다. 기업 입장에서는 법적 리스크와 브랜드 이미지 훼손을 최소화할 수 있고, 공정위는 보다 유연한 방식으로 정책 목표를 달성할 수 있다. 결국 이 제도는 처벌보다 개선을 중시하는 새로운 형태의 경쟁정책 도구라 할 수 있다.

'제한된 무제한' 요금제? ⋯ 통신 3사 동의의결

| 동의의결 진행 경위

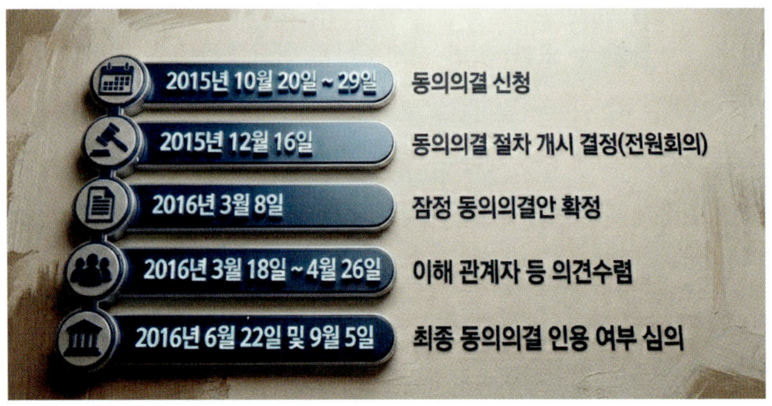

동의의결 제도의 대표적인 사례로는 2016년 이동통신 3사의 '무제한 요금제' 과장광고 사건을 들 수 있다. 당시 SK텔레콤, KT, LG유플러스는 'LTE 데이터 무제한' 또는 '음성·문자 무제한'이라는 문구를 내세워 요금제를 홍보했다. 하지만 실제로는 여러 제한이 존재했다. 예를 들어 LTE 데이터 무제한 요금제는 기본 데이터를 모두 사용하면 속도가 2~3Mbps로 제한되었고 음성 무제한 상품 역시 하루 600분 또는 한 달 1만 분을 초과하면 통화가 제한되었다.

공정위가 표시·광고법 위반 혐의로 조사에 나서자 통신 3사는 법리 다툼 대신 동의의결을 신청했다. 그 결과 3,244만 명의 소비자가 LTE 데이터 쿠폰, 부가·영상통화 서비스, 초과 사용량 과금 환불 등의 혜택을 받았다. 이 보상안의 총 규모는 2,679억 원에 달했다.

이 사건은 동의의결의 장점을 명확히 보여주었다. 만약 공정위가 전통적인 제재 방식을 택했다면 조사와 심의, 그리고 기나긴 행정소송으로 이어져 최종 결론까지 수년이 걸렸을 것이다. 그 사이에도 소비자의 잠재적 피해는 계속 누적되었을 가능성이 크다. 또한 설사 공정위가 승소해 과징금을 부과했더라도 그 돈은 전액 국고로 귀속되어 소비자에게 직접 돌아가지 않는다. 피해를 본 소비자는 별도의 민사소송을 거쳐야만 손해를 보상받을 수 있다. 동의의결을 통해 1년여 만에 2,679억 원 규모의 실질적인 보상이 소비자에게 직접 이뤄진 것은 이 제도의 명백한 성과다.

하지만 이 결정은 면죄부 논란이라는 제도의 근본적인 한계 또한 드러냈다. 통신 3사가 과장 광고로 수년간 거둔 막대한 이익에 비해 2,679억 원이라는 보상 규모가 지나치게 작다는 지적이 제기되었다. 실제로 이들이 부당하게 얻은 부당이익 규모는 명확히 파악되지 않았고 결과적으로 법 위반이라는 낙인 없이 상생 방안으로 책임을 대체했다는 비판을 받았다. 당시 심의 과정에서도 일부 위원은 "보상액

▌당시 이동통신사가 고객에게 보낸 문자 메시지

이 기업의 이득에 비해 미미하다"며 동의의결이 기업의 면죄부로 악용될 소지가 있다고 문제의식을 드러내기도 했다.

이 사건은 동의의결 제도가 가진 양면성을 잘 보여준다. 소비자 피해를 신속하게 구제한 성공 사례인 동시에 제도의 실효성을 둘러싼 논쟁을 남겼다. 결국 신속한 구제와 실질적인 책임 부과 사이에서 어떻게 균형을 잡을 것인가라는 과제를 명확히 제시한 사건이다.

끼워팔기 멈출 유튜브의 동의의결

가장 최근의 대표적인 동의의결 사례는 구글의 '유튜브 뮤직 끼워팔기' 사건이다. 구글은 그간 국내에서 유튜브 프리미엄(월 1만 4,900원)을 판매하면서 광고 제거 서비스와 음악 스트리밍 서비스인 유튜브 뮤직을 하나의 상품으로 묶어 판매해왔다. 문제는 광고 없는 동영상을 이용하려는 소비자조차 불필요한 음악 서비스를 함께 구매해야만 했다는 점이다. 이는 공정거래법상 대표적인 불공정행위 유형인 끼워팔기(Tying)에 해당할 수 있다는 판단이 나왔다.

공정위의 조사에 맞서 구글은 법정 다툼 대신 동의의결을 신청했다. 공정위와의 협상 끝에 구글은 유튜브 뮤직이 제외된 유튜브 프리미엄 라이트를 월 8,500원(안드로이드·웹 기준)에 출시하기로 했다. 이는 기존 프리미엄 요금의 약 57.1% 수준이다. 공정위는 이 상품이 구글의 자발적 출시가 아니라 공정위의 조사와 동의의결 절차를 통해 나온 산물임을 분명히 했다. 한국이 다른 나라보다 더 유리한 조건을 얻어낸 배경이다. 실제로 미국의 유튜브 라이트는 7.99달러(약 11,000원), 멕시코는 99페소(약 7,300원)로, 프리미엄 대비 가격 비율이 각각 57.11%, 62.26% 수준이다. 비율만 놓고 보면 한국이 가장 유리한 조건을 확보한 셈이다.

주목할 점은 지난 2025년 11월 27일 최종 확정된 내용이 당초 공개된 잠정 동의의결안보다 소비자 혜택 측면에서 훨씬 강화되었다는 것이다. 초기 잠정안 단계에서 구글은 300억 원 규모의 상생방안 중 150억 원을 쿠폰 등 소비자 할인 혜택이나 무료 체험 기간 제공에 사용하겠다고 제안했었다. 그러나 최종 확정 과정에서 소비자 의견을 수렴한 결과 일시적인 할인보다는 실질적인 기능 확대가 필요하다는 지적이 제기되었다. 이에 따라 최종안에서는 쿠폰 제공 계획을 전면 폐지하는 대신 백그라운드 재생과 오프라인 저장 기능을 추가로 탑재했다. 이는 당초 광고 제거 기능만 제공하려던 계획을 수정한 것으로, 전 세계에서 유일하게 한국 출시 라이트 요금제에만 적용되는 파격적인 혜택이다. 단, 음악 저작권 문제로 인해 비음악 콘텐츠에 한해서만 해당 기능이 지원된다. 또한 구글이 마케팅 수단으로 활용할 우려가 있었던 소비자 할인 지원금 예산은 전액 EBS 출연금으로 전환되었다. 구글은 총 300억 원을 EBS에 출연하여 '스페이스 공감'과 '헬로 루키' 등 국내 음악 산업 지원 프로그램 운영에 사용하기로 했다.

유튜브, 음악 없이 싸게 본다 … "8,500원 요금제 출시" / TV조선 뉴스9 (2025.07.15.)

이번 사례는 복잡하게 얽힌 플랫폼 시장에서 일률적인 제재만이 능사가 아님을 보여주는 상징적인 사건이다. 경쟁당국이 기업과 협의하여 자발적 시정을 유도하는 협의 중심 접근도 현실적 대안임을 입증했다. 특히 이번 최종안 확정은 동의의결 제도가 단순한 타협이 아니라 공정거래 질서를 복원하고 실질적인 소비자 선택권을 확대하는 해결 모델로 기능할 수 있음을 보여주었다는 점에서 의미가 크다. 단순히 저렴한 요금제를 출시하는 것을 넘어 해외 서비스에는 없는 백그라운드 재생 기능을 국내 소비자에게만 제공한 것은 경쟁당국이 플랫폼 사업자와의 협상을 통해 구체적인 소비자 후생을 실현한 성과로 평가된다. 구글은 의결서 송달일로부터 90일 이내에 유튜브 라이트를 정식 출시할 예정이며 출시일로부터 1년간 기존 프리미엄 요금도 동결하기로 했다.

구제인가 봐주기인가

동의의결 제도를 둘러싼 가장 큰 논란은 이것이 대기업에 면죄부를 주는 수단이 아니냐는 의혹이다. 핵심 논리는 기업이 불법 행위로 오랜 기간 이익을 취한 뒤 적발되면 그 이익의 일부만 돌려주고 위법이라는 법적 책임은 피해 간다는 주장이다.

실제로 2023년 중소벤처기업연구원은 한 보고서에서 "상생지원 방안에 대한 이행 점검이 제대로 이뤄지지 않아 동의의결 제도가 법 위반 사업자의 면죄부를 제공한다는 비판이 있다"고 지적했다. 2025년 효성그룹 사건도 자주 거론된다. 효성이 협력업체에 기술 자료 제출을 강요한 혐의로 조사를 받았으나 공정위가 위법성 판단 없이 30억 원 규모의 상생 기금 출연을 조건으로 사건을 종결한 것에 대해 비판이 제기됐다.

그러나 이러한 비판에 대한 반론도 만만치 않다. 동의의결은 기업이 손쉽게 빠져나가는 통로가 아니라 공정위의 엄격한 심사와 조건부 승인을 거쳐야 하는 제도적 장치라는 것이다. 공정위는 제도 남용을 막기 위해 명확한 요건을 두고 있다. 위법성이 중대하여 검찰 고발이 결정된 사건이나 가격 담합 및 입찰 담합과 같은 명백한 경성 카르텔은 원칙적으로 동의의결 대상에서 제외된다.

또한 기업이 제시하는 시정 방안은 예상되는 과징금 수준과 균형을 이뤄야 하며 거래 질서 회복과 소비자 보호에 실질적으로 기여해야만 승인될 수 있다. 만약 기업이 정당한 이유 없이 시정안을 이행하지 않으면 공정위는 동의의결 자체를 취소하고 조사를 재개할 수 있으며 이행 완료 시까지 하루 최대 200만 원의 이행강제금을 부과할 수도 있다. 퀄컴, 브로드컴과 같은 거대 글로벌 기업들의 신청이 기각된 사례도 있다.

결국 동의의결 제도가 면죄부라는 오해를 벗고 신뢰를 얻기 위해서는 심사 과정의 투명성을 높이고 사후 관리의 실효성을 강화하는 것이 핵심 과제다. 기업이 제시한 시정 방안이 실제로 이행되는지, 그리고 그 결과가 시장의 공정성과 소비자 후생 개선으로 이어졌는지를 객관적으로 점검할 장치가 필요하다. 이러한 신뢰할 수 있는 관리 체계가 뒷받침될 때 동의의결은 제재를 피하는 타협이 아니라 기업의 자발적 개선을 유도하는 협력적 규제 모델로 발전할 수 있을 것이다.

█ 과징금, '경제 검찰'의 핵심 무기

현재 공정거래법 위반 행위에 대한 주요 법 집행 수단은 시정명령과 과징금 등 행정적 제재다. 상대적으로 민사적 구제는 활용도가 낮고 형사 처벌은 보충적 수단으로 작동한다. 이 가운데 과징금은 기업의 불법 이익을 직접 겨냥하는 핵심 수단으로 불린다. 그러나 이 과징금이 과연 날카로운 제재 수단인지, 아니면 솜방망이에 불과한지를 두고 오랜 논란이 이어져 왔다.

과징금은 본질적으로 두 가지 기능을 동시에 지닌다. 하나는 기업이 불법 행위로 얻은 부당 이익을 환수하는 기능이고 다른 하나는 향후 위법 행위를 억제하기 위한 예방 기능이다. 이러한 이중적 성격은 공정거래법에도 반영돼 있다. 과징금을 부과할 때 위반 행위의 내용, 기간, 횟수뿐 아니라 그로 인해 취득한 이익의 규모까지 함께 고려하도록 명시한다. 즉, 과징금은 단순한 벌금이 아니라 불법 이익을 환수하는 동시에 재발을 억제하는 균형적 장치로 설계된 것이다.

몇 억 원대 과징금이라는데…많은 거 맞나요?

그렇다면 공정위는 과징금을 어떤 기준으로 부과할까. 한국은 현재 관련 매출액 기준 방식을 채택하고 있다. 예를 들어 라면 제조사들이 담합했다면 담합이 이뤄진 기간 동안 발생한 라면 매출액이 과징금 산정의 기준이 된다. '관련 매출액×부과기준율'의 계산식을 적용해 기본 과징금을 정한다. 이때 부과기준율은 위반 행위의 중대성에 따라 차등 적용된다. 그리고 나면 위반 행위의 기간이나 횟수, 자진신고 여부, 조사 협조 정도 등을 종합적으로 고려해 기본 과징금을 가중하거나 감경한다. 마지막으로 기업의 재무 상태와 시장 여건을 반영해 현실적인 부담 능력을 고려해 최종 부과 과징금을 확정한다. 만약 관련 매출액이 없거나 산정이 어려운 경우에는 정액 과징금이 적용된다.

2021년 법 개정으로 과징금 부과율과 정액 과징금의 상한이 일제히 2배 상향되면서 공정위는 보다 실효성 있는 제재를 가할 수 있는 법적 기반을 마련했다. 예를 들어 정액 과징금의 상한은 행위 유형에 따라 10억 원에서 20억 원, 20억 원에서 40억 원 등으로 상향 조정되었다.

이런 흐름은 2025년 12월 진행된 공정거래위원회 업무보고를 기점으로 새로운 국면을 맞이했다. 이재명 대통령은 현행 과징금 체계가 시장의 위법 행위를 억제하기에 턱없이 부족하다는 점을 지적하며 제도 전반의 강력한 개편을 주문했다. 이 대통령은 업무보고 자

▎과징금 부과 및 산정 절차

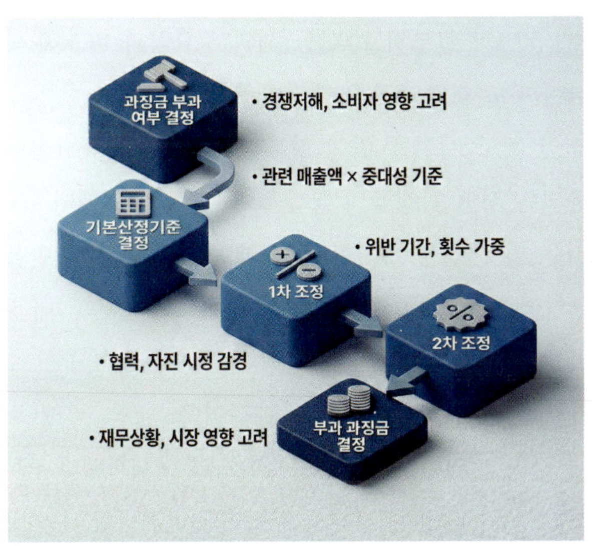

리에서 "걸려봤자 아무것도 아니니까 차라리 돈 주고 평소에 위반하는 게 훨씬 이익"이라며 현재의 제재 수준이 기업에 실질적인 위협이 되지 못하는 현실을 직설적으로 꼬집었다. 이어 "옆에 기업이 당하는 걸 보고 '이러면 망하겠다'는 생각이 들었으면 그런 걸 반복하겠느냐"고 반문하며 과징금이 기업의 생존을 고민하게 할 만큼 강력한 경제적 응징 수단이 되어야 함을 강조했다. 이러한 발언은 과징금이 부당 이익 환수라는 소극적 기능을 넘어 위반하면 반드시 손해라는 확실한 예방적 신호를 시장에 보내야 한다는 문제의식을 상징적으로 드러낸다.

주병기 공정거래위원장 역시 현행 과징금 산정의 기준이 되는 고시 체계가 느슨하다는 점을 시인했다. 주 위원장은 "통상 3%에서 시작하고 있다"며 관련 법 고시가 완화되어 있어 실제 부과되는 비율이 법상 상한에 비해 매우 낮다고 설명했다. 이에 따라 공정위는 시장지배적 지위 남용 등 중대 위반 행위의 과징금 상한 비율을 대폭 상향하기로 했다. 한국의 현행 상한은 관련 매출액의 6% 수준이나 유럽연합(EU)의 30%와 일본의 10% 등 해외 주요국과 비교해 낮은 수준이라는 점이 제도 개편의 주요 배경이 되었다.

실질적인 제도 개선을 위해 정부는 관련 매출액 산정이 어려운 경우 적용되는 정액 과징금의 상한을 현행 40억 원에서 100억 원으로 상향하는 법 개정을 추진한다. 또한 반복적인 법 위반을 차단하기 위해 1회 반복 시 과징금 가중치를 기존보다 높은 최대 50%로 강화하고 위반 횟수에 따라 과징금을 최대 100%까지 가중할 수 있도록 내년 상반기 중 관련 고시를 개정할 계획이다.

과징금 강화 논의는 결국 제도 개편에서 구체화됐다. 같은 달 12월 30일, 공정위와 당정은 '경제형벌 합리화 2차 방안'과 연계해 과징금 제도를 대폭 손질하는 개선안을 확정해 발표했다. 이번 개편안의 핵심은 단순히 과징금의 액수를 늘리는 것에 그치지 않는다. 형벌 중심의 제재가 가진 실효성 한계를 인정하고 이를 강력한 금전적 제재로 대체하여 시장의 규율을 바로잡겠다는 경제형벌 정비가 그 바탕에 깔려 있다.

가장 눈에 띄는 변화는 시장경제의 근간을 흔드는 중대 위반 행위에 대한 과징금 상한의 대폭 상향이다. 우선 시장지배적 지위 남용 행위에 대한 정률 과징금 한도가 현행 관련 매출액의 6%에서 20%로 3배 이상 높아진다. 이는 유럽연합(EU) 등 해외 법제와 비교할 때 국내의 상한선이 지나치게 낮아 법 위반 억지력이 미흡하다는 지적을 수용한 결과다. 매출액 산정이 어려울 때 부과하는 정액 과징금의 상한 역시 기존 20억 원에서 100억 원으로 5배 상향 조정된다.

담합에 대한 제재 수위도 한층 높아졌다. 담합은 국민 부담을 가중시키는 고질적인 시장 교란 행위로 간주해 과징금 부과 한노를 현행 관련 매출액의 20%에서 30%로 끌어올렸다. 정액 과징금 한도 또한 40억 원에서 100억 원으로 대폭 늘어났다. 이와 함께 불공정거래 행위의 과징금 상한도 현행 4%에서 10%로 상향되었는데 이는 시장 획정이 어려운 디지털 분야 유력 사업자의 불공정 행위를 효과적으로 제재하기 위함이다.

이번 개편의 또 다른 구조적 특징은 형벌 폐지와 금전 제재 강화의 맞교환이다. 공정위는 시장지배적 지위 남용 행위, 기업집단 관련 행위, 하도급법 및 대규모유통업법 위반 등 총 31개 유형에 대해 형벌 규정을 폐지하거나 행정제재로 전환하기로 했다. 그간 형벌 조항이 존재했음에도 실제로 기소되거나 처벌받는 사례가 드물어 사문화된 조항이라는 비판이 있었던 점을 고려한 것이다. 대신 형벌 폐지로 인해 발생할 수 있는 법 위반 억지력의 공백을 메우기 위해 과징금을 신규 도입하거나 부과 한도를 대폭 높이는 방식을 택했다.

특히 대규모 유통업법, 가맹사업법, 대리점법 등 이른바 갑을 관계를 규율하는 법안들에서 정액 과징금 한도가 급격히 상승했다. 대리점법상 경제상 이익 제공 강요 행위나 대규모 유통업법상 부당한 경영활동 간섭 행위 등에 대한 정액 과징금 상한은 기존 5억 원에서 50억 원으로 10배 뛰었다. 가령 과거 남양유업 대리점 갑질 사건의 경우 당시 법상 한도 탓에 5억 원의 과징금이 부과되는 데 그쳤으나 이번 개정안을 적용했다면 그 상한이 50억 원까지 대폭 늘어났을 것이다. 이는 위반 기간이 길거나 부당 이득이 큼에도 불구하고 매출액 산정이 어려워 낮은 정액 과징금만 부과되던 문제를 해결하고 시정 조치 불이행 시 강력한 경제적 불이익을 주기 위함이다.

반복적으로 법을 위반하는 사업자에 대한 제재 강도 또한 전례 없이 강화된다. 기존에는 법 위반이 1회 반복될 경우 과징금을 10~20% 수준에서 가중했으나 개선안은 1회 반복만으로도 40~50%까지 가중할 수 있도록 했다. 나아가 위반 횟수가 4회 이상 누적될 경우 최대 100%까지 과징금을 가중 부과할 수 있는 근거가 마련되었다. 이는 과징금을 단순히 비용으로 치부하고 위반 행위를 반복하는 기업들의 행태를 원천 차단하겠다는 의지로 풀이된다.

결과적으로 이번 제도 개선은 위반 행위로 얻는 기대 이익보다 적발 시 치러야 할 비용을 확실히 높게 설정한다는 경제적 억지 이론에 충실한 방향으로 설계되었다. 공정위는 법률 개정 사항은 올해 상반기 중 국회 발의를 목표로 하고 시행령 및 고시 개정은 상반기 내 완료하여 제재의 실효성을 조속히 확보한다는 계획이다.

역대급 과징금 1위, '특허 갑질' 퀄컴(1조 311억 원)

공정위는 2017년 1월 미국의 반도체 기업 퀄컴(Qualcomm)에 사상 최대 규모인 1조 311억 원의 과징금을 부과했다. 이는 역대 2위인 LPG 담합 사건의 6,690억 원보다 약 1.5배 많은 금액으로, 한국 공정거래 역사상 최고액이며 현재까지도 깨지지 않는 기록이다.

당시 퀄컴은 스마트폰의 핵심 부품인 모뎀 칩과 이동통신 '표준필수특허(SEP)'를 동시에 보유한 사실상 시장의 지배자였다. 표준필수특허란 3G, 4G 등 통신 표준을 구현하기 위해 모든 기업이 반드시 사용해야 하는 핵심 기술 특허를 말한다. 문제는 퀄컴이 이 독점적 지위를 불공정 거래의 도구로 활용했다는 점이다.

공정위가 밝힌 주요 위법 행위는 세 가지다. 첫째, 퀄컴은 경쟁 모뎀 칩 제조사인 인텔, 미디어텍 등의 특허 라이선스 요청을 거절하거나 제한했다. 둘째, 삼성전자, 애플, LG전자 등 휴대폰 제조사들에게 모뎀 칩을 공급하면서 특허 라이선스를 함께 구매하도록 강제했다. 이른바 끼워팔기 방식이다. 휴대폰 제조사들은 퀄컴 칩을 구매하려면 높은 특허 로열티까지 의무적으로 부담해야 했다. 셋째, 퀄컴은

| 퀄컴의 독점적 지위 남용 구조

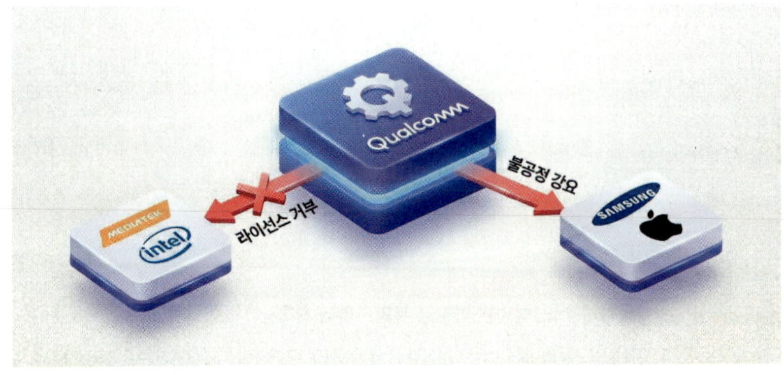

휴대폰 제조사들이 보유한 특허를 자사에게만 무상으로 제공하도록 일방적인 계약 조건을 강제했다. 이런 구조 속에서 휴대폰 제조사들은 퀄컴 칩을 선택하면 특허 우산의 보호를 받아 특허 소송 위험에서 벗어났지만 경쟁사 칩셋을 사용하면 법적 위험에 노출되는 불이익을 감수해야 했다. 이는 퀄컴이 경쟁 칩셋 제조사의 시장 진입을 차단하고 지배력을 강화하는 핵심 수단이었다.

공정위의 처분 직후 퀄컴은 2017년 2월 서울고등법원에 과징금 취소소송을 제기했다. 2019년 12월, 서울고법은 퀄컴의 주장 일부는 받아들였으나 끼워팔기와 경쟁사 차별 등 핵심적인 위법 행위는 모두 인정하고 1조 311억 원의 과징금 처분은 정당하다고 판결했다. 이후 공정위와 퀄컴 모두 대법원에 상고했고 2023년 4월 대법원은 최종적으로 공정위의 손을 들어줬다. 7년에 걸친 긴 법정 싸움 끝에 1조 원대 과징금이 최종 확정된 것이다.

이 사건은 한 기업에 대한 제재를 넘어 세계 경쟁법 역사에서도 중요한 이정표로 평가된다. 표준필수특허 보유자는 '공정하고, 합리적이며, 비차별적인' 조건(FRAND 원칙)으로 라이선스를 제공해야 한

'특허권 갑질' 해댄 퀄컴, 1조 원 과징금 폭탄 / SBS 뉴스 (2016.12.29.)

다는 국제 규범이 다시 한번 명확히 확인되었기 때문이다. 퀄컴 사건은 특허를 무기로 시장을 봉쇄하고 경쟁을 가로막는 행위는 용납되지 않는다는 원칙을 한국이 세계에 각인시킨 사례로 남았다.

2위, '서민 생활필수품의 배신' LPG 담합 사건(6,690억 원)

공정위는 2009년 12월, E1·SK가스·SK에너지·GS칼텍스·현대오일뱅크·S-OIL 등 6개 액화석유가스(LPG) 공급업체에 총 6,690억 원의 과징금을 부과했다. 퀄컴 사건 이전까지는 공정위 역사상 사상 최대 규모의 과징금이었다. 이들 업체는 2003년부터 2008년까지 6년 동안 무려 72차례에 걸쳐 가격 정보를 미리 교환했다. 이를 통해 '더 낮은 가격으로는 팔지 말자'는 암묵적 합의를 지속했으며 그 결과 주요 업체들의 프로판과 부탄 평균 가격 차이는 kg당 0.01원에 불과할 정도였다.

공정위가 이 사건에 대규모 과징금을 부과한 배경에는 LPG가 단순한 산업재가 아니라 서민의 일상과 직결된 생활필수품이라는 점이 있었다. 난방·취사용 프로판 가스와 택시 등 차량 연료로 쓰이는 부탄 가스 가격이 담합을 통해 인위적으로 높게 유지돼 서민 경제에 직접적인 피해를 초래했다는 것이다. 더욱이 이들 업체는 국제유가가 변동하는 상황에서도 동일한 가격을 책정해 소비자에게 돌아가야 할 가격 경쟁의 혜택을 원천적으로 차단했다.

다만 대규모 과징금이 부과되었음에도 제도의 실효성에 대한 논란이 뒤따랐다. 리니언시, 즉 자진신고 감면제도가 적용되면서 실제 부과된 금액은 4,094억 원으로 줄었기 때문이다.

담합을 가장 먼저 신고한 1순위 SK에너지는 과징금 1,602억 원을 전액 면제받았다. 2순위 신고자인 SK가스는 부과액 1,987억 원의 절반을 감면받았다. 결국 담합에서 가장 큰 책임을 져야 할 업체들이 오히려 제도를 이용해 제재를 피했다는 비판을 피할 수 없었다.

3위, '교묘한 경쟁 차단' 정유사 주유소 담합 사건(4,326억 원)

공정위는 2011년 5월, SK에너지 · GS칼텍스 · 현대오일뱅크 · S-OIL 등 4대 정유사가 주유소 공급 시장에서 담합을 벌였다며 총 4,326억 원의 과징금을 부과했다. 이들의 담합 수법은 교묘했다. 가격을 직접 맞추는 대신 배타적 공급계약이라는 우회로를 택했다. 자사 브랜드 주유소에는 자사 제품만 공급하고 경쟁사 브랜드 주유소와는 거래하지 않기로 암묵적으로 합의한 것이다. 겉보기에는 각자의 영업 전략처럼 보이지만 실상은 경쟁을 원천적으로 차단하는 구조적 담합이었다.

이 합의의 결과는 강력했다. 2008년 기준, 4대 정유사와 직접 거래하던 자영주유소 8,721곳 중 7,363곳(84.4%)이 특정 정유사 제품만 판매하도록 묶여 있었다. 이로 인해 주유소들은 더 저렴한 제품이 나와도 공급업체를 바꿀 수 없는 폐쇄적 시장 구조에 갇혔다. 결국 주유소 간 가격 경쟁이 사라지면서 휘발유와 경유 가격은 인위적으로 높은 수준에서 유지되었다. 피해는 고스란히 소비자에게 돌아갔지만 4,326억 원의 과징금은 전액 국고로 귀속되었다. 소비자들은 이 제재로 어떠한 직접적인 혜택도 받지 못했다.

이 사건은 과징금 제도의 근본적인 한계를 명확히 드러냈다. 과징금은 불법 행위를 처벌할 수는 있지만 피해자를 직접 구제하지는 못한다. 이 때문에 피해 소비자에게 실질적인 보상을 제공할 수 있는 민사적 장치, 즉 징벌적 손해배상제도나 집단소송제도 도입의 필요성이 꾸준히 제기되고 있다. 실제로 미국에서는 정부 제재 이후 피해자들이 민사소송을 제기해 실제 손해액의 3배까지 배상받는 징벌적 손해배상이 활발하다. 이는 기업에게 과징금보다 더 큰 공포로 작용한다. 이 정유사 담합 사건은 행정적 처벌을 넘어 피해자가 체감할 수 있는 실질적 구제 제도가 필요하다는 점을 일깨운 사례로 평가된다.

한편, 이후 2015년, 최종적으로 대법원은 현대오일뱅크와 S-OIL에 부과된 과징금 약 1,191억 원을 위법하다며 취소 판결을 내렸다. 정유사들 사이에 별도의 협의 없이 과도한 경쟁을 자제하는 관행이 형성되었을 수 있다며 담합으로 인정하기 어렵다고 판시했다.

4위, '빅3의 줄줄이 리니언시' 생명보험사 이율 담합사건(3,654억 원)

공정위는 2011년 10월 삼성생명·교보생명·대한생명(現 한화생명)을 비롯한 16개 생명보험사가 개인보험상품의 이율을 담합했다며 총 3,654억 원의 과징금을 부과했다. 사건의 발단은 2001년 정부의 보험가격 자유화 조치로 거슬러 올라간다. 금리 경쟁이 치열해져 수익성 악화가 우려되자 대형 보험사들은 담합을 선택했다. 이들은 2001년 4월부터 2006년 12월까지 약 5년 8개월간 두 가지 핵심 이율을 상호 합의로 결정했다.

첫째는 예정이율로, 이는 확정금리형 상품의 기준 금리다. 이율이 낮아질수록 소비자가 내는 보험료는 비싸진다. 둘째는 공시이율로, 변동금리형 상품에 적용된다. 이 값이 낮으면 소비자가 만기에 돌려받는 환급금이 줄어든다. 즉, 보험사들이 담합을 통해 이율을 낮게 유지한 결과 소비자들은 더 비싼 보험료를 내고도 더 적은 환급금을 받게 된 것이다.

▌보험사 담합 흐름도

　과징금 규모를 보면 삼성생명 1,578억 원, 교보생명 1,342억 원, 대한생명 486억 원으로, 이 빅3 생보사가 전체 과징금의 93%를 차지했다. 그러나 이들도 모두 자진신고 감면제도를 이용해 과징금의 상당 부분을 감면받았다. 최초 신고자인 교보생명은 과징금 1,342억 원을 전액 면제받았다. 2순위인 삼성생명은 70% 감면된 473억 원만 납부했다. 3순위인 대한생명은 20% 감면된 389억 원을 납부했다. 삼성생명이 2순위 표준 감면율 50%를 넘어 70%를 감면받은 것은 이 사건 조사 과정에서 변액보험 수수료율이라는 또 다른 담합을 추가로 신고해 20%의 추가 감경을 받았기 때문이다. 이러한 결과에 중소보험사들은 강하게 반발했다. 생명보험 시장은 대형사의 영향력이 절대적이어서 결국 빅3의 결정을 따라갈 수밖에 없는 구조인데, 담합을 주도한 대형사들이 회의에 참여했다는 이유만으로 중소사들까지 공범으로 처벌받았다는 것이다.

이 사건은 리니언시 제도의 불공정 논란을 촉발한 대표적인 사례로 꼽힌다. 당초 이 제도는 담합 카르텔 내부의 균열을 유도하려는 목적으로 설계되었다. 그러나 실제 운용 과정에서 담합을 주도한 대형 기업이 법 위반의 주체이면서도 제도의 최대 수혜자가 되는 모순이 발생했다. 담합을 주도하고도 선제적 신고라는 형식만 갖추면 과징금을 피하는 것은 물론 경쟁사들을 공범으로 지목하는 결과까지 낳을 수 있음을 보여주었다.

5위, 건설업계 LNG 저장탱크 담합 사건(3,505억 원)

공정위는 2016년 삼성물산·대우건설·현대건설 등 13개 건설사가 한국가스공사가 발주한 액화천연가스(LNG) 저장탱크 건설공사 입찰에서 담합했다며 과징금 총 3,505억 원을 부과했다. LNG 저장탱크는 국가 에너지 인프라의 핵심 시설이다. 건설사들은 이 중대한 국가 사업의 입찰에서 낙찰자를 미리 정해놓고 나머지 업체들은 형식적으로 높은 가격을 제시하며 들러리로 참여하는 방식으로 담합을 실행했다. 결과적으로 공사비가 부풀려졌고 그 부담은 고스란히 국민에게 돌아갔다.

건설업계는 오랫동안 담합이 상습적으로 발생하는 업종으로 꼽혀왔다. 2014년에는 GS건설, 금호건설 등 28개 건설사가 호남고속철도 공사 입찰에서 담합을 벌여 3,479억 원의 과징금을 부과받았다. 문제는 이러한 담합이 일회성 사건이 아니라 구조적으로 반복된다는 점이다. 같은 건설사들이 서로 다른 공사에서 돌아가며 담합을 이어가는 패턴이 고착화돼 있다. 이렇다 보니 현행 과징금 제도만으로는 상습 위반 기업을 실질적으로 제재하기 어렵다는 비판이 꾸준히 제기된다. 기업 입장에서 과징금을 내더라도 담합으로 얻는 이익이 더 크다면 결국 담합은 남는 장사가 되기 때문이다.

실제로 한국조세재정연구원이 2021년 발표한 연구에 따르면 일부 대기업은 과징금이 부과된 이후에도 오히려 영업이익이 증가한 사례가 관찰됐다. 이는 적발되지 않은 추가 위법 행위가 있거나 부과된 과징금 규모가 지나치게 낮았음을 시사한다. 결국 담합을 근절하려면 담합은 손해라는 인식이 확고히 뿌리내리는 선례가 필요하다는 목소리가 높다. 과징금이 단순한 행정 절차가 아니라 기업의 경제적 계산 자체를 근본적으로 바꾸는 경고의 메시지로 작동해야 한다는 것이다.

철퇴냐, 솜방망이냐

과징금 수준을 둘러싼 솜방망이 논란은 좀처럼 사그라들지 않는다. 기업이 위법 행위를 통해 거둔 부당 이익에 비해 부과되는 과징금이 지나치게 낮다는 비판이 대표적이다. 이러한 논란의 배경에는 여러 구조적 요인이 있다. 가장 먼저 지적되는 부분은 감경 사유가 폭넓게 적용된다는 점이다. 기업의 재무 상황 악화나 시장 여건, 조사 협조 여부 등을 이유로 과징금이 크게 줄어드는 사례가 적지 않다. 특히 자본잠식이 예상되는 기업은 최대 50%, 실제 자본잠식률이 50%를 넘으면 그 이상도 감경받을 수 있다. 앞서 설명한대로 리니언시, 즉 자진신고 감면제도 역시 논란의 대상이다. 담합을 가장 먼저 신고한 기업은 과징금을 전액 면제받고, 2순위는 50%를 감면받는다. 이 제도는 본래 카르텔 내부의 균열을 유도하기 위해 설계됐지만 현실에서는 담합을 주도한 대기업이 오히려 제도의 최대 수혜자가 되는 경우가 잦다. 과징금 산정의 불투명성도 문제로 지적된다. 공정위는 최종 부과액만 발표할 뿐 산정과 조정의 3단계 절차에서 어떤 근거로 얼마가 감경됐는지는 구체적으로 공개하지 않는다. 이 때문에 봐주기가 아니냐는 의심이 뒤따를 수밖에 없다.

공정위가 부과한 과징금이 법원에서 감액되는 경우도 종종 발생한다. 법원은 과징금 산정 과정의 오류나 처분이 과도하다는 이유로 과징금을 줄여주기도 한다. 이렇게 여러 단계에서 감경된 과징금은 대기업에게 실질적인 타격을 주지 못하는 가벼운 벌로 전락하곤 한다.

2021년 한국조세재정연구원의 보고서는 이 문제를 수치로 증명했다. 대기업의 매출액 대비 과징금 비율은 평균 0.17%에 불과했다. 보고서는 "이 정도의 과징금으로 기업 행태가 바뀐다면 오히려 그게 더 놀라운 일"이라고 꼬집었다. 반면 소상공인은 22.3%, 중소기업은 3.3%, 중견기업은 0.47% 수준으로 나타났다. 기업 규모가 커질수록 제재 강도는 오히려 약해지는 역진적 구조를 보여준 것이다. 결국 담합으로 더 큰 이익을 얻는 대기업이 더 가벼운 처벌을 받는 모순이 발생하는 셈이다.

과징금을 둘러싼 또 다른 근본적인 논란은 피해자 구제의 부재다. 현재 부과된 과징금은 전액 국고로 귀속되며 피해 소비자는 별도의 민사소송을 통해서만 손해배상을 받을 수 있다. 2012년 비료 가격 담합 사건이 대표적인 사례다. 남해화학 등 13개 비료회사의 담합으로 손해를 본 농민 1만 8,000여 명이 소송을 제기했으나 8년 만에야 1인당 평균 33만 원 수준의 배상 판결을 받았다. 이마저도 소송에 참여한 농민들에게만 해당하며 참여하지 않은 수많은 농민들은 3년이라는 단기 소멸시효가 지나 단 한 푼도 보상받지 못했다.

　이런 현실 속에서 과징금이 단순한 국고 수입원이 아니라 피해자 구제와 시장 질서 회복을 위한 장치로 거듭나야 한다는 목소리가 커지고 있다. 대안으로는 미국식 징벌적 손해배상제도와 집단소송제도의 도입이 제안된다. 미국에서는 담합 등이 적발되면 피해자가 실제 손해액의 최대 3배까지 배상을 받을 수 있다. 여기에 피해자들이 힘을 모아 공동으로 소송하는 집단소송제가 결합되면 기업이 감당해야 할 담합의 비용은 감히 시도하기 어려운 수준으로 높아진다.

공정거래위원회
FAIR TRADE COMMISSION

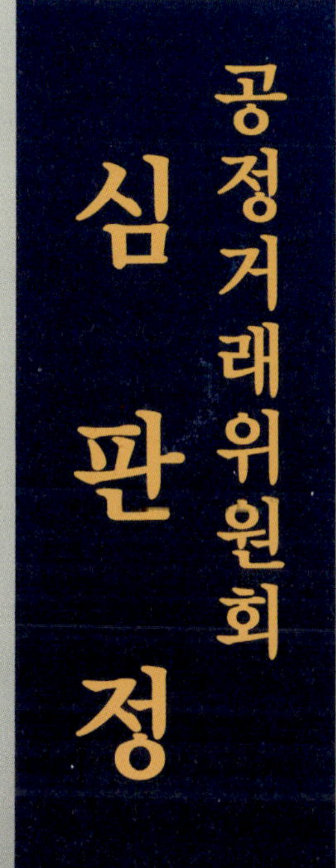
공정거래위원회
심판정

심 사 관
피 심 인

FAIR TRADE COMMISSION
공정거래위원회
위원 신영수
위원 조성진
위원장 주병기
남동일
FAIR TRADE COMMISSION

FAIR TRADE COMMISSION
공정거래위원회

- 대기업집단과 규제 이야기
- 대기업 총수와 공정위
- 기업결합

재벌과 권력

재벌과 권력

대기업집단과 규제 이야기

한국에만 존재하는 '대기업집단'

우리나라 공정거래법의 대기업집단 제도는 전 세계에서 유례를 찾기 힘든 독특한 제도다. 일반적인 경쟁법이 담합이나 독점 등 시장에서의 경쟁 제한 행위를 규율하는 것과 달리 한국의 이 제도는 경제력 집중 그 자체를 규제하는 것을 핵심 목표로 삼는다.

공정거래위원회는 단순한 경쟁당국을 넘어 매년 자산 규모를 기준으로 기업집단을 지정하고 이들의 내부 행위까지 감시하는 독자적인 권한을 행사한다. 공정위로부터 대기업집단으로 지정되는 것은 이중적인 의미를 지닌다. 한편으로는 한국 시장에서 성공했음을 공인받는 정부 인증 대기업이라는 긍정적 평가를 받지만 다른 한편으로는 복잡하고 강력한 규제 대상이 되어 상시적인 감시와 제재 위험에 노출됨을 의미한다.

이 제도는 한국의 급속한 압축 성장 과정에서 탄생했다. 1960년대부터 정부 주도로 소수 대기업에 자본과 자원이 집중되면서 비약적인 경제 성장이 가능했다. 그러나 이러한 집중 육성 방식은 소수 창업자와 총수 일가에게 경제력이 과도하게 집중되는 부작용을 낳았다. 총수 일가는 복잡하고 불투명한 순환출자 구조를 통해 적은 지분만으로 그룹 전체를 지배했다. 또한 경쟁력이 부족한 부실 계열사를 그룹 차원에서 부당하게 지원하거나 총수 일가의 사익편취를 목적으로 계열회사에 일감 몰아주기를 하는 관행이 만연했다. 이러한 행위는 중소기업과 신생 기업의 성장 기회를 박탈하고 시장 경쟁 원리를 훼손해 한국 경제의 건전성을 저해하는 주요 요인으로 지목됐다.

대기업집단 규제는 이처럼 시장 실패를 넘어선 한국 경제의 구조적 특수성에 대한 제도적 대응책이었다. 총수 일가의 사적 이익 추구와 편법적인 부의 이전을 방지하고 시장 공정성을 확보하기 위해 도입된 것이다. 이 제도의 순기능은 명확하다. 첫째, 상호출자와 신규 순환출자를 금지하고 강력한 공시 의무를 부과해 불투명했던 지배 구조의 투명성을 높이는 데 기여했다. 둘째, 총수 일가 지분율이 높은 회사를 대상으로 일감 몰아주기를 직접 규제함으로써 편법적인 부의 이전을 억제하는 효과를 거두었다. 셋째, 경쟁력 없는 한계 기업이 그룹의 지원으로 연명하는 것을 막아 시장의 자연스러운 경쟁 환경을 유지하는 데도 일조했다.

반면 역기능에 대한 비판도 꾸준히 제기된다. 기업이 급변하는 사업 환경에 대응해 신속하게 구조를 개편하거나 인수합병(M&A)을 추진할 때 순환출자 금지 등 복잡한 규제가 경영 유연성을 저해하는 걸림돌로 작용한다는 것이다. 또한 규제를 회피하기 위해 총수익스와프(TRS)나 양도제한조건부주식(RSU) 같은 정교한 금융 기법을 활용해 지배력을 편법적으로 강화하려는 새로운 시도가 나타나는 점도 제도의 한계로 지적된다.

대기업집단 제도의 현재와 미래

대기업집단은 규제 강도에 따라 공시대상기업집단과 상호출자제한기업집단으로 나뉜다. 이처럼 기준을 이원화하는 것은 기업의 규모와 경제에 미치는 영향력을 구분해 규제의 효율성과 정합성을 높이기 위함이다. 첫 번째 단계인 공시대상기업집단은 자산 총액 5조 원 이상인 집단이다. 이들은 기업집단의 현황, 계열사 간 내부 거래, 비상장 회사의 중요 사항 등을 외부에 공시할 의무를 진다. 시장의 감시를 받도록 하는 것이다. 특히 총수 일가의 일감 몰아주기를 막는 사익편취 금지 규제가 이 집단부터 적용되는 핵심 규제다. 두 번째 단계인 상호출자제한기업집단은 최상위 집단으로, 훨씬 더 강력한 규제를 받는다. 이들은 앞서의 공시 의무와 사익편취 규제는 물론 4대 핵심 행위가 금지된다. 우선 상호출자가 금지된다. 계열사끼리 서로 주식을 보유해 총수 일가가 가공의 의결권을 만드는 행위다. 새로 순환출자하는 것도 금지돼 'A사 → B사 → C사 → A사'로 이어지는 출자 고리를 새로 만들 수 없다. 금융·보험사의 의결권 행사도 금지된다. 그룹 소속 금융사가 가진 계열사 주식의 의결권을 제한하는 것

▌공정거래위원회 기업집단포털

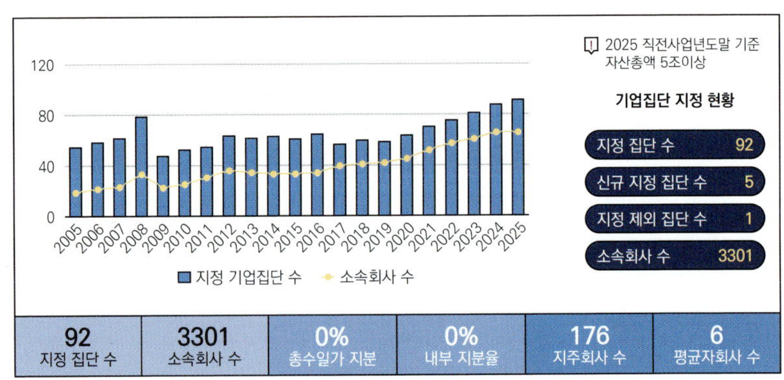

92	3301	0%	0%	176	6
지정 집단 수	소속회사 수	총수일가 지분	내부 지분율	지주회사 수	평균자회사 수

이다. 채무 보증도 금지돼 경쟁력 없는 계열사가 그룹의 보증을 통해 퇴출되지 않고 연명하는 것을 차단한다. 이 강력한 규제들은 총수 일가가 적은 지분으로 그룹 전체를 지배하는 행위를 근본적으로 차단하는 것을 목표로 한다.

이 두 가지 집단의 지정 기준은 변화를 거쳐왔다. 공시대상기업집단의 기준선인 자산 총액 5조 원은 2008년에 정해진 이후 현재까지 유지되고 있다. 반면 상호출자제한기업집단의 기준은 경제 규모의 성장을 반영하기 위해 변화했다. 2017년 10조 원으로 상향 조정된 후 2024년부터는 고정된 금액이 아닌 명목 국내총생산(GDP)의 0.5%에 연동하는 방식으로 전환되었다. 2025년 기준은 직전연도 말 기준 명목 GDP 확정치인 2,324조 원의 0.5%에 해당하는 11조 6,000억 원이다. 과거처럼 고정된 자산 기준을 유지하면 경제가 성장하고 물가가 오름에 따라 규제 대상 기업의 수가 자동으로 늘어나 규제의 실효성이 떨어지는 문제가 발생했다. GDP 연동 방식은 규제 기준이 경제 환경 변화에 맞춰 매년 자동 조정되도록 함으로써 규제의 일관성과 합리성을 높인 정책적 진화라고 할 수 있다. 이는 규제의 초점을 기업의 절대적 규모에서 국민 경제에서 차지하는 상대적 영향력으로 전환했음을 의미한다.

재벌규제의 핵심 '부당지원과 사익편취'

대기업집단 규제의 핵심은 부당지원행위와 사익편취행위라는 두 가지 개념이다. 부당지원행위는 계열사가 다른 계열사에 매우 유리한 조건으로 돈이나 일감을 몰아주는 행위를 말한다. 이 규제의 목적은 경쟁력이 없는 계열사가 그룹의 도움으로 망하지 않거나 인위적으로 힘을 키워주는 행위를 막는 것이다. 이것이 불법이 되려면 공정위는 매우 유리한 조건의 거래였다는 사실과 그로 인해 시장의 공정한 경쟁을 방해할 우려가 있다는 점을 모두 증명해야 한다. 이 규정은 총수 일가 지분율이 낮아 아래의 사익편취 규제를 적용하기 어려울 때도 사용된다. 삼성웰스토리 사건이 대표적이다. 사익편취 금지 규정은 2013년 8월에 신설되었으며 흔히 일감 몰아주기 규제라고 불린다. 이 법은 총수 일가가 지배하는 회사에 부당하게 이익을 몰아주어 편법적으로 재산을 물려주는 행위를 막기 위해 만들어졌다. 규제 대상은 명확하다. 총수 일가의 지분이 상장사는 30%, 비상장사는 20% 이상인 경우 해당 계열회사 및 그 자회사가 그 대상이다. 이 규정의 가장 큰 특징은 총수 일가에게 이익이 돌아가는 것이 명백할 경우 공정위가 공정한 경쟁을 방해할 우려가 있다는 점을 따로 증명할 필요가 없거나 그 부담이 크게 줄어든다는 점이다.

사익편취 규제의 핵심 유형은 크게 3가지다. 먼저 '상당히 유리한 조건'의 거래다. 거래 가격이나 대금 지급 조건 등을 정상적인 시장 거래와 비교해서 판단한다. 셀트리온 사건에서 세워진 기준에 따르면 계열사에 자산이나 상표권 같은 것을 공짜로 쓰게 해주는 행위 자체가 여기에 해당할 수 있다. 또 '사업 기회 제공'이다. 회사가 큰 이익을 얻을 수 있는 사업 기회를 총수 개인에게 넘겨주는 행위다. 이 규정은 최태원 SK그룹 회장의 실트론 인수 사건에 처음 적용되었으나 해당 사건은 대법원에서 최종적으로 공정위의 처분이 취소되어 공정위가 패소했다. 다음은 '합리적 고려나 비교 없이 이루어진 상당한 규모'의 거래 일감을 받는 회사의 전체 매출에서 그 일감이 차지하는 비중 등을 따져서 판단하는 일감 몰아주기다. 예를 들어 삼성웰스토리 사건에서 계열사 4곳의 급식 물량 100%를 한 회사에 몰아준 것은 상당한 규모의 거래에 해당한다고 판단했다.

이처럼 공정거래법은 부당지원이라는 전통적 규제와 사익편취라는 총수 일가 직접 규제라는 두 개의 축을 통해 계열사 간 부당 내부 거래를 감시한다. 부당지원이 시장 전체의 공정 경쟁을 보호하는 데 초점을 맞춘다면 사익편취는 총수 일가 개인에게 부(富)가 편법적으로 이전되는 것을 차단하는 데 특화된 핀셋 규제라고 할 수 있다. 이 두 제도는 한국 대기업집단 규제의 핵심으로, 경제력 집중을 억제하고 공정한 시장 질서를 확립하는 중요한 장치로 기능한다.

제일모직과 태광, 삼성웰스토리

순환출자 규제와 관련한 대표적인 사건은 2015년 제일모직과 삼성물산의 합병이다. 공정위는 이 합병으로 기존 10개의 순환출자 고리가 7개로 줄어드는 대신 3개의 고리는 오히려 강화된다고 판단했다. 공정거래법은 신규 순환출자뿐만 아니라 기존 순환출자 고리를 강화하는 계열 출자도 금지한다. 공정위는 합병 등 불가피한 경우 6개월의 유예 기간을 주며 이 기간 내에 강화된 부분만큼의 주식을 처분하도록 했다. 당시 강화된 출자분 중 가장 규모가 컸던 것은 삼성 SDI가 합병된 삼성물산의 주식 500만 주(2.6%)를 새로 보유하게 된 부분이었다.

그런데 이 사건은 이후 전혀 다른 국면을 맞이했다. 논란의 핵심은 처분해야 할 주식 물량을 결정하는 과정에서 발생했다. 공정위 실무진은 당초 강화된 고리에 속한 주식 전체를 처분해야 한다는 법리, 즉 삼성SDI와 삼성전기가 보유한 신주 총 1,000만 주를 적용해야 한다는 결론을 내렸다. 그러나 이 결정은 당시 정재찬 공정거래위원장의 최종 결재까지 받았음에도 청와대에 보고된 후 발표가 보류되었다. 두 달간의 재검토 끝에 공정위는 새로 늘어난 주식인 추가 출자분만 처분하면 된다는 삼성 측의 논리를 받아들여 처분 물량을 절반인 500만 주로 축소해 최종 발표했다.

당시 공정거래위원회의 판단

○ **3개 고리가 순환출자 강화**(합병전 ⑥, ⑦, ⑩/합병후②, ③, ⑦)에 해당 (유예기간 '16.3.1.)

　* ⑥, ⑦번 고리는 SDI→新삼성물산 4,042,758주(2.1%), ⑩번 고리는 SDI→新삼성물산 5,000,000주(2.6%)가 추가 출자분에 해당되므로 더 큰 추가 출자분인 SDI→新삼성물산 5,000,000주(2.6%)를 처분하거나 강화된 ⑥, ⑦, ⑩고리 자체를 해소해야 함

이처럼 주식 처분 물량이 절반으로 줄어든 경위는 박근혜 정부 국정농단 사건과 명백하게 연관된 특혜로 해석됐다. 법정에서는 삼성그룹의 청탁이 공정위의 순환출자 유권해석과 가이드라인 작성 과정에 성공적으로 개입해 그 결과 청탁이 성공했다는 근거가 제시됐다. 재판에 나온 정 전 위원장은 "김학현 당시 부위원장이 중대한 오류가 있다며 재검토해야 한다고 역설했다"며 "제가 오류가 있다면 고쳐야 하는 게 맞지 않냐고 했고 법률전문가들 등 많은 사람들 얘기를 광범위하게 들으라고 했다"고 말했다. 이는 규제당국의 독립적인 법집행이 최고 권력의 외압에 의해 훼손될 수 있음을 보여준 상징적인 사례로 남았다. 다만 이 일로 직권남용 혐의로 기소된 정재찬 전 위원장과 김학현 전 부위원장은 2024년 대법원에서 최종 무죄가 확정되었다. 법원은 "청와대와 의견 교환이 있었더라도 최종 결정을 내린 것은 공정위의 고유 권한이며 그 판단이 재량의 범위를 벗어났다고 보기 어렵다"고 판시했다.

사익편취 규제의 대표적인 사건은 2018년 12월 공정위가 제재한 태광그룹 사례다. 이호진 전 태광그룹 회장은 경영기획실을 동원해

2014년부터 2016년까지 그룹 계열사들이 총수 일가 100% 소유 회사 두 곳을 부당하게 지원하도록 지시했다. 하나는 총수 일가 소유의 골프장 휘슬링락 CC였고 다른 하나는 주류 도매업체 메르뱅이었다. 지원 방식은 기이했다. 19개 계열사는 휘슬링락 CC로부터 김치를, 메르뱅으로부터 와인을 구매하도록 지시받았다. 특히 골프장이 인근 영농조합에 김치 제조를 위탁한 뒤 이를 계열사에 고가로 납품하는 방식이 동원됐다. 계열사들은 이 기간 총 95억 5,000만 원 상당의 김치와 46억 원 상당의 와인을 구매했다. 공정위는 계열사들이 와인 시장에 500여 개 경쟁사가 있음에도 합리적인 비교나 고려 없이 거래를 실행했으며 심지어 지출 용도가 엄격히 제한된 사내 근로복지기금까지 동원한 사실을 확인했다.

'성과급도 김치로' … 계열사에 부당이익 챙긴 태광 총수 일가 /
TV조선 뉴스9 (2019.06.17.)

공정위는 이 거래로 총수 일가 회사에 최소 33억 원의 부당 이익이 돌아갔다고 판단했다. 이 사건은 사익편취 규제인 일명 '일감 몰아주기' 조항 도입 후 '합리적 고려나 비교 없는 상당한 규모의 거래'

조항을 최초로 적용한 사례였다. 이는 거래 가격의 차이뿐만 아니라 거래를 결정하는 과정의 절차적 불공정성 자체도 사익편취의 핵심 기준이 됨을 확립한 결정이었다. 공정위는 시정명령과 과징금 총 21억 8,000만 원을 부과하고 이호진 전 회장과 경영진을 검찰에 고발했다. 이 사건은 공정위 고발로 형사재판까지 이어졌다.

공정위의 고발로 사익편취 혐의에 대한 형사 수사가 진행됐으나 검찰은 2021년 8월 증거 불충분을 이유로 이 전 회장에 대해 무혐의 처분을 내렸다. 형사 재판과는 별개로 태광그룹은 공정위의 과징금 처분에 불복해 행정소송을 제기했다. 이 재판에서 2023년 3월 대법원은 최종적으로 공정위의 손을 들어주었다. 총수가 직접 지시하지 않았더라도 보고를 받고 묵시적으로 승인하는 등 간접적으로 관여한 것만으로도 사익편취 행위의 관여로 볼 수 있다고 판단했다. 이 판결에 따라 검찰은 이 전 회장 사건을 재수사하기 시작했다. 2025년 4월, 검찰은 이 전 회장의 공정거래법 위반 혐의에 증거 불충분을 이유로 다시 한번 불기소 처분했다. 범행을 직접 지시했다는 사실을 인정할 증거가 없다는 취지였다.

부당지원인 일감 몰아주기의 또 다른 대표적 사건은 삼성웰스토리 사례다. 웰스토리는 삼성물산의 100% 자회사로, 그룹의 핵심 캐시카우(Cash Cow) 역할을 했다. 2012년 말, 급식 품질 불만으로 웰스토리의 이익률이 급감하자 삼성의 컨트롤 타워였던 미래전략실(미전실)이 개입했다. 미전실은 웰스토리가 최적의 이익을 확보할 방안을 지시했다. 이에 삼성전자 등 4개 계열사는 약 9년간 사내 급식 물량 전부를 웰스토리에 수의계약으로 몰아주면서 동종 업계에는 존재하지 않는 파격적인 조건들을 설정했다. 주요 조건으로 식재료비 마진을 25%로 보장하고, 심지어 식자재 가격 검증조차 중단시켰다. 인건비의 15%를 위탁 수수료로 추가 지급하며 물가와 최저임금 인상률을 식단가에 자동 반영해주는 것 등이었다. 2014년에는 삼성전자 최고 재무관리자(CFO)가 결정한 경쟁입찰 방안을 미전실 전무가 전화한 통으로 무산시키는 등 경쟁 입찰 시도가 반복적으로 중단된 사실도 드러났다.

식당 대외 개방(입찰) 보류했다는 내용의 삼성 내부 문건

삼성전자 00사업장 이00의 14. 1. 24.자 e-mail 발췌

보류 사유에 대해 구체적인 내용은 없고 본사 총무그룹장에게 전화가 온 것을 담당자인 이00 과장이 당겨 받아서 최00 전무에게 직접 전달 받았다고 합니다.
--------Original Message--------
Sender : 이00<00000@samsung.com>****/**/******/삼성전자
Date : 2014-01-24 13:38 (GMT+09:00)
Title : 식당 대외 개방 시행 보류
식당 대외 개방(입찰) 시행은 보류되었습니다.
* 전략1팀 최00전무 전달사항

공정위는 이 지원을 통해 웰스토리가 업계 평균보다 현저히 높은 15.5%의 영업이익률을 달성했다고 봤다. 이 수익은 배당금 형태로 총수 일가 지분율이 높은 삼성물산에 지급되었다. 공정위는 이를 조직적인 부당 지원 행위로 보고 역대 최대 규모인 총 2,349억 원의 과징금을 부과하고 삼성전자 법인과 최지성 전 미전실장을 고발했다.

대기업집단이 계열사를 부당하게 지원하는 방식은 현금성 지원에만 그치지 않는다. 금전적 대가 없이 자산을 무상으로 이용하게 하는 비금전적 자산 지원 역시 공정거래법상 규제 대상이다. 셀트리온 그룹 사건은 이러한 비금전적 자산 지원의 법적 기준을 명확히 한 대표적인 사례다. 셀트리온 그룹의 동일인 서정진 회장은 자신이 높은 지분을 보유한 계열사 셀트리온헬스케어와 셀트리온스킨큐어를 지

원하는 데 그룹의 자산을 동원했다. 이들 회사는 지원이 이루어지던 시점을 전후로 재무 적자가 누적되는 등 경영 상황이 좋지 않았다.

지원 방식은 크게 두 가지였다. 첫째, 셀트리온은 2009년 말부터 셀트리온헬스케어가 소유한 의약품을 자사 창고에 무상으로 보관해 주었다. 이는 제품의 소유자가 보관 책임을 지는 일반적인 거래 관행에 어긋날 뿐만 아니라 당사자들이 초기에 맺은 계약 내용과도 배치되는 행위였다. 둘째, 셀트리온은 자신이 등록하고 보유한 그룹 상표권 'CELLTRION'을 헬스케어와 스킨큐어가 2019년까지 무상으로 사용하도록 사실상 방치했다. 공정위는 헬스케어와 스킨큐어가 법 위반 기간 동안 이러한 무상 지원을 통해 총 12억 1,000만 원 상당의 부당한 이익을 얻었다고 판단했다. 이 사건에서 공정위는 특수관계인 회사가 합리적인 사유 없이 계열사의 자산이나 상표권을 무상으로 사용하는 행위, 즉 0원 거래가 그 자체로 상당히 유리한 조건의 거래에 해당한다고 보았다. 정상적인 시장이라면 당연히 지급해야 할 대가를 전혀 지불하지 않았으므로 그 행위 자체가 부당한 지원이라는 점을 명확히 한 것이다. 이에 공정위는 셀트리온 그룹에 시정명령과 함께 총 4억 3,500만 원의 과징금을 부과했다. 이 사건은 제약·바이오 분야에서 발생한 사익편취 행위를 제재한 최초의 사례다. 또한 비금전적 자산이나 용역을 무상으로 이용하는 행위가 시장의 정상적인 대가를 수반하지 않은 부당 지원임을 분명히 하여 향후 유사 사례에 대한 규제 기준을 확립했다는 점에서 중요한 의미가 있다.

TRS는 정당? 위법?

총수익스왑(TRS·Total Return Swap)은 특정 자산에서 발생하는 총수익, 즉 이익과 손실을 통째로 이전하는 파생금융상품 계약이다. 투자자는 이 계약을 통해 당장 자산을 매입하지 않고도 해당 자산의 가격 변동에 따른 손익을 모두 가져갈 수 있어 사실상의 투자 효과를 얻는다. 하지만 대기업집단이 이 구조를 악용할 경우 이는 공정거래법이 금지하는 계열사 간 채무보증을 우회하는 변칙적 수단이 될 수 있다. 재무 상태가 부실한 A계열사의 채권을 금융회사가 인수하도록 하고 그 대가로 우량한 B계열사가 금융회사와 TRS 계약을 맺는다. "A계열사가 빚을 갚지 못할 경우 발생하는 손실을 우리가 모두 부담하겠다"고 약정하는 방식이다. 이는 실질적으로 B계열사가 A계열사의 빚에 보증을 선 것과 동일한 경제적 효과를 가진다. 공정위가 제재한 효성과 CJ그룹의 사례는 이러한 변칙 지원의 대표적인 예다.

효성그룹 조현준 회장의 사실상 개인 회사인 갤럭시아일렉트로닉스(GE)는 2014년 말 심각한 경영 위기에 직면했다. 2012년부터 이어진 누적 적자로 인해 2014년말 부채 비율이 1,829%에 달했고 가진 자산을 모두 처분해도 빚을 갚지 못하는 완전 자본 잠식 상태에 빠졌다. 시장에서 퇴출당할 위기였다. 그러자 그룹 차원에서 지원이 결정되었고, 효성 재무본부가 기획을 주도했다. GE는 250억 원 규모의 영구 전환사채(CB)를 발행했다. 이 채권은 해당 거래만을 위해 설립된 서류상 회사, 즉 특수목적법인(SPC)이 인수했다. 그리고 다른 계열사인 효성투자개발(HID)이 이 SPC와 TRS 계약을 체결했다. 이 계약의 핵심은 GE의 채무 불이행 등 모든 신용 위험을 HID가 떠안는 것이었다. 사실상 GE를 위한 무상 지급보증이었다. HID는 이처럼 막대한 위험을 인수했음에도 수수료 등 아무런 대가를 받지 못했다. 오히려 손실 발생 시 의무 이행을 보장하기 위해 원금 250억 원보다 큰 300억 원 상당의 부동산까지 담보로 제공했다. 이는 지원 주체인 HID에게 일방적으로 불리한 구조였다. 공정위는 이를 총수 일가에게 부당한 이익을 제공한 사익편취 행위이자 계열사를 부당하게 지원한 부당 지원 행위로 판단했다. 두 규정을 동시 적용해 과징금 총 30억 원을 부과하고 조현준 회장과 관련 법인을 검찰에 고발했다.

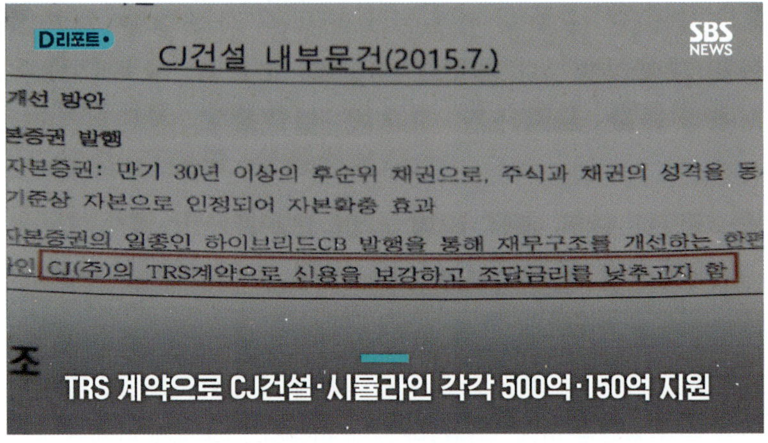

[D리포트] "투자하는 척 부실 계열사 '부당 지원'" … CJ, 65억 과징금 '철퇴' /
SBS 뉴스8 (2025.07.16.)

CJ그룹 역시 부실 계열사 지원에 TRS를 활용했다는 의혹을 받았다. CJ건설은 2010년부터 5년 연속 당기순손실을 기록하며 자본 잠식에 빠졌고, 시뮬라인 역시 3년 연속 적자로 2014년 독자 생존이 불투명한 상황이었다. 두 회사는 재무 구조 개선을 위해 영구 전환사채 발행이 시급했다. 영구채는 만기가 매우 길어 회계상 부채가 아닌 자본으로 인정된다. 따라서 발행 즉시 자본 잠식 상태에서 벗어날 수 있는 유용한 수단이었다. 하지만 두 회사의 재무 상태가 심각해 시장에서 투자자를 찾을 수 없었다. 이에 우량 계열사인 CJ와 CJ CGV가 지원 주체로 나섰다. 이들은 금융회사가 두 부실 계열사의 영구채를 인수하는 필수 전제 조건으로 TRS 계약을 체결했다. 즉, 영구채 인수

계약과 TRS 계약이 하나의 일괄 거래(Package Deal)로 이루어졌다. 금융회사는 TRS를 통해 채권 인수에 따르는 모든 위험을 CJ와 CJ CGV에 이전했다. 결국 부실 계열사들은 자신들의 신용이 아닌 우량 계열사의 높은 신용도를 담보로 저금리 자금 조달에 성공한 것이다. 당시 CJ 내부 문건에는 이 계약이 "발행사 미상환 시 대납 조건", "신용 보강 계약" 등으로 명시됐으며, 이사회에서는 배임 우려까지 제기된 바 있다. 공정위는 이를 부당 지원 행위로 판단하고 시정명령과 함께 총 65억 원의 과징금을 부과했다. 하지만 CJ 측은 이에 불복해 행정소송을 준비하고 있는 것으로 전해졌다.

공정위가 증거로 제시한 CJ 계열사 내부 문건

<표 4>　　　CJ건설 내부문건(2014.12.)

2) 모회사(CJ㈜)의 TRS(발생사 미상환시 대납 조건) 계약 필요
- 공정거래법상 계열사 채무보증에 해당되지 않을 것
- CJ㈜ 이사회 의결 사항이 아닐 것

<표 5>　　　시뮬라인 내부문건(2015.2.)

1. 영구 전환사채(Hybrid CB) 발행 요약보고

Ⅰ. 영구전환사채(Hybrid CB)

주식과 채권의 성격을 동시에 가지고 있는 증권으로 통상 만기는 30년 이상이며, 변제순위는 채권보다 후순위이며 자본금보다는 선순위임. 만기 재연장이 가능하고 반영구적 성격을 띤다는 점에서 주식과 비슷하고 확정된 금리를 지급한다는 점에서 채권의 성격을 가지고 있으며 조기상환 가능

Ⅱ. 차액정산 계약(Total Return Swap)

영구전환사채 투자자에 대한 모든 수익과 손실을 보장매도자에게 이전하는 계약으로 신용등급이 낮아 자력으로 영구전환사채를 발행할 수 없는 계열사를 지원하기 위하여 신용등급이 높은 모회사가 신용보강을 하는것의 일종으로 당사는 CGV의 신용보강 계약이 필요

효성과 CJ 사례는 모두 부실 계열사를 구제하기 위해 TRS라는 파생 상품을 활용했다는 공통점이 있다. 하지만 지원 방식의 노골성과 법적 쟁점에서 뚜렷한 차이를 보인다. 첫째, 지원 주체가 감수한 경제적 불리함의 정도가 다르다. 효성 사건은 지원 주체인 HID가 아무런 대가 없이 일방적인 손실 위험을 부담하는 무상 보증의 성격이

짙었다. 반면 CJ 사건은 우량 계열사가 자신들의 높은 신용도를 대여하여 부실 계열사의 자금 조달 능력을 창출해준 신용보강의 형태에 가까웠다. 둘째, 이러한 차이는 공정위의 법 적용에도 영향을 미쳤다. 효성 사건은 지원 대상인 GE가 총수 2세의 사실상 개인 회사였고 지원을 통해 총수 일가에게 직접적인 금리 차익 등의 이익이 귀속되었다. 따라서 총수 일가 사익편취 규정과 부당 지원 규정이 동시에 적용됐다. 그러나 CJ 사건은 총수 개인보다는 그룹 차원에서 부실 계열사의 재무 구조를 개선하고 생존을 돕는 성격이 강했다. 이에 공정위는 부당 지원 행위 규정만을 적용했다. 두 사건 모두 겉보기에는 복잡한 금융 계약의 형태를 띠고 있으나 그 실질은 공정거래법이 금지하는 변칙적 자금 지원 및 지급 보증 행위라고 공정위는 판단한 것이다.

규제 회피를 위한 '우회로' 모색

대기업집단이 공정위의 감시망을 우회하는 방식이 진화하고 있다. 과거에는 계열사 간 부당 내부 거래 등이 주로 활용되었다. 하지만 이러한 방식들이 규제 대상이 되자 최근에는 새로운 수단이 주목받고 있다. 그 대표적인 사례가 성과제한부주식과 양도제한조건부주식 같은 신종 주식 보상 제도이다. 이 제도들은 외형상 유능한 인재를 확보하기 위한 성과 보상의 형식을 띤다. 하지만 실제로는 총수 일가의 지분 확대나 경영권 승계 과정에서 안정적인 자금 확보 수단으로 악용될 수 있다는 점에서 공정위가 주목하고 있다.

RSU(Restricted Stock Unit, 양도제한조건부주식)는 임직원이 특정 근속 기간이나 성과 목표를 달성하면 회사가 미래의 정해진 시점에 주식을 무상으로 지급하겠다고 약속하는 방식이다. 이는 기존의 주식매수선택권인 스톡 옵션과 본질적인 차이를 지닌다. 스톡 옵션은 정해진 가격에 주식을 매수할 권리를 주는 것이므로 주가가 행사가보다 높아야만 이익을 얻을 수 있다. 만약 주가가 하락하면 스톡옵션은 사실상 가치를 잃게 된다. 반면 RSU는 주가 등락과 관계없이 약정된 시점에 주식 자체가 지급된다. 바로 이 높은 가치 실현의 예측 가능성 때문에 RSU는 비판의 대상이 된다. 총수 일가가 경영권 승계를 위한 자금을 확보하거나 지분율을 확대하는 수단으로 활용될 수 있기 때문이다.

PRS(Performance-Restricted Stock, 성과제한부주식)는 주식을 먼저 지급하되 정해진 성과 목표를 달성할 때까지 해당 주식의 처분을 제한하는 방식이다. 만약 총수 일가에게 부여된 성과 기준이 비정상적으로 낮거나 조작 가능하다면 이는 경영 성과와 무관하게 이익을 제공하는 우회적인 지원 수단으로 변질될 수 있다. 이러한 신종 주식보상 제도는 오랫동안 규제 사각지대에 있었다. 기존 공시 제도는 RSU 약정 시점이 아니라 미래에 주식이 실제로 지급되는 시점만을 기준으로 했기 때문이다. 이로 인해 총수 일가가 미래에 얼마나 많은 주식을 확보할지 시장이 미리 파악하는 데에는 한계가 있었다.

이에 공정위는 2024년부터 관련 공시 제도를 개편했다. 대규모 기업집단 공시 서식 중 '특수관계인에 대한 유가증권 거래 현황' 항목에 RSU 등 신종 주식보상 약정의 세부 내용을 의무적으로 기재하도록 한 것이다. 이 공시의무는 상장사뿐만 아니라 비상장사까지 모두 대상에 포함된다. 이 조치는 총수 일가의 장래 예상되는 지분 변동 가능성에 대한 정보를 시장에 선제적으로 제공하고 규제 감시를 강화하는 효과가 있다. 이는 공정위의 규제 방식이 사후 적발과 제재를 넘어 지원 행위의 복잡한 형식이 아닌 그 실질을 파악하기 위한 사전 투명성 확보로 진화하고 있음을 보여주는 명확한 사례다.

족쇄와 날개 사이의 균형

한국의 대기업집단 규제는 공정한 경쟁 환경을 만들면서도 기업의 혁신과 성장을 가로막지 않아야 하는 어려운 균형점을 찾아야 하는 과제를 안고 있다. 현재는 자산 총액 5조 원 이상이라는 고정된 금액으로 규제 대상을 정한다. 이 방식은 경제가 성장하고 물가가 오르면 그에 맞춰 자동적으로 규제 대상 기업이 늘어나는 문제를 안고 있다. 그래서 규제 기준을 국가 경제의 전체 규모, 즉 명목국내총생산(GDP)과 연동하자는 주장이 꾸준히 나온다. 경제 성장에 맞춰 기준을 탄력적으로 바꾸면 규제의 합리성도 높이고 기업 입장에서도 예측가능성이 커지는 현실적인 방안이 될 수 있다.

갈수록 정교해지는 규제 회피 수단을 따라잡는 것 역시 중요한 과제다. 총수익스와프(TRS) 같은 새로운 금융 기법을 이용한 편법 지원이 대표적이다. TRS는 계열사가 직접 주식을 갖진 않으면서도 사실상 다른 계열사의 사업 위험을 대신 짊어지는 방식으로 몰래 지원하는 거래 기능을 할 수도 있다. 공정위는 이런 복잡한 거래의 겉모습이 아니라 그 경제적 실질, 즉 진짜 목적이 무엇인지 꿰뚫어보고 부당한 지원인지를 엄정히 판단하는 능력을 계속 보여주어야 한다.

미래에 일어날 수 있는 지배력 변화를 미리 감시하는 장치도 필요하다. 최근 도입된 제한적 주식보상(RSU) 공시 의무화가 좋은 예다. RSU는 원래 임원에게 성과급으로 주는 주식이지만 이것이 총수 일가 2·3세에게 편법으로 부를 넘기거나 경영권을 물려주는 통로로 쓰일 가능성이 있다. 따라서 관련 정보를 투명하게 공개하도록 의무화하는 것은 지배구조 왜곡을 미리 막는 효과가 있다.

총수 일가가 개인의 이익을 위해 계열사 일감을 몰아주는 행위를 막는 노력도 계속되어야 한다. 과거 태광그룹 사례에서 공정위가 세운 '합리적 고려나 비교 없는 거래'라는 기준은 의미가 크다. 이는 경영상 꼭 필요하거나 더 효율적이라는 검토도 없이 단순히 총수 일가 소유 회사에 이익을 주기 위한 거래는 위법이라는 뜻이다. 이처럼 계열사 간 거래를 결정하는 과정을 투명하게 하고 절차를 공정하게 만드는 것은 총수 일가의 독단적인 결정으로 회사 자원이 새어 나가는 것을 막는 핵심 장치다.

궁극적으로 한국의 대기업집단 제도는 기업들이 시장의 경쟁 규칙을 충실히 따르도록 이끌어야 한다. 동시에 총수 일가의 단기적인 이익이 아니라 기업집단 전체의 장기적인 가치를 키우는 방향으로 경영하도록 유도해야 한다.

대기업 총수와 공정위

동일인 지정이 두려운 이유

대기업집단은 법률상 '동일인이 사실상 그 사업내용을 지배하는 회사의 집단'으로 정의된다. 이재용 삼성전자 회장이나 최태원 SK그룹 회장처럼 흔히 총수로 불리는 이들이 바로 동일인이다. 동일인(同一人)이라는 용어는 문자 그대로 동일한 사람에 의해 지배되는 하나의 경제적 실체라는 의미를 담고 있다. 여러 기업이 법적으로 분리되어 있어도 한 사람의 의사에 따라 움직인다면 그 전체를 하나의 집단으로 간주한다는 뜻이다.

이 제도는 1986년에 도입되었다. 총수 일가가 적은 지분만으로 그룹 전체에 과도한 영향력을 행사하거나 무분별하게 사업을 확장하는 것을 막기 위한 목적이었다. 이처럼 특정 개인을 중심으로 기업집단 규제를 설계한 동일인 제도는 사실상 한국에만 존재하는 독특한 제도다. 어떤 기업집단의 동일인으로 지정되면 동일인 개인은 물론 그와 관련된 광범위한 범위의 사람들이 규제 대상에 포함된다. 배우자, 4촌 이내의 혈족, 3촌 이내의 인척 등이 특수관계인으로 묶인다. 이들을 통칭하여 총수 일가라고 부른다. 총수 일가 및 이들이 지분을 보유한 회사는 공정위의 엄격한 감시를 받는다. 특히 계열사 간 부당한 일감 몰아주기와 같은 사익편취 행위가 금지되며 수십 개에 달하는 항목을 상세히 공개해야 하는 공시의무도 부담하게 된다.

동일인을 누구로 지정할지에 대해 명확한 법률 조항이 있는 것은 아니지만 공정위는 2023년 「동일인 판단기준 및 확인절차에 관한 지침」을 마련하여 구체적인 기준을 제시했다. 기준은 다음과 같은 요소들을 종합적으로 고려한다.

■ 동일인 판단의 핵심 기준

지분	기업집단 최상단회사의 최대출자자
직위	기업집단의 최고직위자
경영상 영향력	기업집단의 경영에 대해 지배적 영향력을 행사하는 자
대내외적 인지도	기업집단 내·외부적으로 대표자로 인식되는 자
승계 계획	동일인 승계 방침에 따라 동일인으로 결정된 자

핵심은 기업집단의 가장 정점에 있는 회사가 사실상 누구의 지배 하에 놓여 있느냐를 따지는 것이다. 예를 들어 공식 직함이 없거나 보유한 주식이 2~3위에 불과하더라도 가족 등 핵심우호지분을 활용해 지주회사의 임원 임명 등 주요 의사결정을 좌우할 수 있다면 그 사람이 동일인으로 지정될 수 있다. 공정위는 매년 지배구조 변동 가능성이 있는 기업들로부터 친족 관계, 주식 보유 현황 등의 자료를 제출받아 동일인을 판단한다. 만약 기업이 자료 제출에 협조하지 않거나 제출된 자료만으로 판단이 어려우면 공정위가 직권으로 동일인을 지정할 수 있다. 기업은 공정위의 결정에 동의하지 않을 경우 이의신청을 통해 불복할 수 있다.

동일인 지정은 영구적이지 않으며 상황에 따라 변경될 수 있다. 가장 명확한 변경 사유는 기존 동일인의 사망이다. 사망하지 않더라도 보유 지분을 대부분 매각하거나 주요 직위에서 사임하여 더 이상 기업집단에 지배적 영향력을 행사하지 못하게 되면 동일인이 변경될 수 있다. 대표적인 사례가 2018년 롯데그룹이다. 공정위는 롯데그룹의 동일인을 창업주인 신격호 총괄회장에서 차남 신동빈 회장으로 변경했다. 이는 공정위가 직권으로 동일인을 변경한 첫 사례였다. 당시 신격호 총괄회장은 법원으로부터 성년후견 개시 결정을 받는 등 건강상 정상적인 경영 활동이 불가능한 상태였다. 반면 신동빈 회장은 그룹 지배구조의 정점에 있는 롯데지주의 개인 최대주주이자 대표이사로서 그룹의 주요 의사결정을 실질적으로 주도하고 있었다. 공정위는 신동빈 회장이 아버지를 대신해 롯데그룹에 대한 실질적 지배력을 확보했다고 판단하여 변경을 결정했다.

같은 해 삼성그룹 역시 중대한 변경을 맞았다. 공정위는 2018년 5월 1일, 삼성의 동일인을 이건희 회장에서 이재용 당시 부회장으로 변경했다. 이는 롯데그룹 사례와 함께 창업주 1세대에서 2세대를 거쳐 3세대로의 경영권 승계가 공정위 지정을 통해 공식화된 상징적 사건이었다. 당시 이건희 회장은 2014년 심근경색으로 쓰러진 이후 와병 중이었으나 법적으로는 동일인 지위가 유지되고 있었다. 공정위는 의료기관의 소견서 등을 검토하여 최종적으로 이재용 부회장이 실질적으로 그룹 경영을 총괄하고 있다고 판단하여 4년 만에 변경을 결정했다. 이 지정은 재계의 초미의 관심사였으며 그 중요성을 반영하듯 이례적인 장면이 연출되기도 했다. 통상 대기업집단 지정 현황 발표는 과장급에서 담당했으나 당시에는 김상조 공정거래위원장이 직접 브리핑에 나섰다. 이후 2021년에는 현대자동차그룹의 동일인이 정몽구 명예회장에서 아들인 정의선 회장으로 변경되었다. 이처럼 재벌 2·3세대의 고령화 및 건강 문제, 그리고 3·4세대로의 실질적인 경영권 이전이 진행됨에 따라 동일인 변경이 이루어지는 사례가 이어지고 있다.

이해진은 총수, 김범석은 아닌 사연

동일인 제도는 재벌총수의 전횡을 견제하기 위해 설계된 만큼 지배력을 행사하는 실제 사람, 즉 자연인을 지정하는 것이 원칙이다. 그러나 공정위가 이 관례를 깨고 법인을 동일인으로 지정한 사례가 발생했고 큰 논란이 일었다.

2021년, 이커머스 기업 쿠팡은 자산 5조 원을 넘어서며 처음으로 공시대상기업집단 지정을 앞두게 되었다. 시장의 관심은 창업자인 김범석 의장이 동일인으로 지정될지에 쏠렸다. 변수는 그가 미국 국적을 가진 한국계 미국인이라는 점이었다. 한국에만 있는 동일인 제도를 외국인에게 적용할 수 있는지 여부가 쟁점이 되었다. 공정위는 고심 끝에 "외국인을 동일인으로 지정할 법적 근거가 미비하다"라며 김범석 의장 개인이 아닌 쿠팡 법인을 동일인으로 지정했다. 이 결정은 즉각 국내 기업에는 엄격하면서 '한국계 외국인'에게는 관대하다는 거센 비판에 직면했다. 특히 앞서 미국 국적자인 이우현 OCI 회장을 동일인으로 지정했던 사례가 있어 공정위의 판단이 일관성이 없다는 지적도 제기되었다. 논란이 계속되자 공정위는 2023년말, 법인을 동일인으로 지정할 수 있는 예외 조건을 명시적으로 제시했다.

① 총수(자연인)와 그 친족이 국내 계열사에 출자하지 않을 것
② 친족이 국내 계열사 임원으로 재직하는 등 경영에 참여하지
   않을 것
③ 총수 및 친족과 국내 계열사 간 채무보증이나 자금대차가 없
   을 것
④ 자연인을 총수로 보든 법인을 총수로 보든 계열사 범위가 동
   일할 것

공교롭게도 쿠팡은 이 네 가지 조건을 모두 충족했다. 김범석 의장의 지분은 미국 본사에만 있고 국내 계열사에는 없었기 때문이다. 이 때문에 사실상 쿠팡 맞춤형 예외가 아니냐는 비판과 함께 국내 기업에 대한 역차별 우려가 다시 불거졌다.

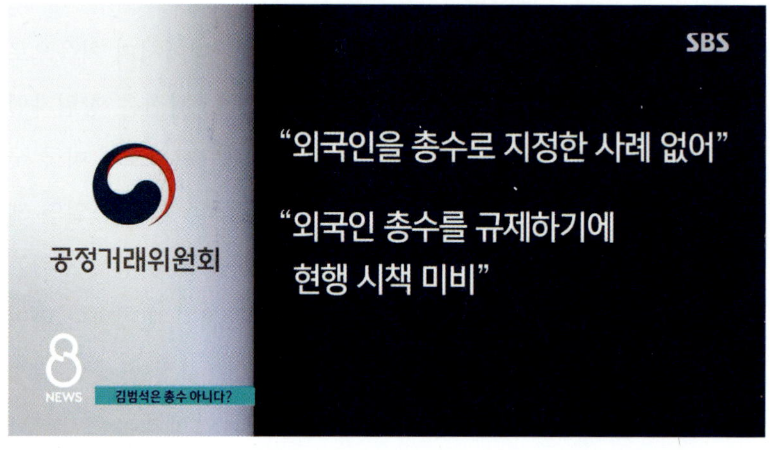

‘미국인 김범석’, 쿠팡 총수 지정 피했다 / SBS 뉴스8 (2021.04.29.)

앞서 국내 대표 IT 기업인 네이버 역시 비슷한 상황에서 다른 결과를 마주했다. 2017년, 이해진 당시 네이버 의장은 공시대상기업집단 지정을 앞두고 세종시의 공정위 청사를 직접 방문했다. 평소 ‘은둔의 경영자’로 불릴 만큼 대외 활동을 꺼렸던 그의 이례적인 방문은 네이버를 ‘총수 없는 대기업집단’으로 지정해달라고 요청하기 위해서였다. 이 의장은 자신의 지분율이 4%대로 낮고 전문경영인 체제가 확립되어 있어 특정 개인이 회사를 지배하는 재벌과는 구조가 다르다고 설명했다. 그러나 공정위는 같은 해 9월, 이 의장을 네이버의 동일인으로 지정했다. 지분율은 낮지만 창업주로서 기업을 실질적으로 지배하고 있다고 판단한 것이다. 네이버는 시대 흐름에 맞지 않는 결정이라며 행정소송을 검토할 정도로 강하게 반발하기도 했다. 결과적으로 국경을 넘나들며 사업을 하는 두 IT 기업의 총수는 동일인이라는 한국의 독특한 규제 앞에서 서로 전혀 다른 결과를 받게 되었다.

수면 아래로 가라앉았던 이 논란을 다시 수면 위로 끌어올린 것은 2025년말 발생한 쿠팡의 대규모 개인정보 유출 사태였다. 3,370만 명에 달하는 고객 정보 유출은 단순한 보안 사고를 넘어 기업 지배구조의 책임 주체를 묻는 도화선이 됐다. 국회 청문회는 이 책임의 공백을 적나라하게 보여주었다. 여야 의원들이 실질적 오너인 김범석 의장의 출석을 강력히 요구했으나 그는 끝내 모습을 드러내지 않았다. 전문경영인들이 대신 사과하는 모습 뒤로 권한은 총수처럼 행사하고 책임질 때는 외국인이라는 이유로 빗겨나 있다는 비판이 쏟아졌다. 위기 상황에서 최종 의사결정권자가 보이지 않는다는 사실은 자연스럽게 현행 동일인 제도가 과연 실질적인 지배력을 통제하고 있는지에 대한 의구심으로 이어졌다.

이 과정에서 드러난 김범석 의장의 동생, 김유석 씨가 쿠팡 부사장이라는 사실이 확인되면서 논란의 성격을 윤리적 책임에서 법적 요건 위반으로 바꾸어 놓았다. 그동안 쿠팡이 자연인 총수 지정을 피할 수 있었던 핵심 근거는 '국내 계열사에 친족이 경영에 참여하지 않는다'는 예외 조항이었다. 그러나 김 부사장이 안전관리 등 주요 업무를 담당하며 약 30억 원에 달하는 고액의 보수를 받아왔다는 사실이 알려지면서 이 예외의 방패는 효력을 잃을 위기에 처했다. 친족이 경영 깊숙이 관여하고 보수를 수령하는 구조가 확인된 이상 기존의 예외를 계속 인정할 명분이 사라졌다는 지적이 제기된다.

규제 당국의 시선도 달라졌다. 주병기 공정거래위원장은 국회 답

변 등을 통해 "관련 요건 충족 여부를 다시 살펴볼 필요가 있다"며 재지정 가능성을 시사했다. 관세청이 쿠팡 한국 법인과 미국 본사 간 자금 흐름을 들여다보고 있는 상황 역시 이러한 기류 변화와 무관치 않다. 당장 올해 5월 대기업집단 지정 발표에서 김범석 의장이 처음으로 총수로 지정될 것인지가 초미의 관심사로 떠올랐다.

쿠팡 사태는 개별 기업의 제재 문제를 넘어 우리 경쟁법이 글로벌 스탠더드와 국내 규제 현실 사이에서 어떤 답을 내놓을지 시험하는 리트머스 시험과 같다. 국경 없는 플랫폼 기업과 외국인 총수, 그리고 그 가족의 경영 참여라는 복잡한 고차방정식 앞에서 공정위의 칼날은 어디를 향할 것인가. 시장은 끊임없이 진화하고 그 뒤를 쫓는 경쟁법의 고민은 여전히 현재 진행형이다.

혹은 왕관의 증명인가

앞서 살펴본 쿠팡과 네이버의 사례에서 동일인 지정은 글로벌 스탠더드와 충돌하는 낡은 관행이자 피할 수만 있다면 피하고 싶은 규제의 족쇄처럼 보였다. 하지만 시선을 전통적인 재벌 그룹의 경영권 분쟁 현장으로 돌리면 이 제도는 전혀 다른 얼굴을 드러낸다. 그룹의 지배권을 놓고 혈투가 벌어지는 혼란의 시기엔 공정위의 동일인 지정은 정부가 누구를 그룹의 실질적인 주인으로 인정하는지를 보여주는 정통성의 보증서로 작동하기 때문이다.

가장 극적인 장면은 2019년 5월, 한진그룹에서 연출되었다. 그해 4월 조양호 회장의 갑작스러운 별세 이후 한진가(家)는 시계제로의 혼란에 빠졌다. 장남 조원태 회장의 경영권 승계가 당연해 보였던 과거와 달리 누나 조현아 전 부사장 등 가족 간의 이견이 불거지며 갈등의 골이 깊어졌기 때문이다. 이는 훗날 기업 지배구조 개선을 요구하는 사모펀드인 KCGI 및 반도건설과 결합한 3자 연합의 전초전 성격이었다. 당시 한진 일가는 차기 동일인을 누구로 할지 내부 합의에 실패했고 공정위에 관련 서류조차 제출하지 못했다. 이로 인해 매년 5월 1일로 못 박혀 있던 공정위의 대기업집단 지정 발표가 15일로 연기되는 공정위 역사상 초유의 사태가 빚어졌다. 이내 침묵을 깬 것은 공정위였다. 공정위는 한진 측의 신청이 없는 상태에서 정부의 권한으로 결정하는 직권 지정을 통해 조원태 회장을 동일인으로 지목했다. "조원태 회장이 그룹의 지주회사인 한진칼의 대표이사로서 경영에 대한 실질적인 지배력을 행사한다"는 유권해석이었다. 이는 단순히 행정 절차의 마무리가 아니었다. 정부가 조 회장을 한진의 얼굴이자 책임자로 공식 인정한 이 결정은 이듬해 3월 주주총회 표대결에서 조 회장이 경영권 방어의 명분을 확보하는 결정적인 왕관이 되었다. 온갖 규제와 책임을 져야 하는 자리였지만 역설적으로 그 책임이 그를 그룹의 유일한 주인으로 만들어준 셈이다.

이러한 동일인 지정의 정치학은 롯데그룹의 형제의 난 과정에서도 확인된다. 2015년경부터 신동빈 회장과 형 신동주 전 부회장의 분쟁이 격화되던 중 창업주 신격호 총괄회장의 건강 문제가 수면 위로 떠올랐다. 신 총괄회장이 정상적인 판단이 어려운 상태에서 손가락으로 임원 해임 지시를 내리는 등 이른바 손가락 경영 논란이 일자 공정위는 칼을 빼 들었다. 2018년 5월, 공정위는 롯데의 동일인을 창업주 신격호에서 차남 신동빈으로 30년 만에 전격 변경했다. 공정위는 "신격호 총괄회장이 고령으로 인해 정상적인 지배력 행사가 어렵고 신동빈 회장이 롯데홀딩스(일본)와 호텔롯데 등 한·일 롯데의 핵심 계열사를 실질적으로 장악하고 있다"고 판단했다. 창업주가 생존해 있음에도 불구하고 정부가 법적으로 "창업주의 시대는 끝났으며 현재의 패권은 차남에게 있다"고 선언한 것이다. 이 행정 조치는 지루하게 이어지던 분쟁 속에서 신동빈 체제의 확립을 알리는 사실상의 승전보나 다름없었다.

결국 우리나라 재벌 체제에서 동일인 제도는 이중적인 성격을 띤다. 쿠팡 김범석 의장에게는 형사처벌 위험을 피하기 위해 거부하고 싶은 낙인이었을 이 자리가 조원태 회장과 신동빈 회장에게는 위태로운 왕좌를 지켜낼 마지막 방패이자 왕관이었던 것이다. 이는 공정위의 펜 끝이 단순히 시장의 불공정 행위를 감시하는 데 그치지 않고 자본 권력의 지형도와 경영권의 향배까지 결정짓는 막강한 영향력을 행사하고 있음을 방증한다. 시장의 심판자가 때로는 기업 권력의 심판관(Kingmaker)이 되는 아이러니한 순간이다.

최태원 SK회장의 SK실트론 사업기회 제공사건

대기업집단의 총수는 종종 적은 지분으로도 계열사 전체의 의사결정을 좌우하는 막대한 영향력을 행사한다. 이 과정에서 계열사가 총수 개인의 이익을 위해 동원될 위험이 존재한다. 공정위는 이러한 행위를 막기 위해 사익편취 금지 규정을 두고 특히 총수 일가에 회사의 사업 기회를 제공하는 행위를 엄격히 금지하고 있다. 최태원 SK그룹 회장이 관련된 SK실트론 사건은 공정위가 총수 개인에게 사업기회 제공 혐의를 적용하여 제재한 대표적인 사례다.

사건은 2017년 SK그룹의 인수·합병에서 시작되었다. SK는 2017년 1월, 반도체 웨이퍼 제조업체인 LG실트론(現 SK실트론)의 지분 51%를 LG그룹으로부터 인수했다. 이는 SK하이닉스와의 시너지를 고려한 결정이었다. 3개월 뒤인 4월, SK는 KTB 프라이빗에쿼티 등 사모펀드가 보유했던 지분 19.6%를 주당 12,871원에 추가로 매입했

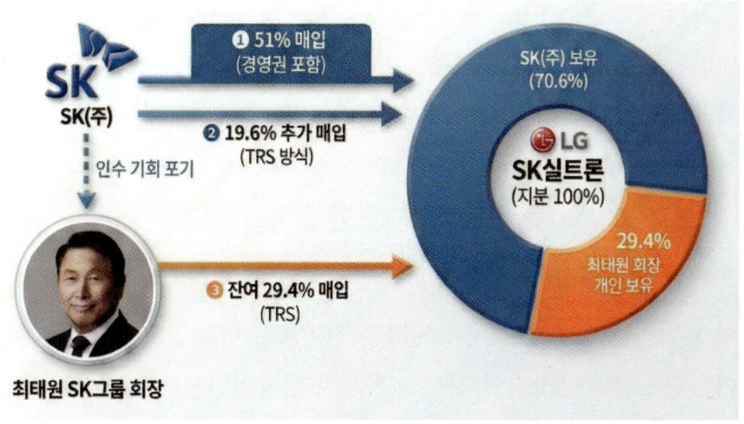

다. 이 가격은 1월에 지불한 주당 18,139원보다 약 30% 낮은 수준이었는데 이는 경영권 프리미엄이 이미 반영되지 않았기 때문이다.

문제는 우리은행 등 채권단이 보유한 나머지 지분 29.4%의 매각 과정에서 불거졌다. 이 지분은 공개경쟁입찰 방식으로 시장에 나왔다. 2017년 8월, 최태원 회장이 이 입찰에 개인 자격으로 참여하여 최종 낙찰자로 선정되었다. 낙찰 가격은 주당 12,871원으로, SK가 사모펀드의 지분을 매입할 때와 동일한 가격이었다. 최 회장은 이 지분 인수를 위해 금융사와 총수익스와프(TRS) 계약을 활용해 자금을 조달했다.

시민단체인 경제개혁연대는 이 거래가 공정거래법상 회사기회 유용에 해당할 수 있다는 의혹을 제기했다. SK가 합리적인 이유 없이 입찰을 포기함으로써 동일인인 최 회장에게 부당하게 사업 기회를 제공했다는 것이 의혹의 핵심이었다. 공정위는 즉시 조사에 착수했다. 공정위는 SK가 내부적으로는 29.4%의 잔여 지분 인수가치가 높다고 판단했음에도 최 회장 개인에게 지분 확보 기회를 주기 위해 의도적으로 입찰에 불참했다고 의심했다. SK그룹 소속 임직원들이 최 회장의 개인적인 인수 계약 체결 과정을 도운 사실도 이러한 판단을 뒷받침했다. 2020년 말 기준, 최 회장이 보유한 SK실트론 지분의 가치가 2017년 매입 당시보다 약 1,967억 원 증가했다는 점도 공정위가 지적한 이익의 근거였다.

SK는 공정위의 주장이 결과론적 해석에 불과하다고 반박했다. 2017년 의사결정 당시에는 향후 반도체 시장의 불확실성 등 많은 위험 요인이 있어 사업 성공을 확신하기 어려웠다는 것이다. 또한 SK가 이미 70.6%의 안정적인 지분을 확보한 상황이었으므로 최 회장의 지분 취득은 단순한 개인 투자 차원이었다고 주장했다. 특히 2021년 12월 15일, 최태원 회장은 공정위 전원회의에 직접 출석해 소명에 나섰다. 대기업집단 총수가 공정위 전원회의에 참석한 것은 이례적인 일이었다. 최 회장은 "회사의 이익을 가로채거나 위법한 행위를 통해 개인적으로 이익을 얻을 생각이 없었다"고 항변했다.

최태원, 4대그룹 총수 첫 공정위 출석 ⋯ '실트론 인수' 공방 /
TV조선 뉴스9 (2021.12.15.)

그러나 공정위 전원회의에서는 이런 SK의 주장을 받아들이지 않았다. 공정위는 SK가 잔여 주식 인수에 대해 추후 결정하기로 내부 검토를 진행하고도 이사회 심의와 같은 공식적인 절차 없이 입찰을 포기했다고 지적했다. 이는 입찰에 참여하지 않는 소극적 방식을 통해 최 회장에게 부당하게 사업 기회를 제공한 행위라고 판단했다. 이에 공정위는 SK와 최 회장에게 각각 시정명령과 과징금 8억 원을 부과했다.

그러나 이후 법정에서 공정위 판단은 뒤집혔다. 서울고등법원은 SK가 제기한 소송에서 공정위 처분을 전부 취소하는 판결을 내렸다. 법원은 SK가 최 회장에게 소극적으로 사업기회를 제공했다고 보기에는 근거가 부족하다고 봤다. 최 회장이 공개 경쟁 입찰로 해당 주식을 취득했고 해당 주식은 우리은행 채권단이 소유하고 있어 SK가 처분할 권한이 없었기에 SK가 사업기회를 줬다고 볼 수 없다는 것이었다. 대법원도 2025년 6월 공정위 상고를 기각하면서 SK의 최종 승리를 확정지었다. 공정위는 법원에서 판단이 뒤집힌 것이 현행 제도상의 공백이라고 보고 사업기회 제공 유형을 보다 명확히 명시하는 법 개정을 검토하기로 했다. 해당 사건이 공정위에는 아픈 손가락이된 셈이다. SK실트론 사건은 특정 거래로 총수가 이익을 봤다고 하더라도 합리적 경영상의 판단이라는 점만 입증하면 처벌을 피할 수 있다는 선례를 남겼다.

조원태 한진그룹 회장의 '일감 몰아주기' 사건

사익편취 금지 규정은 공정위가 총수 일가의 부당한 이익 수취를 규제하는 핵심 조항이다. 이 규정이 도입될 당시 공정위는 시장 획정이나 경쟁 제한성 여부에 대한 복잡한 경제 분석 없이도 총수 일가에게 이익이 돌아간 행위 자체를 제재할 수 있을 것으로 기대했다.

반면 재계는 '상당히 유리한 조건', '부당한 이익' 등 법조항의 표현이 추상적이어서 공정위가 자의적으로 법을 해석할 수 있다고 강하게 우려했다. 공정위는 심사 지침을 통해 예측 가능성을 높일 수 있으며, 이는 한국 대기업집단의 특수한 지배구조 문제를 해결하기 위해 필수적인 규제라고 맞섰다. 이처럼 거래의 부당성을 어떻게 해석할 것인지를 두고 양측의 입장은 좁혀지지 않았다.

조원태 한진그룹 회장 관련 사익편취 제재 사건은 이 부당성에 대한 법원의 구체적인 판단 기준을 제시했다는 점에서 중요한 의미를 갖는다. 2016년 11월, 공정위는 대한항공이 총수 일가 소유 회사에 일감을 몰아준 혐의로 계열사인 싸이버스카이, 유니컨버스 등 3개사에 총 14억 3,000만 원의 과징금을 부과했다. 또한 대한항공 법인과 총수의 특수관계인이었던 조원태 당시 부사장을 검찰에 고발했다. 공정거래법상 사익편취 규정을 근거로 총수의 특수관계인을 고발한 첫 사례였다. 싸이버스카이는 대한항공의 기내 면세품 예약 사이트를 대행 운영하는 회사로, 조원태·조현아·조현민 삼남매가 지분 100%를 보유하고 있었다. 공정위 조사 결과 대한항공은 자사 인력을 파견해 싸이버스카이의 운영을 사실상 전담하면서도 발생한 광고 수익은 모두 싸이버스카이에 귀속시켰다. 또한 싸이버스카이가 판매한 제품의 수수료를 면제해 주거나 이 회사를 통해 판촉물을 구매하며 높은 마진율을 보장해 주었다. 조양호 회장 일가가 지분 100%를 보유한 유니컨버스 역시 위탁 업무의 수수료를 다른 업체보다 높게 받았다. 공정위는 이러한 행위가 총수 일가 삼남매의 그룹 내 영향력을 키워주기 위한 부당한 일감 몰아주기라고 판단했다. 대한항공은 거래 사실 자체는 인정하면서도 이는 경영상 필요에 따른 합리적 판단이었을 뿐 총수 일가에 부당한 이익을 줄 의도는 없었다며 위법성을 부인했다.

사건은 법원으로 넘어갔다. 서울고등법원은 행정소송에서 "거래의 부당성이 인정되지 않는다"라며 대한항공의 손을 들어주었다. 재판부는 공정위가 정상적인 거래의 기준을 명확히 제시하지 못했다고 지적했다. 즉, 위법성을 판단하려면 정상 가격 또는 정상 수수료 등 합법적인 수준가 무엇인지를 먼저 입증해야 하는데 공정위가 이를 충분히 증명하지 못했다는 것이다. 공정위는 상고했으나 대법원의 판단 역시 같았다. 대법원은 총수일가에게 이익이 돌아갔다는 사실만으로는 부족하며 그 이익이 정상적인 거래에서는 발생할 수 없는 부당한 이익이라는 점을 공정위가 입증해야 한다고 판시했다. 또한 행위 주체와 객체, 특수관계인의 관계, 거래 규모, 특수관계인에게 귀속되는 이익의 규모 등을 부당성 판단의 구체적인 기준으로 제시했다. 이 판결로 인해 공정위는 총수일가에게 이익이 귀속되었나는 사실을 넘어 그것이 왜 부당한 이익인지를 정상 거래 기준을 통해 별도로 입증해야 하는 책임을 지게 되었다.

아무 일도 안 하고 통행세만 챙긴 롯데 계열사

통행세는 대기업 계열사가 다른 회사에 업무를 발주할 때 실질적인 역할이 없는 또 다른 계열사를 거래 과정의 중간에 끼워 넣어 수수료를 챙겨주는 행위를 비유하는 용어다. 2012년 국정감사에서 이러한 관행에 대한 비판이 제기되었고 이듬해인 2013년 공정거래법에는 '거래상 실질적 역할이 없는 특수관계인이나 다른 회사를 매개로 거래하여 부당하게 지원하는 행위'를 금지하는 조항이 명시적으로 추가되었다.

이 법 개정의 배경에는 롯데그룹의 롯데기공(現 롯데알미늄) 부당 지원 사건이 있었다. 2008년 롯데기공은 881억 원의 당기순손실과 5,000%가 넘는 부채비율을 기록하며 심각한 경영난을 겪고 있었다. 이듬해 1월 채권단은 롯데기공을 워크아웃 대상 기업으로 선정했고 4월 롯데알미늄이 롯데기공을 흡수합병하여 산하 기공사업본부로 편입시켰다. 문제는 이후 롯데피에스넷의 현금자동입출금기(ATM) 도입 과정에서 발생했다. 당시 롯데그룹 경영진은 롯데피에스넷 경영진에게 기존 거래 구조를 변경해 롯데알미늄 기공사업본부를 중간에 끼워 넣으라고 지시했다. 이에 따라 롯데알미늄은 ATM 제조사인 NeoICP로부터 총 666억 3,500만 원에 3,534대의 기기를 구매한 뒤 이를 롯데피에스넷에 707억 8,600만 원에 되팔았다. 실제 장비 운송과 설치는 제조사인 NeoICP가 롯데피에스넷에 직접 수행했다. 사실상 롯데알미늄은 서류상으로만 거래에 참여하여 40억 원이 넘는 차익을 남긴 것이다.

당시 회사 관계자들이 주고받은 이메일에는 해당 거래가 신동빈 당시 롯데그룹 부회장의 지시였다는 정황이 드러났다. 2008년 10월, 롯데피에스넷 대표이사는 직원의 이메일에서 "(신동빈) 부회장의 '그럼 기공을 끼우면 안 되나'라는 발언이 있어 기공을 끼운 것"이라고

언급했다. 내부 직원들조차 롯데알미늄을 거치는 거래가 비정상적
이며 사업 효율성이 아닌 부실 계열사 지원을 위한 것임을 인지하고
있었다. 공정위는 롯데피에스넷의 부당지원행위에 시정명령과 과징
금 6억 4,900만 원을 부과했다. 이는 통행세 형태의 부당지원행위를
제재한 첫 사례였다. 공정위는 거래 차익 41억 5,100만 원 중 롯데알
미늄이 투자한 2억 1,700만 원을 제외한 39억 3,400만 원 전액을 부
당지원액으로 산정했다. 이는 롯데알미늄 기공사업본부가 2009년~
2011년 기록한 총 영업이익 46억 1,700만 원의 85.2%에 해당하는 규
모였다.

롯데그룹은 검찰이 동일 사안을 업무상 배임 혐의로 수사했으나
무혐의 결론을 내렸다며 반발했다. 그러나 형법상 배임죄는 회사에
손해를 가할 명확한 의도를 입증해야 성립하는 반면, 공정거래법상
부당지원행위는 당사자의 의도보다 시장 경쟁을 저해할 우려가 있는
효과에 중점을 둔다. 법원 역시 공정위의 손을 들어주었고 이 판결로
공정위는 통행세 관행에 대한 제재 근거를 확립할 수 있었다.

다만, 통행세 규제의 입증 책임은 여전히 공정위의 과제로 남아
있다. 2024년 6월, 대법원은 SPC그룹이 SPC삼립을 제빵 원재료 구입
과정에 끼워 넣어 부당 이익을 몰아주었다고 본 공정위의 제재, 과징
금 647억 원를 취소했다. 재판부는 공정위가 SPC삼립이 거래 과정에
서 실질적인 역할을 전혀 하지 않았다는 점을 충분히 입증하지 못했
다고 판단했다. 통행세라는 부당지원 개념을 정립한 것은 성과였지
만 이를 입증할 법리를 보완해야 하는 숙제를 안게 된 것이다.

정몽진 KCC 회장의 계열사 누락 사건

사익편취 규제의 감시망을 피하려는 유혹은 기업총수가 계열사 현황을 고의로 누락하는 행위로 이어지기도 한다. 공정위는 매년 대기업집단으로부터 지정자료를 제출받을 때 고의적인 계열사 누락이 없는지 면밀히 감시한다. 계열사 누락이 적발된 기업들은 대부분 실수였을 뿐 고의가 아니었다고 해명하지만 공정위는 고의성을 입증하기 위해 조사 역량을 집중한다.

정몽진 KCC 회장은 음향 기기에 대한 관심이 남다른 것으로 알려져 있다. 그는 실바톤어쿠스틱스라는 하이엔드 오디오 제작사를 직접 설립하기도 했다. 그러나 이 회사는 2017년 국세청의 세무조사로 드러나기 전까지 차명으로 관리돼 외부에 그 존재가 알려지지 않았다. 2021년 2월, 공정위는 정 회장을 허위 자료 제출 혐의로 검찰에 고발했다. 2016년부터 2017년까지의 대기업집단 지정자료에서 실바톤어쿠스틱스와 친족 소유의 KCC 납품업체 등 총 10개사를 누락한 혐의였다. 공정위 조사에 따르면 정 회장은 2007년 실바톤어쿠스틱스 설립 시부터 차명 주주 명의로 지분 100%를 보유해왔다. 2017년 국세청 세무조사로 차명 보유 사실이 확인된 이후에야 KCC 측은 공

| 실바톤어쿠스틱스 홈페이지

정위에 관련 사실을 알렸다.

공정위가 이 누락을 단순 실수가 아닌 고의적 은폐로 판단한 데에는 몇 가지 이유가 있었다. 첫째, 실바톤어쿠스틱스는 2018년 기준 매출 4억 6,500만 원에 당기순이익 1억 1,600만 원을 기록했는데 공정위는 이 높은 순이익 수준이 그룹 차원의 부당 지원 결과일 수 있다고 의심했다. 둘째, 함께 누락된 9곳의 친족 소유 회사들은 KCC와의 내부 거래 비중이 상대적으로 높았다. 셋째, KCC 구매부서 직원들이 이들 회사를 특수관계 협력업체로 분류해 별도 관리해 왔다는 사실이 확인되었다. 이는 그룹 내부에서 이들 회사의 존재와 특수관계를 명확히 인지하고 있었음을 보여주는 정황 증거였다.

이후 진행된 재판에서는 정 회장의 고의성 여부가 핵심 쟁점이 되었다. 법원은 정 회장에게 벌금 7,000만 원을 선고했다. 다만 재판부는 정 회장이 계열사를 의도적으로 숨기려 한 확정적 고의가 있었다고 단정하기는 어렵다고 보았다. KCC는 2016년 상호출자제한 기업집단 지정 기준이 자산 5조 원에서 10조 원으로 상향 조정되기 전까지 계속 지정 대상이었으며 누락된 계열사를 포함하더라도 그룹의 지정 지위 자체에 큰 변동이 없었다는 점 등이 고려되었다. 즉, 계열사를 숨겨서 얻을 이익이 크지 않았다는 것이다.

그러면서 법원은 정 회장이 계열사 등록에 충분한 주의를 기울이지 않은 미필적 고의로 명백히 인정된다고 판단했다. 적극적으로 은폐를 시도한 것은 아닐지라도 총수로서 계열사 현황을 제대로 파악하고 신고해야 할 의무를 다하지 않았으며 누락 가능성을 인지하고도 방치한 책임이 있다는 것이다. 흥미롭게도 정 회장은 3년 뒤인 2024년 5월, 또다시 대기업집단 지정자료 허위제출로 공정위의 경고 처분을 받았다. 2019년부터 2021년 사이 골프연습장 등 소속 회사 3곳을 누락한 혐의였다. 다만 이때는 KCC가 누락 사실을 파악하고 즉시 자진신고했으며 해당 회사와 KCC 간의 부당 내부거래 행위가 발견되지 않아 공정위는 정 회장을 검찰에 고발하지는 않았다. KCC 사례는 총수 일가가 계열사 현황을 제대로 관리하지 못한 부주의나 미필적 고의만으로도 법적 처벌을 받을 수 있다는 선례를 명확히 남겼다.

기업결합

거인의 탄생과 공정위의 저울

2006년 10월, 구글은 신생 동영상 플랫폼 유튜브를 16억 5,000만 달러, 당시 약 1조 6,000억 원에 인수한다고 발표했다. 당시 유튜브는 적자 상태였기에 인수가에 거품이 끼었다는 비판이 많았다. 하지만 당시 구글 최고경영자였던 에릭 슈미트는 구글 비디오라는 자체 플랫폼을 키우는 대신 폭발적인 성장세를 보이던 유튜브를 인수하는 결정을 내렸다. 이 결정은 인수합병(M&A) 역사상 가장 성공적인 사례 중 하나로 꼽힌다. 2024년 유튜브의 연간 광고 매출은 약 351억 달러, 약 47조 원를 기록하며 18년 전의 인수 금액을 20배 이상 회수하는 성과를 거두었다.

이처럼 한 기업이 다른 기업을 사들이거나 두 기업이 하나로 합쳐지는 것을 법적 용어로 기업결합이라 한다. 이는 둘 이상의 기업이 자본, 인력, 조직 등을 결합해 공동의 지배력 하에 통합되는 행위로 정의된다. 기업결합은 시너지를 창출하기 위한 목적으로 이루어지며 M&A 외에도 주식 취득, 영업 양수, 임원 겸임, 합작회사 설립 등 다양한 방식이 있다. 기업결합이 성사되려면 공정위의 심사를 거쳐야 한다. 공정위는 두 회사의 결합이 시장의 경쟁을 제한하는지, 반대로 효율성을 증대시키는지 중점적으로 평가한다. 결합으로 인해 상품 가격이 인상될 우려는 없는지, 혹은 시장 전체의 혁신을 저해하지는 않는지 등을 들여다보는 것이다. 다만 공정위가 모든 기업결합을 심사하지는 않는다. 기업의 부담을 덜기 위해 일정 규모 이상일 경우에만 기업이 자진신고하는 제도를 운영한다. 결합 대상 회사 중 한쪽의 자산총액 또는 매출액이 3,000억 원 이상이고, 다른 한쪽이 300억 원 이상이면 신고 대상이다.

최근에는 킬러 인수(Killer Acquisition)를 막기 위한 조항이 추가되었다. 이는 거대 기업이 잠재적 경쟁자가 될 스타트업을 미리 사들여 경쟁의 싹을 제거하는 행위를 말한다. 이 규정에 따라 인수 대상 회사의 자산이나 매출이 300억 원 미만이더라도 거래금액이 6,000억 원 이상이고 인수 대상 기업이 국내에서 상당한 수준으로 활동한다면 공정위의 심사를 받아야 한다.

티빙과 웨이브의 생존 합병

기업결합의 효과로 가장 쉽게 떠올릴 수 있는 것은 시장점유율 확대다. 가령 시장 1위 사업자가 점유율 50%를, 2위와 3위 사업자가 각각 30%와 20%를 차지하는 시장을 가정해보자. 이 구도에서는 1위 사업자가 막대한 시장 영향력을 행사하지만 만약 2위와 3위 사업자가 결합하면 50%대 50%의 대등한 경쟁 구도가 형성될 수 있다. 경쟁이 심화되는 OTT(온라인 동영상 서비스) 업계에서도 이러한 기업결합이 추진되었다. OTT 시장은 팬데믹을 거치며 급격히 성장했으나 2024년 기준 국내 시장은 소수 사업자가 주도하는 구도로 재편되었다. 넷플릭스가 33.9%의 점유율로 1위를 유지하는 가운데, 티빙

(21.2%)과 쿠팡플레이(20.1%)가 2위 경쟁을 벌였고, 웨이브(12.4%)와 디즈니 플러스(7.7%)가 그 뒤를 따랐다. 이 과정에서 넷플릭스와 쿠팡플레이는 강세를 보인 반면 국내 토종 OTT인 티빙과 웨이브는 막대한 적자에 시달리며 약세를 면치 못했다.

결국 생존 위기에 몰린 티빙과 웨이브는 2023년 말 기업결합을 위한 양해각서(MOU)를 체결했다. 두 회사의 결합 추진 배경에는 심각한 재무 위기가 자리하고 있었다. 2023년 연간 실적 기준으로 티빙은 1,419억 원, 웨이브는 791억 원의 막대한 영업손실을 기록했다. 특히 웨이브는 완전 자본 잠식 상태에 빠져 정상적인 운영이 어려운 상황이었다. 이러한 위기 속에서 2024년 12월, 두 기업은 임원 겸임을 내용으로 하는 기업결합을 공정위에 정식 신고했다.

경쟁제한성 효과 예시

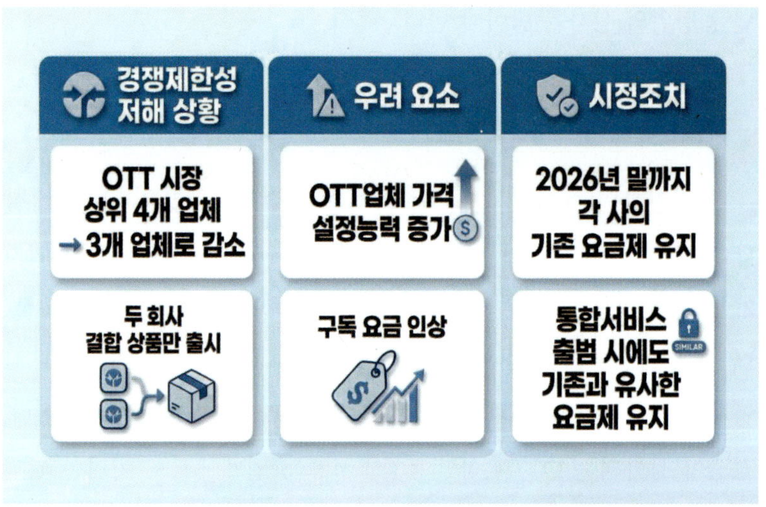

문제는 이 결합이 시장의 경쟁을 심각하게 저해할 수 있다는 점이었다. 공정위는 국내 OTT 시장의 유력한 사업자가 사실상 넷플릭스·티빙·쿠팡플레이·웨이브 등 4개 업체에서 3개로 줄어든다는 점을 우려했다. 시장에서 경쟁자가 줄면 남은 기업들이 가격을 인상하거나 서비스 품질을 낮출 유인이 커진다. 또한 두 회사가 기존의 저렴한 개별 요금제를 없애고 두 서비스가 묶인 고가의 통합 상품만을 출시할 경우 소비자의 선택권이 크게 제한될 수 있었다. 공정위는 고심 끝에 2025년 6월, 두 회사의 기업결합을 조건부로 승인했다. 경쟁 제한 우려를 해소하기 위해 몇 가지 시정조치를 부과한 것이다. 핵심 조건은 2026년 12월 31일까지 각 사의 기존 요금제를 그대로 유지해야 하며 두 회사 콘텐츠를 모두 볼 수 있는 통합 요금제를 출시하더라도 기존 요금제와 유사한 수준의 상품을 반드시 포함해야 한다는 것이었다.

▌티빙과 웨이브의 통합 요금제 출시

공정위의 이번 결정에는 토종 OTT 위기론이 크게 작용했다. 넷플릭스·쿠팡플레이·디즈니 플러스가 모두 외국계 기업인 상황에서

국내 토종 브랜드는 사실상 CJ ENM 계열의 티빙과 SK스퀘어 계열의 웨이브뿐이었다. 두 기업이 막대한 적자를 감당하지 못하고 무너질 경우 국내 OTT 시장이 외국계 기업에 완전히 종속될 수 있다는 우려가 반영된 것이다. 공정위의 승인으로 토종 OTT 연합 전선은 반격의 기반을 마련했다. 티빙(21.2%)과 웨이브(12.4%)의 단순 합산 점유율은 33.6%로, 1위 넷플릭스(33.9%)와 대등한 규모를 갖추게 된다. 다만 변수는 남아 있다. 티빙의 주요 주주 중 하나인 KT(스튜디오지니)가 재무 상태가 부실한 웨이브와의 합병 비율과 가치 평가에 대해 이견을 보여왔기 때문이다. 공정위의 기업결합 승인이라는 가장 큰 산은 넘었지만 합병을 최종 완료하기 위해서는 주주 간의 복잡한 이해관계를 조율해야 하는 과제가 남아 있다.

배민 사려면 요기요 팔아라

기업결합은 해당 기업뿐 아니라 그 기업이 속한 시장 전체에 중대한 영향을 미친다. 따라서 공정위의 기업결합 심사에서는 결합의 영향을 평가할 시장의 범위를 정하는 시장획정 단계가 핵심적인 중요성을 갖는다. 이 시장을 어떻게 구분하느냐에 따라 기업결합의 성패가 갈리기도 한다. 2019년 12월, 국내 배달앱 시장을 뒤흔드는 소식이 전해졌다. 독일계 기업인 딜리버리 히어로(DH)가 1위 사업자인 '배달의민족' 운영사 우아한형제들을 인수하겠다고 발표한 것이다. 당시 DH는 2위 사업자인 '요기요'를 이미 소유하고 있었다. 만약이 인수가 성사된다면 DH가 국내 배달앱 시장의 1위와 2위 사업자를 모두 소유하게 되는 상황이었다. DH가 제시한 인수 금액은 시장의 예상을 뛰어넘었다. DH는 우아한형제들의 기업가치를 40억 달러, 당시 약 4조 7,500억 원으로 평가했다. 이는 1년 전 배달의민족이 평

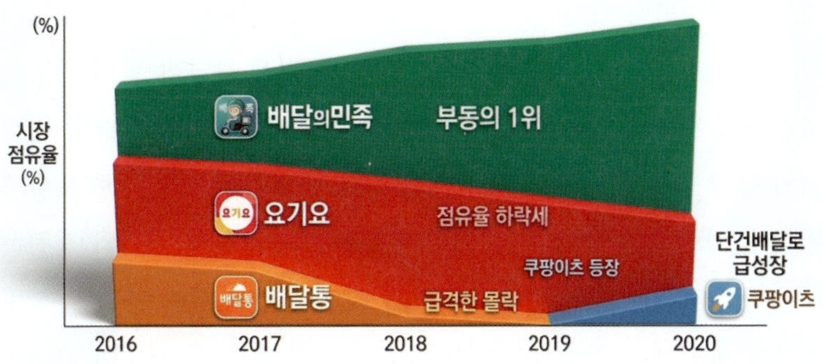

가받았던 기업가치 3조 원 수준을 크게 웃도는 금액이었다.

DH의 파격적인 인수가를 이해하려면 당시 배달앱 시장의 특성을 먼저 살펴볼 필요가 있다. 배달앱 시장은 고속 성장하는 동시에 극심한 출혈 경쟁이 벌어지던 영역이었다. 플랫폼 시장의 '승자독식(Winner takes it all)' 특성이 그대로 나타났다. 사업자들은 시장점유율을 확보하고 소비자를 붙잡아 두기 위해 막대한 마케팅 비용을 쏟아부었다. 적자를 감수하면서 할인 쿠폰을 발행하는 치킨게임이 이어졌다. 경쟁에서 승리해 시장을 독점하게 되면 그동안의 손실을 만회하고 막대한 이익을 거둘 수 있다는 계산이 깔려 있었다. DH의 배달의민족 인수는 바로 이 소모적인 경쟁을 끝내고 시장 지배력을 확보하려는 시도였다. 하지만 이는 즉각적인 독과점 우려를 불러일으켰다. 1위와 2위 사업자가 한 회사가 되면 더 이상 경쟁할 필요가 없어진다. 오히려 결합된 기업이 시장 지배력을 이용해 음식점의 입점 수수료를 인상하거나 소비자에게 제공되던 할인 혜택을 줄일 가능성이 컸다. 독과점으로 인한 피해가 고스란히 소상공인과 소비자에게 전가될 수 있다는 우려가 쏟아졌다.

공정위는 1년 가까이 심사를 진행한 끝에 2020년 12월 요기요 운영사인 딜리버리 히어로 코리아 지분 100%를 6개월 내 제3자에게 매각하는 조건으로 기업결합을 조건부 승인했다. 간단히 말해 배민을 사려면 요기요를 팔라는 것이었다. 공정위는 그간 조건부 승인 결정에서 통상 결합 후에도 가격 유지와 같은 행태적 조치를 주로 부과해 왔기에 이런 구조적 조치는 이례적이었다. 기업결합 심사의 쟁점은 배달앱 시장의 규모를 어디까지로 볼 것인지였다. 배민 인수 시 합병 회사의 배달앱 시장점유율은 99%에 달해 완전 독점 시장이 만들어질 상황이었다. 딜리버리 히어로는 심사 기준을 음식 배달시장 전체로 봐야 한다고 주장했다. 배달앱을 통한 주문뿐 아니라 소비자가 음식점에 직접 전화해 주문하는 방식의 거래 유형도 시장 획정에 포함돼야 한다는 것이었다. 이 경우 치킨이나 피자 등 전화 주문이 많은 시장이 합쳐져 배민의 시장점유율이 희석될 가능성이 컸다. 시장점유율을 낮춰 독과점 우려를 불식시키자는 계산이었다. 그러나 공정위는 딜리버리 히어로의 주장을 받아들이지 않고 관련 시장을 배달앱 서비스 시장으로만 규정했다. 배달앱이 제공하는 서비스가 기존 전화 주문 시장과 차별성이 있다고 본 것이다. 공정위가 자체적으로 진행한 설문조사에서 소비자의 70%가 음식 주문 시 배달앱만 고려한다고 응답한 것이 근거가 됐다.

소비자 혜택 감소와 음식점 수수료 인상 등 경쟁제한 행위가 발생할 수 있다는 우려도 공정위 결정에 반영됐다. 공정위가 이탈 시뮬레이션을 해본 결과 수수료 인상 시 음식점 이탈률이 1% 미만으로 나타난 것이 결정적이었다. 딜리버리 히어로 측이 신규 경쟁자의 시장진입 가능성이 있다는 주장도 공정위는 받아들이지 않았다. 딜리버리 히어로가 신규 경쟁자로 언급한 쿠팡이츠는 당시 서울 일부 지

공정위 명령에 … 딜리버리히어로 "배민 품고 요기요 매각" / TV조선 뉴스9 (2020.12.18.)

역에서 영역을 넓히고 있었지만 전체 시장점유율은 미미한 수준이었다. 공정위는 "과거 5년간 5% 이상의 점유율을 확보한 경쟁앱이 없었고 쿠팡이츠도 충분한 경쟁압력으로 작용할 수 있다는 근거가 충분하지 않나"고 설명했다. 이런 공정위 판단은 배민이 자초한 측면도 있다. 배민은 심사가 한창 진행 중이던 2020년 4월 기존의 월정액 기반 수수료 체계를 정률형 수수료 체계로 바꾸려 했다. 주문금액에 따라 수수료가 매겨지면 점주들의 부담도 늘어날 수밖에 없었다. 결국 점주들이 강하게 반발하면서 수수료 개편은 무산됐다. 딜리버리 히어로가 배민을 인수하면 시장 경쟁 구도가 사라져 이런 수수료 갑질이 심해질 가능성이 있다는 의견이 힘을 얻는 계기가 됐다.

공정위의 결정은 업계의 독과점 우려를 적극 수용한 결과였다. 다만 현재 배달앱 시장은 공정위가 당초 기대한 대로 흘러가고 있다고 보기는 어렵다. 우선 쿠팡이츠의 점유율이 20% 후반대로 오르며 배민과 사실상의 독과점 구조를 형성하고 있다. 공정위가 기업 매각이라는 강한 시정조치를 내렸음에도 배달앱 시장의 독과점 구조는 깨지지 않은 셈이다. 배민과 쿠팡이츠의 적대적 경쟁 관계를 해체하는 일은 공정위의 또 다른 과제로 남게 됐다.

메가 캐리어 탄생, 대한항공-아시아나항공의 4년

기업결합 심사는 신속을 요한다. 급변하는 시장 환경 속에서 심사가 지연되면 결합의 의미 자체가 퇴색될 수 있기 때문이다. 그러나 심사 일정이 항상 기업의 뜻대로 진행되는 것은 아니다. 특히 여러 국가에서 사업을 영위하는 글로벌 기업의 결합은 각국 경쟁당국의 개별 심사를 모두 통과해야 하므로 과정이 한층 복잡해진다. 경쟁제한성을 따져야 할 시장이 여러 개로 나뉜다면 심사 기간은 더욱 길어질 수밖에 없다. 2020년 시작된 대한항공의 아시아나항공 인수는 이러한 복잡한 기업결합 심사의 대표적인 사례다.

2020년, 아시아나항공은 사실상 빈사 상태였다. 코로나19 팬데믹의 직격탄을 맞아 여객 수요가 급감했고 완전 자본잠식 상태에 빠져 상장폐지까지 거론되었다. 국내 2위 항공사의 파산은 항공업계 전반의 위기로 번질 수 있었다. 이에 한국산업은행(KDB) 등 채권단은 아시아나항공의 파산을 막고 국내 항공산업의 경쟁력을 유지하기 위해 1위 항공사인 대한항공과의 통합을 추진했다. 대한항공 입장에서도 아시아나항공을 인수하면 세계 10위권의 메가 캐리어로 도약할 수 있는 기회였다. 대한항공은 2020년 11월 아시아나항공 인수 의사를 밝혔고 이듬해 1월 14일 공정위에 기업결합을 신청했다.

항공사의 기업결합 심사는 일반 기업보다 훨씬 복잡했다. 경쟁제한 여부를 판단하는 핵심 기준인 시장획정을 항공사가 보유한 개별 노선마다 따져야 했기 때문이다. 공정위는 신고서 접수 약 1년 뒤인

출처: 공정거래위원회 보도자료 발췌.

2022년 2월, 두 항공사의 기업결합을 조건부로 승인했다. 결합으로 인해 독과점이 우려되는 노선의 경쟁을 확보하는 것이 핵심이었다. 공정위는 두 회사의 중복 노선 중 국제선 65개 중 26개 노선, 국내선 22개 중 14개 노선에서 경쟁제한성이 있다고 판단했다. 이에 향후 10년간 해당 노선의 항공기의 시간당 이착륙 허용 횟수인 슬롯(Slot)과 특정 국가에 취항할 권리인 운수권을 경쟁 항공사에 이전하도록 명령했다. 또한 결합 이후 소비자 피해를 막기 위해 운임 인상을 2019년 운임 대비 물가상승률 이내로 제한하고 공급 좌석 수를 2019년 수준 이하로 축소하지 못하도록 하는 행태적 조치도 함께 부과했다.

공정위의 승인은 시작에 불과했다. 진짜 문제는 해외 경쟁당국의 심사였다. 대한항공과 아시아나항공은 전 세계 주요국에 취항하고 있었으므로 이들 국가의 승인이 필수적이었다. 특히 미국과 유럽연합(EU)이 예상보다 훨씬 강경한 입장을 보였다. 유럽연합 집행위원회(EC)는 두 가지 강력한 조건을 내걸었다. 첫째는 파리, 프랑크푸르트, 로마, 바르셀로나 등 4개 핵심 유럽 노선의 운수권과 슬롯을 경쟁 항공사인 티웨이항공에 실질적으로 이전하는 것이었다. 둘째는 두 회사가 결합할 경우 유럽－한국 간 화물 노선을 사실상 독점하게 된다는 우려를 해소하기 위해 아시아나항공의 화물 사업 부문 전체를 제3자에게 매각하는 것이었다. 미국 법무부(DOJ) 역시 경쟁제한 우려를 이유로 기업결합을 막기 위한 소송까지 불사하겠다는 태도를 보였다.

결합 자체가 무산될 위기에 놓이자 대한항공은 결국 이들의 조건을 모두 수용했다. 미국의 경우 2024년 11월말 신생 경쟁사인 에어프레미아가 로스앤젤레스, 뉴욕 등 미주 5개 노선에 진입할 수 있도록 지원하는 방안에 합의하면서 미국 법무부의 소송 제기 우려를 해소했다. 해외 경쟁당국의 까다로운 시정조치가 모두 확정된 뒤에야 공정위는 2024년 12월, 이를 반영하여 기존의 시정조치를 변경하는 최종 결정을 내렸다. 2021년 1월 신고서가 접수된 지 장장 3년 11개월만에 모든 심사 절차가 마무리된 것이다. 이는 공정위 기업결합 심사 역사상 최장 기간이었다.

메가 캐리어 출범을 앞둔 대한항공

두 회사의 합병은 저비용항공사(LCC) 시장에도 큰 변화를 예고하고 있다. 대한항공 자회사인 진에어와 아시아나항공 자회사인 에어부산·에어서울을 아우르는 통합 LCC 출범도 추진되고 있다. 소비자들의 최대 관심사였던 마일리지 통합 방안도 윤곽이 드러났다. 2025년 10월, 대한항공은 아시아나항공 회원들의 피해를 최소화하기 위해 기업결합 후 10년간 아시아나항공 마일리지를 기존과 동일하게 사용할 수 있도록 보장하는 방안을 공정위에 제출했다. 수많은 우여곡절 끝에 탄생할 새로운 메가 캐리어는 2026년 말 공식 출범을 목표로 하고 있다.

카카오와 SM의 결합이 부른 우려

기업이 다른 회사를 인수할 때 고려하는 핵심 전제는 시너지 창출이다. 그러나 결합이 항상 긍정적인 시너지로 이어지는 것은 아니다. 기업결합의 방식은 크게 수평결합과 수직결합으로 나뉜다. 수평결합(Horizontal Merger)은 같은 산업 내의 경쟁 기업을 인수하는 것이다. 앞서 살펴본 요기요-배달의민족, 대한항공-아시아나항공, 티빙-웨이브의 결합 시도가 모두 여기에 해당한다. 이는 시장점유율을 확대해 규모의 경제를 추구하려는 목적이 크다. 반면 수직결합(Vertical Merger)은 제품이나 서비스의 생산부터 최종 판매에 이르는 각 단계를 하나의 기업이 통합 운영하는 방식이다. OTT 시장의 넷플릭스가 대표적인 사례다. 넷플릭스는 초기 제작사가 만든 콘텐츠를 유통하는 플랫폼 역할에 머물렀으나 현재는 '오징어 게임'과 같은 오리지널 프로그램을 직접 제작해 유통한다. 이는 거래비용과 불확실성을 줄이는 장점이 있다.

국내 대표 IT 기업 카카오 역시 SM엔터테인먼트 인수를 통해 음원 산업의 수직결합을 추진했다. 카카오는 2023년 3월, 경쟁사 하이브(HYBE)와의 치열한 인수전 끝에 SM 지분 39.87%를 확보해 최대 주주가 되었다. 이에 공정위는 카카오와 SM의 기업결합 심사에 착수했다.

심사의 쟁점은 K-POP 산업에서 카카오의 수직결합을 어디까지 허용할 것인지였다. 카카오엔터테인먼트는 국내 1위 음원 스트리밍 플랫폼인 멜론을 보유하고 있다. 반면 SM은 NCT, 에스파 등 유력 아티스트를 보유한 핵심 콘텐츠 생산자다. 카카오가 SM을 인수하면 '콘텐츠 생산(SM) – 유통(카카오엔터테인먼트) – 플랫폼(멜론)'으로 이어지는 강력한 수직통합이 완성된다. 이는 시장 지배력 남용으로 이어질 수 있었다. 예컨대 카카오가 SM 소속 아티스트의 음원을 경쟁 음원 플랫폼에 공급하지 않거나 불리한 조건으로 공급할 가능성이 제기되었다. 가장 큰 우려는 자사 우대(Self-preferencing) 가능성이었다. 카카오가 자사 플랫폼인 멜론의 알고리즘을 조정하거나 첫 화면 추천·최신 곡 목록 등 주요 영역에서 SM 등 계열사가 제작·유통하는 음원을 타사 음원보다 의도적으로 더 많이 노출시킬 수 있다는 것이다. 경쟁 플랫폼 역시 신규 요금제 출시 과정에서 카카오가 음원 공급을 지연시켜 경쟁을 방해할 수 있다는 의견을 공정위에 제출했다.

공정위는 2024년 5월, 카카오의 SM 인수를 조건부로 승인했다. 먼저 경쟁 음원 플랫폼이 음원 공급을 요청할 경우 카카오가 정당한 이유 없이 이를 거절하거나 지연시킬 수 없도록 했다. 이때 정당한 이유에 대한 입증책임은 카카오가 지도록 하여 의무를 강화했다. 또한 플랫폼의 자사 우대 행위를 차단하기 위한 시정조치를 부과했다. 이는 기업결합 심사 단계에서 자사 우대 행위를 직접 시정한 첫 사례였다. 구체적으로 카카오는 자사로부터 독립된 5인 이상의 외부 위

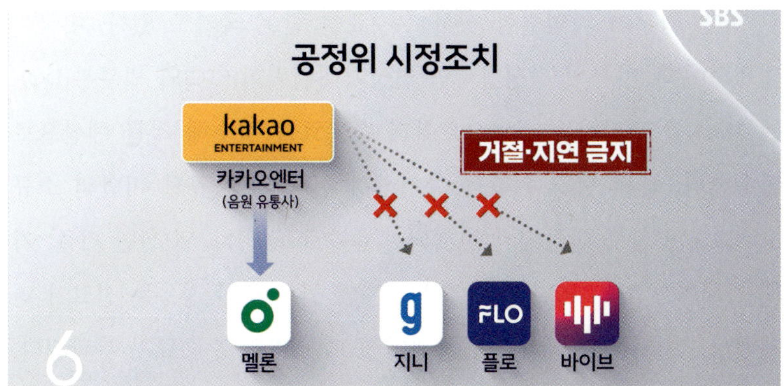

초대형 '음원 공룡' 탄생 … "자사 우대 안 돼" 조건 내건 공정위 / SBS 뉴스8 (2024.05.03)

원으로 구성된 '음원 유통·노출 점검기구'를 설립해야 한다. 이 기구는 멜론의 최신 곡과 추천 코너 등 주요 영역에서 자사 우대가 발생하는지 정기적으로 점검한다. 공정위는 디지털 음원 매출의 약 80%가 발매 초기 3개월 이내에 발생하는 만큼 초기 홍보와 노출이 시장 성패에 절대적이라는 점을 고려했다. 카카오는 3년간 매년 2회 공정위에 시정명령 이행 상황을 보고해야 한다. 이 결정은 디지털 플랫폼이 콘텐츠 생산까지 겸하는 수직결합이 보편화되는 시장 환경에서 자사 우대라는 새로운 형태의 경쟁제한 행위를 선제적으로 차단했다는 점에서 의의가 있다.

기업결합 심사는 공짜여야 한다

기업결합 심사는 통상 6개월에서 길게는 1년 이상이 소요되며 사안마다 살펴봐야 할 쟁점과 시장 특성이 다르다. 그런데 공정위 심사는 기본적으로 무상으로 이루어진다. 정부가 기업결합을 심사할 때 기업으로부터 별도의 수수료를 받지 않는 것이다. 기업은 공정위가 요구하는 자료를 충실히 제출할 의무만 진다.

　반면 정부가 기업결합 심사 수수료를 받는 국가도 있다. 미국이 대표적이다. 미국의 경쟁당국인 연방거래위원회(FTC)와 법무부(DOJ)는 M&A를 추진하는 기업으로부터 수수료를 징수해 기관 예산으로 활용한다. 물론 시장 위축을 방지하기 위해 일정 규모 미만의 소규모 M&A는 심사 대상에서 면제되며 수수료도 없다. 2024년 기준, 거래 가치가 1억 1,950만 달러, 약 1,570억 원 이하인 경우는 신고가 면제된다. 이 기준을 넘어가면 거래액 규모에 따라 수수료가 부과된다. 거래액이 1억 1,950만 달러 이상 1억 7,330만 달러 미만인 경우 3만 달러, 약 4,000만 원부터 시작해 53억 6,500만 달러, 약 7조 원 이상인 거래는 신고 수수료만 225만 달러, 약 30억 원에 달한다. 이 수수료 기준은 매년 물가 변동률 등을 반영해 조정된다. 이 수수료는 기

▎기업결합 심사 수수료 비교

업결합 승인을 전제로 한 대가가 아니다. 정부는 수수료를 받고 심사를 진행한 뒤 경쟁제한성이 크다고 판단하면 결합을 거부할 수 있다. 이 경우 기업은 수수료를 돌려받지 못한다. 즉, 수수료는 심사라는 행정 서비스 자체에 대한 비용인 것이다. 대학 입학 원서 접수비와 비슷하다. 원서를 제출하고 전형료를 내더라도 합격이 보장되지는 않는 것과 같은 이치다.

이러한 미국과 달리 무상으로 심사를 진행하는 한국에서도 이 제도의 도입이 과거부터 검토된 바 있다. 2022년 제20대 대통령 선거 당시 이재명 대통령후보 측이 기업결합 신청 시 수수료를 부과하는 공약을 검토했다는 사실이 보도되었다. 수수료를 징수해 공정위의 심사 기능을 강화하자는 취지였다. 당시 공정위가 공식적으로 추진하지 않는다고 해명하며 논의가 일단락되었으나 최근 이 수수료 제도 도입에 대한 논의가 다시 시작되고 있다. 수수료가 도입되면 공정위의 독립적인 심사 역량을 강화하고 복잡해지는 기업결합 심사의 질을 높이는 데 필요한 재원을 확보할 수 있다는 것이 찬성 측의 논리다. 이러한 주장을 바탕으로 현재 국회에는 거대 여당인 더불어민주당을 중심으로 신고자의 자산 규모 등에 따라 심사 비용을 부과하도록 하는 공정거래법 개정안이 발의되어 있다. 이 법안들은 소관 상임위원회인 정무위원회에 회부되어 심사를 기다리는 중이다.

다만 제도 도입까지는 넘어야 할 산이 많다. 미국과 달리 행정 서비스는 기본적으로 무료라는 인식이 강한 한국에서 이는 사실상의 준조세로 받아들여질 수 있다. 자칫 기업의 혁신적인 M&A 시도를 위축시킬 수 있다는 비판에 직면할 수도 있다. 공정위가 행정적 효율성과 기업의 혁신 유인이라는 가치 사이에서 적절한 균형점을 찾아야 하는 과제를 안고 있다.

공정거래위원회

Fair Trade Commission

FAIR TRADE COMMISSION
공정거래위원회

CHAPTER 5

- 디지털 경제
- '초연결' 국제 경쟁당국

초국경 · 초연결 시대의 경쟁법

초국경 · 초연결 시대의 경쟁법

▎디지털 경제

시카고 학파는 틀렸고 아마존은 교묘했다

오랫동안 전 세계 경쟁법의 기본 철학은 '시카고 학파(Chicago School)'가 주도했다. 이 학파는 시장의 효율성 극대화를 가장 중요한 목표로 삼았다. 독과점 기업의 행위를 평가하는 주된 기준 역시 단기적인 가격 상승이나 생산량 감소 여부였다. 시장을 지배하는 기업이라도 소비자에게 저렴한 가격과 충분한 제품을 제공한다면 이는 선한 독점으로 간주되었으며 경쟁당국이 개입할 이유가 없다고 봤다. 시카고 학파의 논리는 시장의 자정작용에 대한 강한 신념에 기반한다. 혁신을 통한 새로운 경쟁자는 언제든 등장할 수 있으며 독점의 폐해도 결국 시장의 힘으로 해소될 것이라는 믿음이었다. 이러한 관점은 경쟁법의 초점을 '소비자 후생(consumer welfare)'이라는 경제 지표에 맞추도록 했다.

그러나 디지털 플랫폼의 등장은 이 견고한 질서를 흔들기 시작했다. 플랫폼 경제는 기존 산업과는 다른 논리로 움직이기 때문이다. 그 핵심에는 네트워크 효과(Network Effect)와 잠금 효과(Lock – in Effect)가 있다. 네트워크 효과가 이용자가 많을수록 서비스 가치가 높아지는 것을 의미한다면 잠금 효과는 특정 플랫폼에서 쌓은 데이터, 친구 목록, 구매 기록 등이 아까워서 다른 경쟁 서비스로 쉽게 옮겨가지 못하는 잠김 현상을 뜻한다. 플랫폼은 이용자와 판매자, 혹은 광고주가 만나는 양면 시장(Two-sided Market)의 성격을 갖는다. 한쪽의 이용자가 많아질수록 다른 쪽의 효용이 증가하고 이는 다시 더 많은 구매자를 끌어모으는 선순환을 일으킨다. 이러한 간접 네트워크 효과는 결국 1위 사업자에게로의 쏠림 현상(Tipping)을 가속화하며 한번 굳어진 시장 지배력은 쉽게 깨지지 않게 된다. 이러한 플랫폼의 특성을 기반으로 시장의 논리를 뒤집은 대표적 기업이 아마존이다. 2017년, 당시 예일대 법학도였던 리나 칸(Lina Khan, 前 미국 연방거래위원회 위원장)은 '아마존의 반독점 역설(Amazon's Antitrust Paradox)'이라는 논문을 통해 이 문제를 정면으로 지적했다.

리나 칸(Lina Khan) 前 미국 연방거래위원회 위원장

칸의 주장은 명료했다. 아마존은 단기적으로 소비자에게 최저가와 탁월한 편의성을 제공한다. 시카고학파의 관점에서는 이는 소비자 후생을 높이는 선한 독점처럼 보인다. 하지만 칸은 이러한 저가

전략이 사실상 경쟁자를 몰아내기 위한 약탈적 가격 책정(Predatory pricing)으로 작동한다고 분석했다. 아마존이 막대한 자본을 동원해 손해를 감수하며 가격을 낮추면 경쟁자들은 시장에서 퇴출된다. 그 결과 아마존은 방대한 데이터를 독점하고 시간이 흐를수록 경쟁자가 진입하기 어려운 폐쇄적인 시장 구조를 완성한다. 즉, 소비자가 누린 단기적 혜택이 장기적인 독점을 공고히 하는 씨앗이 된 것이다. 그녀는 논문에서 아마존의 창업자 제프 베이조스(Jeff Bezos)가 기존 경쟁법의 허점을 정확히 파고들었다고 분석하며 다음과 같이 기술했다.

> "마치 베이조스가 경쟁법 지도를 먼저 그린 다음,
> 그것을 부드럽게 우회하는 경로를 고안하여
> 회사의 성장을 계획한 것 같다."

문제는 전통적인 경쟁법이 이 구조적 위험을 감지하지 못한다는 데 있었다. 가격 인하를 소비자에게 이로운 행위로만 해석했기 때문이다. 시장에 이미 쏠림 현상이 고착된 이후에는 규제 기관이 개입해도 경쟁을 복원하기가 불가능해진다. 칸은 경쟁법의 관점을 가격 중

▎시카고 학파 vs 신 브랜다이스

심에서 시장 구조와 잠재적 해악을 중심으로 옮겨야 한다고 주장했다. 또한 혁신 저해, 품질 저하, 데이터 접근성, 입점업체와의 공정한 관계 등 비가격적인 경쟁 요소를 적극적으로 고려해야 한다고 강조했다. 이러한 문제의식은 미국을 넘어 전 세계로 확산하며 신 브랜다이스 학파(New Brandeis School)라는 새로운 경쟁법 패러다임을 형성하는 계기가 되었다.

데이터, 플랫폼 시대의 석유

디지털 경제에서 데이터는 플랫폼의 지배력을 유지하고 강화하는 핵심 자산이다. 데이터는 한 번 수집되면 무한히 복제하고 활용할 수 있으며 그 양이 많아질수록 가치가 기하급수적으로 증가하는 특성이 있다. 특히 이용자의 구매 패턴, 검색 이력, 관심사, 위치 정보와 같은 행태 데이터는 플랫폼이 알고리즘을 고도화하고 맞춤형 서비스를 제공하는 데 결정적인 역할을 한다. 이러한 특성 때문에 데이터는 흔히 플랫폼 시대의 석유로 불린다.

데이터는 단순한 정보 축적을 넘어 서비스의 질을 높이고 이는 다시 더 많은 이용자를 끌어들이는 순환 구조를 만든다. 앞서도 설명한 대로 이 과정은 '이용자 데이터 축적→맞춤형 서비스와 광고 품질 향상→이용자 증가→데이터 추가 축적'의 선순환 고리를 형성한다. 이 고리는 플랫폼 특유의 간접 네트워크 효과와 맞물려 빠른 속도로 쏠림 현상을 일으키고, 결국 경쟁사의 진입을 차단하는 강력한 진입장벽으로 작동한다. 이러한 구조적 특성은 경쟁당국의 시각을 근본적으로 바꾸어 놓고 있다. 공정위는 2025년 9월, 신세계그룹 계열사 G마켓과 알리바바 그룹의 알리익스프레스 간 합작회사 설립을 심사하면서 국내 최초로 데이터 결합에 따른 경쟁 제한 우려를 근거로 시정조치를 내렸다. 이는 단순히 시장점유율이 아니라 데이터 자산의 질적·양적 결합이 시장 지배력에 미치는 영향을 공식적으로 인정한 첫 사례로 평가된다.

공정위는 G마켓과 알리익스프레스의 결합으로 두 회사가 국내 온라인 해외직구 시장에서 약 41%의 점유율을 차지하게 되어 시장 지위가 공고해질 가능성이 높다고 판단했다. 특히 G마켓이 20년 넘게 축적해온 5,000만 명 규모의 국내 소비자 데이터가 알리익스프레스의 글로벌 상품 구매·평점 데이터베이스 및 알리바바 그룹의 고도화된 AI 분석 기술과 결합할 경우 이 데이터 시너지가 경쟁 제한으로 이어질 위험이 크다고 보았다.

소비자 데이터 분리 · 보호 원칙

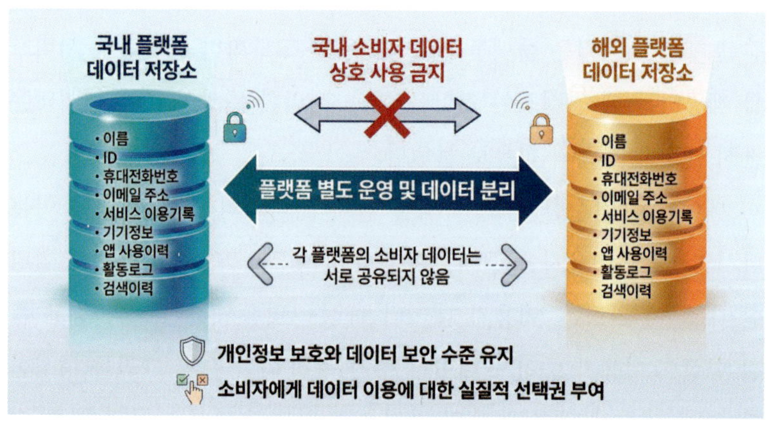

해외에서도 이미 비슷한 흐름이 나타나고 있다. 유럽연합 집행위원회(EC)는 2020년 구글의 웨어러블 기기 제조사 '핏빗(Fitbit)' 인수를 심사했다. 당시 EC는 핏빗이 수집한 민감한 건강 데이터가 구글의 핵심 사업인 온라인 광고 서비스(Google Ads)에 활용될 경우 구글의 광고 맞춤화 능력이 과도하게 강화되어 시장 지배력이 더욱 공고해질 수 있다고 우려했다.

결국 EC는 구글에 대해 핏빗 데이터를 광고 목적으로 사용하는 것을 10년간 금지하는 조건을 부과하며 인수를 승인했다. 이는 데이터가 단순한 정보 축적을 넘어 광고와 서비스의 정밀도를 높이는 비가격 경쟁 요소로 작용해 플랫폼의 독점력을 강화할 수 있음을 공식 인정한 결정이었다. 데이터의 결합이 가격 인상 없이도 시장 경쟁을 왜곡할 수 있음을 규제당국이 명확히 보여준 사례다.

인공지능(AI)과 경쟁법

디지털 플랫폼의 작동 원리는 겉보기에 단순하지만 그 이면에는 알고리즘이라는 복잡하고 불투명한 시스템이 자리한다. 이 알고리즘은 상품 노출 순위, 가격, 서비스 배차 등 시장 참여자의 경제 활동 전반에 영향을 미친다. 문제는 플랫폼이 알고리즘을 자사 이익에 유리하게 조정했는지 외부에서 판단하기 매우 어렵다는 점이다. 플랫폼의 시장 지배력은 이처럼 보이지 않는 코드를 통해 강화되며 이는 단순한 부당 행위를 넘어 AI를 통한 은밀한 시장 조작이라는 새로운 형태로 진화하고 있다.

국내에서는 쿠팡의 자사 우대 사건이 대표적이다. 앞서 본대로 쿠팡은 자체브랜드(PB) 상품과 직매입 상품의 판매를 늘리기 위해 검색 알고리즘을 조작했다는 혐의로 공정위 제재를 받았다. 공정위 조사에 따르면 쿠팡은 특정 상품에 1.5배의 가중치를 부여하는 등 알고리즘을 변경해 6만 4,000여 개의 자사 상품을 검색 순위 상단에 인위적으로 올렸다. 또한 2,200여 명의 임직원을 동원해 PB 상품에 긍정적인 구매 후기를 작성하게 하여 소비자의 합리적인 선택을 방해했다. 쿠팡은 "소비자 편의를 위한 알고리즘 개편"이라고 주장했으나 공정위는 2024년 6월 이를 경쟁사 노출을 부당하게 제한하고 소비자를 기만한 행위로 판단했다. 이에 유통업계 사상 최대 규모인 1,628억 원의 과징금과 시정명령을 부과했다. 공정위는 사건 당시 브리핑에서 과징금을 1,400억 원을 부과한다고 발표했으나 이는 잠정액이었고 심의 종료 시점의 매출액을 반영한 최종 과징금은 약 1,628억 원으로 정해졌다.

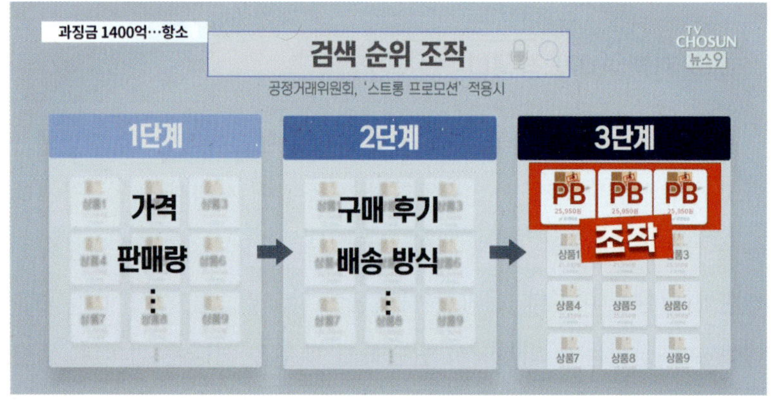

"검색 순위 조작해 PB상품 판매" … 쿠팡에 과징금 1,400억 '철퇴' /
TV조선 뉴스9 (2024.06.13.)

쿠팡은 공정위 처분에 불복해 행정소송과 함께 집행정지를 신청했다. 서울고등법원은 2024년 10월, 공정위의 시정명령과 공표명령에 대해서는 그 효력을 본안 소송 판결 시까지 일시 정지했다. 그러나 1,628억 원의 과징금 부과 처분에 대한 집행정지 신청은 기각했다. 이는 법원이 과징금 집행으로 인해 쿠팡에 회복하기 어려운 손해가 발생할 우려가 없다고 본 것이다. 본안 소송의 최종 결과는 향후 플랫폼 규제 범위를 가늠하는 중요한 분기점이 될 전망이다.

이보다 앞서 카카오모빌리티의 콜 몰아주기 사건도 있었다. 제2 장에서 살펴본 것처럼 2023년 2월 공정위는 카카오모빌리티가 자사 가맹택시에 배차를 유리하게 몰아주기 위해 배차 알고리즘을 인위적으로 조정했다고 보고 과징금을 부과했다. 공정위는 이를 시장지배력 남용으로 판단했으나 2025년 5월 서울고등법원은 공정위의 처분을 취소하라고 판결했다. 재판부는 해당 알고리즘이 가맹택시의 빠른 배차, 승차 거부 최소화 등 서비스 품질을 높이기 위한 자율적 최적화 과정으로 볼 여지가 있으며 이를 경쟁제한으로 단정하기 어렵다고 보았다. 이 사건은 알고리즘 규제가 안고 있는 근본적인 딜레마를 드러낸다. 즉, 기술적 복잡성과 의도의 불명확성 때문에 반경쟁적 효과를 입증하기 어렵고 법원의 판단도 엇갈릴 수 있다는 점이다.

이러한 한계로 인해 경쟁당국의 전략은 사후 제재 중심에서 사전 투명성 확보로 옮겨가야 할 필요성이 커지고 있다. 특히 경쟁법이 직면한 새로운 과제는 알고리즘 담합(Algorithmic Collusion)의 가능성이다. 전통적인 담합은 기업 간 명시적 또는 묵시적 합의를 전제로 한다. 하지만 AI 담합은 인간의 개입 없이 여러 가격 결정 알고리즘이 상호 학습하는 과정에서 자연스럽게 경쟁을 회피하는 지점을 찾아낼 수 있다. 이 경우 합의의 증거를 찾기 어려워 현행 경쟁법 체계로는 규제가 사실상 불가능하다.

최근 알고리즘 공개 의무화 논의가 활발히 제기되는 이유다. 알고리즘의 작동 방식을 공개하면 플랫폼의 자사 우대나 불공정 거래 가능성을 사전에 차단할 수 있다는 주장이다. 특히 뉴스 배열이나 콘텐츠 추천처럼 사회적 영향이 큰 분야에서는 공정성 확보를 위한 핵심 장치로 평가된다. 그러나 플랫폼 기업들은 알고리즘이 핵심 영업 비밀이자 경쟁력의 원천이라며 강하게 반발한다. 알고리즘이 공개될 경우 경쟁사가 모방하거나 악의적 조작에 활용될 수 있다는 것이다. 이에 각국 경쟁당국은 혁신을 저해하지 않으면서 투명성을 확보하기 위해 부분 공개나 규제기관에 대한 제한적 접근 허용 등 절충적 방안을 모색하고 있다.

다만 이러한 알고리즘 공개조차도 만능이 아니라는 의견도 제기된다. AI 기술이 고도화됨에 따라 알고리즘 작동 방식이 갈수록 인간의 개입 영역에서 벗어나고 있기 때문이다. AI가 스스로 학습해 결정을 내리는 딥러닝 기반 알고리즘의 경우 이를 공개한다고 해서 불공정 요소를 명확히 확인하기 어렵다는 맹점이 있다. 실제 쿠팡 사건의 경우에도 알고리즘이 고도로 진화한 탓에 최종 단계에서는 AI가 스스로 결정을 내리는 방식이어서 무엇이 어떻게 검색 상단에 배치되었는지 기업 스스로도 알 수 없다고 전원회의에서 밝힌 바 있다. 이 때문에 전 세계 경쟁당국이 AI를 어떻게 규율할지 깊이 고민하고 있지만 섣불리 개입할 경우 산업의 혁신성을 저해할 수 있다는 우려 탓에 아직 본격적인 규제의 틀로 포섭하지는 못하고 있는 실정이다.

하느냐 마느냐, 혼란의 입법 전쟁

우리나라는 거대 플랫폼의 독과점 문제를 해결하기 위한 규제 입법 과정에서 오랜 진통을 겪어왔다. 문재인 정부 시절 공정위는 온라인 플랫폼의 불공정거래 행위를 규율하기 위해 「온라인 플랫폼 중개거래의 공정화에 관한 법률(이하 온플법)」 제정을 추진했다. 그러나 이입법 시도는 즉각적인 부처 간 권한 충돌에 부딪혔다고 앞서 설명했다. 결국 이 시기의 규제 공백은 플랫폼 독점 강화를 방치했다는 비판을 받았으며 단일 기구 중심으로 「디지털 시장법(DMA)」을 제정한 유럽연합(EU)의 행보와 대조되었다.

이후 윤석열 정부에 들어서 공정위는 2023년 말, 유럽의 DMA를 벤치마킹한 「플랫폼 공정경쟁촉진법」 제정을 새로 추진했다. 이 법안의 핵심은 시장 지배력이 압도적인 소수의 플랫폼을 지배적 사업자로 사전 지정하고, 자사 우대·끼워팔기·멀티 호밍·최혜 대우 요구 등 4대 핵심 금지 행위를 규제하는 것이었다. 멀티호밍은 이용자나 사업자가 경쟁 관계에 있는 여러 플랫폼을 동시에 이용하는 행위이고, 최혜 대우 요구는 플랫폼이 입점 사업자에게 다른 플랫폼에서 자사 플랫폼보다 더 유리한 조건으로 거래하지 말라고 요구하는 행위를 말한다. 그러나 법안이 공개되자마자 산업계의 거센 반발이 뒤따랐다. 대형 빅테크 기업뿐 아니라 중소 스타트업 단체까지 연합해 사전 지정은 잠재적 범죄자 낙인과 같으며 혁신을 위축시킨다고 주장했다.

여기에 외국계 기업인 구글·아마존 등을 대상으로 한 규제가 미국과의 통상 마찰로 비화될 우려도 제기됐다. 실제로 2024년 조 미국 하원 의장 등이 한국 정부에 공식 반대 서한을 보내며 압박을 가하기도 했다. 결국 산업계의 반발과 통상 마찰 우려에 부딪힌 공정위는 핵심인 사전 지정 제도를 사실상 철회하고 신규 입법 대신 현행 공정거래법의 집행을 강화하는 사후 규제 방식으로 방향을 틀었다. 이는 사전 규제라는 목표가 좌초되었음을 의미했다.

이재명 정부 출범 이후 플랫폼 규제 논의는 두 갈래의 입법 방향으로 나뉘어 진행되고 있다. 첫째는 플랫폼 독점규제법이다. 이는 거대 플랫폼의 시장 지배력 남용을 직접 규제하는 법안으로, 과거 추진된 공정경쟁촉진법의 기조를 일부 이어 받아 강력한 제재 체계를 도입하려는 방향이다. 다만 이 역시 미국의 통상 마찰 우려로 인해 입법 논의는 쉽게 진전을 보지 못하고 있다. 둘째는 플랫폼 공정화법이다. 이는 배달앱 등 중개 플랫폼과 입점 소상공인 간의 갑을 관계에 초점을 맞춘 법안이다. 수수료 체계, 계약 구조의 공정성 등 소상공인의 권익 보호를 주요 목표로 한다. 이 법안은 규제 강도가 상대적으로 낮아 산업계의 반발이 덜한 반면, 플랫폼 시장의 구조적 독점 문제를 근본적으로 해소하기에는 한계가 있다는 평가도 받는다.

그러나 최근 일련의 사법부 판단은 플랫폼 독점규제법 제정론에 다시금 힘을 실어주고 있다. 앞서 공정위가 제재했던 네이버의 쇼핑 및 동영상 검색 알고리즘 조작 사건에서 대법원이 잇따라 네이버의 손을 들어 주었기 때문이다. 대법원은 검색 알고리즘을 조정하거나 변경하는 행위 자체는 사업자의 정상적인 영업활동이자 전략적 판단의 영역이라고 판시했다. 특히 시장지배적 사업자가 자사 서비스를 우대했다 하더라도 그것이 곧바로 경쟁 제한 의도로 이어지거나 소비자의 이익을 침해한다고 단정할 수 없다는 것이 대법원의 판단이다. 현행 공정거래법상으로는 경쟁 사업자를 동등하게 대우해야 할 명시적 법적 의무를 부과하기 어렵다는 한계가 드러난 셈이다. 이는 곧 공정위가 내세운 핵심 법리가 기존 법 체계 안에서는 작동하기 어렵다는 사실을 시사한다.

현실 시장에서는 자사 우대나 끼워팔기 등으로 인한 경쟁 제한과 소비자 선택권 축소 같은 부작용이 여전하지만 법원은 이를 위법으로 처벌할 명확한 근거가 부족하다고 본 것이다. 이러한 법리적 공백은 즉각적인 입법 논의로 이어졌다. 현행법으로 규율하기 어렵다면 별도의 제정법을 통해 위법성을 다투지 않고도 규제가 가능한 틀을 만들어야 한다는 주장이 설득력을 얻고 있기 때문이다. 개별적으로 보이는 사건들이 판례로 쌓이며 역설적으로 새로운 규제 입법의 필요조건을 완성해가는 형국이다.

	문재인 정부	윤석열 정부	이재명 정부
시기	2017-2022	2022-2025	2025-현재
규제 접근	사후 행태 규제	사전 지정 및 행태 규제 (EU DMA 모델)	독점 규제·갑을관계 규율
법안 명칭	온라인 플랫폼 공정화법 (온플법)	플랫폼 공정경쟁촉진법	플랫폼 독점규제법·공정화법 분리 추진
결과 및 특징	부처 간 갈등으로 좌초	업계 반발로 사전 지정 철회	독점 규제법은 통상 마찰 우려 존재

경쟁법의 패러다임 전환, 유럽의 DMA

유럽연합(EU)은 오랫동안 미국 빅테크 기업들이 유럽 시장에서 행사하는 압도적인 영향력에 우려를 표해왔다. 전통적인 경쟁법, 즉 사후 규제 방식으로는 이들의 독점적 행위를 통제하기 어렵다는 한계가 명확히 드러났기 때문이다. 독점 행위를 입증하는 데 수년의 시간이 걸리고 그 사이 시장은 이미 회복 불가능한 쏠림 현상에 도달해버리는 일이 반복되었다.

EU는 이러한 구조적 문제를 해결하기 위해 사후 제재가 아닌 사전 예방 중심의 규제 모델을 새롭게 제시했다. 그 결과물이 바로 2024년 5월부터 본격 시행된 「디지털 시장법(Digital Markets Act, DMA)」이다. DMA의 핵심 목적은 독점 행위가 발생하기 전에 시장 구조 자체를 개선하고 거대 플랫폼의 불공정 행위를 미연에 차단하는 데 있다. 이는 경쟁법의 초점이 위반 행위에 대한 처벌에서 시장 왜곡의 예방으로 이동하고 있음을 보여주는 상징적인 변화다.

DMA의 작동 원리는 게이트키퍼(Gatekeeper) 지정제에 있다. 게이트키퍼는 말 그대로 시장 진입의 관문 역할을 하는 거대 플랫폼을 뜻한다. EU는 일정한 정량 기준을 충족한 기업을 게이트키퍼로 지정하는데 여기에는 연간 EU 내 매출 75억 유로, 약 12조 3,600억 원 이상 또는 시가총액 750억 유로, 약 123조 6,000억 원 이상이라는 매출 규모 요건, EU 내 월간 최종 이용자 4,500만 명 이상 및 연간 기업 이용자 1만 명 이상이라는 이용자 규모 요건, 그리고 이 기준을 지난 3년간 충족해야 하는 지위의 안정성 요건이 포함된다. 현재까지 알파벳(Alphabet), 애플(Apple), 아마존(Amazon), 메타(Meta), 마이크로소프트(Microsoft), 바이트댄스(ByteDance) 등 6개 기업이 게이트키퍼로 지정되었다.

이들 게이트키퍼에게는 '해야 할 일(Do's)'과 '하지 말아야 할 일(Don'ts)'이 명확히 구분된다. 주요 금지 사항(Don'ts)으로는 자사의 상품이나 서비스를 부당하게 우대하여 노출하는 자사 우대 행위, 핵심 서비스를 이용하려는 사용자에게 다른 서비스를 강제로 함께 이용하도록 요구하는 끼워팔기(Tying), 그리고 이용자가 플랫폼 외부에서 더 저렴한 조건으로 거래하는 것을 막는 유도 금지(Anti-Steering) 행위 등이 포함된다. 반대로 주요 의무 사항(Do's)으로는 이용자가 경쟁 플랫폼을 동시에 이용하는 것을 허용하는 멀티호밍, 이용자가 자신의 데이터를 다른 플랫폼으로 쉽게 이동시킬 수 있도록 보장하는 데이터 이동성, 그리고 경쟁 서비스와의 상호 운용성 보장 등이 명시되어 있다. 이러한 의무는 거대 플랫폼의 잠금 효과(Lock-in Effect)를 완화하고 중소 사업자와 신규 경쟁자가 시장에 진입하기 용이한 환경을 복원하는 데 초점이 맞춰져 있다.

디지털 시장의 미래 경쟁

플랫폼을 규제하는 것을 두고 찬성과 반대 의견이 팽팽히 맞선다. 규제를 반대하는 쪽은 혁신을 가로막는다고 걱정한다. 플랫폼 기업들은 "우리가 자사 상품을 밀어주거나 알고리즘을 바꾸는 것은 더 좋은 서비스를 만들기 위한 노력의 결과"라고 말한다. 만약 정부가 사전 지정 같은 강력한 규제를 도입하면 기업들이 새로운 도전을 꺼리게 되어 시장 전체가 활력을 잃을 수 있다는 주장이다. 때로는 플랫폼이 자사 상품을 밀어주면서 유통 단계를 줄여 가격을 낮추기도 하는데 이걸 막으면 오히려 소비자 가격이 오를 수도 있다고 반박한다. 우리나라의 사례에서 보듯 경쟁당국인 공정위와 산업 진흥 당국인 과기부·방미통위가 서로 다른 목소리를 내면서 정책에 혼란이 생기고 규제 공백이 생겼던 것도 사실이다.

하지만 규제에 찬성하는 쪽은 더 먼 미래를 봐야 한다고 말한다. 당장은 좀 비효율적으로 보여도 공정한 경쟁 환경이 만들어지면 장기적으로 더 큰 혁신이 일어난다는 것이다. 1등 플랫폼의 힘을 조금 줄여야 새로운 스타트업이 시장에 들어올 틈이 생긴다는 논리다. 유럽연합(EU)의 「디지털 시장법(DMA)」이 도입한 상호운용성이나 멀티호밍 허용 같은 조치가 좋은 예다. 이는 기존 플랫폼에 갇혀 있던 이용자들이 새로운 서비스로 자유롭게 옮겨갈 수 있게 만들어 시장 전체에 활력을 불어넣는 것을 목표로 한다. 또한 데이터 보안, 개인정보 보호, 입점업체와의 공정한 거래처럼 가격 외의 경쟁 요소를 중시하는 것도 장기적으로는 소비자를 위한 일이라고 본다. 리나 칸이 '아마존의 반독점 역설'에서 지적했듯이 당장은 싼 가격 뒤에 사실은 무서운 독점이 숨어있을 수 있다.

EU의 DMA는 이런 변화의 대표적인 예다. 이는 문제가 터진 뒤에 수습하는 것이 아니라 아예 문제가 생기기 전에 미리 막는 예방 주사 같은 법이다. 한국은 부처끼리 다투거나 업계가 반발해서 이런 예방 주사를 놓는 데는 어려움을 겪었다. 대신 G마켓−알리익스프레스의 데이터 결합을 막거나 카카오·쿠팡의 알고리즘 문제를 제재하는 식으로 사후 처방을 통해 대응하고 있다. 이처럼 각국 정부는 기술이 만들어낸 새로운 시장 규칙에 맞는 법의 업그레이드를 요구받고 있다.

앞으로는 사람이 아니라 인공지능(AI)끼리 가격을 짜고 담합하는 새로운 문제에도 대비해야 한다. 이를 막기 위해 합의라는 개념을 다시 생각하고 알고리즘을 투명하게 관리할 방법을 찾아야 한다. 공정한 디지털 세상을 만들기 위한 경쟁법의 업그레이드는 더 이상 미룰 수 없는 과제다.

초연결, 국제 경쟁당국

미국·EU·일본·중국, 4국 4색

세계 주요국의 경쟁당국은 각 나라의 경제 구조, 법적 전통, 그리고 문화적 배경에 따라 매우 다른 운영 방식과 위상을 가진다. 미국은 1890년 세계 최초의 포괄적 반독점법인 「셔먼법(Sherman Act)」을 제정한 국가다. 현재는 연방거래위원회(FTC)와 법무부(DOJ)가 경쟁법 집행을 나누어 맡고 있으며 그 특징은 강력한 소송 중심의 제재와 형사 처벌의 병행이다. 특히 카르텔과 같은 부당공동행위에는 민사적 제재를 넘어 징역형까지 부과할 수 있다. 미국은 수많은 경쟁법

판례를 통해 글로벌 기준을 제시해왔다. 국제 카르텔 사건에서 미국 법무부가 부과한 막대한 과징금과 형사 제재는 이후 EU나 한국이 제재 수위를 설정할 때 기준점으로 작용하기도 한다.

워싱턴 D.C. 북서쪽 6번가에서 본 미국 연방거래위원회 건물

유럽연합 집행위원회(EC)는 EU 조약 제101조(담합)과 제102조(지위남용)을 근거로 역내 단일 시장의 경쟁 질서를 수호한다. EU 경쟁당국은 대규모 기업결합 심사는 물론, 회원국 보조금 규제까지 담당하며 강력한 권한을 행사한다. EU는 최근 몇 년간 빅테크 기업들에 대한 강력한 규제를 추진하고 있는데 이는 단순히 시장 효율성 확보를 넘어 미국 기술 기업들이 디지털 시장을 장악하는 현실에 대한 전략적 대응이기도 하다. 그 정점이 앞서 설명한 「디지털 시장법(DMA)」이다.

일본 공정취인위원회(JFTC)는 미국이나 EU처럼 천문학적인 과징금이나 형사 처벌을 앞세우지 않는다. 다른 선진국과 비교해도 사건 발생 빈도는 상대적으로 낮은 편이다. 이는 일본 특유의 관료 중심

문화와 깊은 관련이 있다. 정부 부처의 권한이 강하고 기업들이 이를 자발적으로 따르는 관행이 뿌리 깊기 때문이다. 이런 문화적 배경 속에서 일본은 주로 행정지도나 권고를 통해 기업의 자발적 법 준수와 시장 개선을 유도한다. 이런 접근은 기업의 자율성과 법적 안정성을 높이는 장점이 있지만 시장 왜곡이 심화될 때 즉각적이고 강력한 개입이 어렵다는 한계도 지닌다.

중국은 시장감독관리총국(SAMR)을 중심으로 경쟁법을 집행한다. 그러나 그 운영은 당(黨)의 지도 아래 이루어지며 그 과정이 상대적으로 폐쇄적이고 불투명하다는 평가를 받는다. 경쟁 심사 역시 공정한 시장 질서 확립보다는 산업정책의 연장선상에서 전략적으로 활용되는 경우가 많다. 전반적으로 중국의 경쟁법 집행은 국제 규범과의 조화보다는 자국 산업의 보호와 이익 극대화에 초점을 맞춘 체계로 이해된다.

경제협력개발기구(OECD) 경쟁위원회 회의에 참석한 한기정 前 공정거래위원장(가운데 오른쪽)

우리나라의 공정거래위원회는 국제적으로도 가장 선진화된 경쟁 당국 중 하나로 꼽힌다. 한국은 1980년대부터 독자적인 대기업집단 규제 체계를 구축해 왔으며 이를 통해 시장의 투명성과 책임 경영을 제도적으로 뿌리내렸다. 이러한 구조적 규제 경험은 경제협력개발기구(OECD) 회원국 가운데서도 드문 사례로 한국이 자국 경제의 특수성을 반영한 맞춤형 경쟁정책 모델을 제시했다는 평가를 받는다. 특히 한기정 공정거래위원장이 2023년 12월 OECD 경쟁위원회 부의장으로 선출되면서 국제적 위상은 한층 높아졌다. 이는 대한민국 경쟁 당국 수장으로서는 최초의 사례로, 공정위가 단순한 규제 집행 기관을 넘어 글로벌 경쟁정책 논의의 중심 무대에 올라섰다는 점에서 의미가 깊다. 한 위원장은 OECD 무대에서 디지털 시장의 공정경쟁 환경 조성과 소비자 보호 강화를 위한 한국의 법 집행 경험과 정책적 노하우를 공유하며 국제 협력 논의를 이끌었다. 이런 행보는 한국이 더 이상 규제의 수용자가 아니라 국제 경쟁정책의 방향을 제시하는 의제 설정자로 자리매김했음을 보여준다는 평가를 받는다.

주요 경쟁당국의 전통과 특징

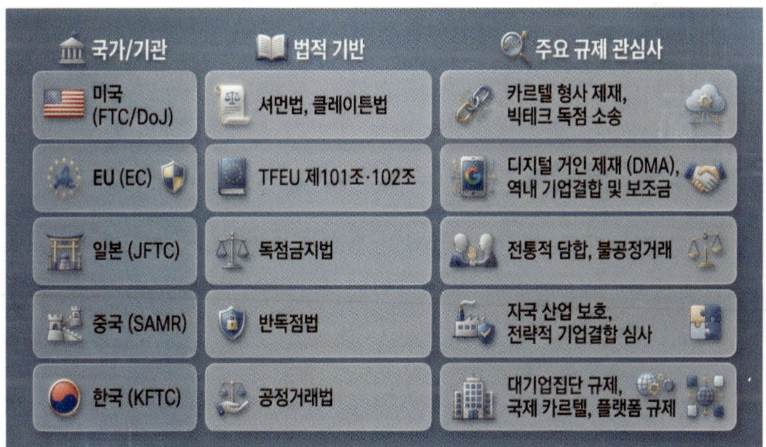

국경을 넘어선 담합, 국제 카르텔의 세계

국제 카르텔은 말 그대로 국경을 초월한 담합 행위다. 한 나라의 경쟁당국 조사만으로는 실체를 파악하기 어렵기 때문에 여러 국가가 정보를 교환하고 공동 조사나 순차적 제재를 진행하는 국제 공조 체계가 필수적이다. 이 과정은 단순한 행정 절차를 넘어 각국의 법 체계와 경제적 이해가 얽힌 협력의 시험대이기도 하다. 흥미로운 점은 먼저 강력한 제재를 가한 국가의 판단이 다른 나라의 처벌 수준에 영향을 미친다는 것이다. 가장 먼저 움직인 나라가 사실상 국제적인 기준점을 제시하는 셈이다.

대표적인 사례가 글로벌 자동차 부품 카르텔 사건이다. 2008년부터 2014년까지 일본계 덴소(Denso), 독일계 콘티넨탈(Continental)·보쉬(Bosch) 등 세계적인 부품 제조사들은 현대차·기아차 등 완성차 업체의 입찰 과정에서 계기판과 와이퍼 등 핵심 부품의 낙찰 예정자와 가격을 미리 합의했다. 이 담합은 공정위와 미국 법무부(DOJ)의 공조 수사로 적발되었다. 양국 당국은 증거 인멸을 막기 위해 동시에 현장 조사를 진행하고 조사 과정에서 확보한 정보를 공유했다. 그 결과 미국 법무부는 수년에 걸친 광범위한 조사를 통해 관련 기업들에 총 29억 달러, 약 3조 원이 넘는 막대한 벌금을 부과하고 수십 명의 임원을 형사 기소했다. 공정위 역시 뒤이어 조치를 취해 4개 외국계 부품업체에 총 1,146억 8,000만 원의 과징금을 부과했다.

LCD 패널 국제 담합 사건 역시 국제 카르텔의 대표적 사례로 자주 언급된다. 2001년부터 2006년까지 한국과 대만의 초박막 액정표시장치(TFT-LCD) 제조사 10곳은 '크리스털 미팅(Crystal Meeting)'이라 불리는 비밀회의를 열며 LCD 패널의 가격과 공급량을 사전에 조율

미터 담합	와이퍼 담합
① 덴소 그룹 2개 사(일본계) (이하 '덴소') 　- 덴소코퍼레이션 (일본 본사) 　- 덴소코리아일렉트로닉스(덴소코퍼레 　　이션의 자회사, 자동차계량장치 제조회사) ② 콘티넨탈 오토모티브 일렉트로닉스 　　(이하 '콘티넨탈', 독일계 자동차계량장치 　　제조회사)	① 덴소 그룹 2개 사 (일본계) (이하 '덴소') 　- 덴소코퍼레이션 (일본 본사) 　- 덴소코리아오토모티브 (덴소코퍼레 　　이션의 자회사, 와이퍼시스템 제조회사) ② 보쉬전장(독일계 와이퍼시스템 제조회사)

했다. 이들은 세계 LCD 시장의 80% 이상을 장악하고 있었기에 담합은 곧바로 컴퓨터 모니터, 노트북, TV 등 완제품 가격에 직접적인 영향을 미쳤다. 당시 미국 법무부는 자국 내 피해 규모를 고려해 LG디스플레이, 샤프, 추화 등 3개 업체에 총 5억 8,500만 달러, 약 7,800억 원의 과징금을 부과했다. 이 중 LG디스플레이에 부과된 4억 달러, 약 5,300억 원의 과징금은 당시 미국 반독점법 역사상 두 번째로 큰 규모의 형사 벌금이었다. 뒤이어 한국 공정위도 움직였다. 해당 담합에 가담한 10개 사업자에게 총 1,940억 원의 과징금을 부과하며 국제 카르텔 제재의 흐름에 합류했다.

　국제 카르텔은 해상 운송 시장에서도 예외가 아니었다. 자동차 전용 선박(PCC·PCTC)을 운영하는 글로벌 운송 사업자 10개사는 2002년부터 2012년까지 10년 동안 전 세계 노선을 대상으로 시장을 분할하고 운임을 담합했다. 특히 일본의 3대 선사가 시장점유율의 절반가량을 차지하며 담합을 주도했는데 이들은 서로 노선을 침범하지 않기로 합의하고 가격 인하 경쟁을 피했다. 담합의 파장은 GM·르노삼성 등 국내 완성차의 수출입 노선을 넘어 대부분의 수입차 운송 경로로까지 번져나갔다. 공정위는 이들 사업자에게 총 430억 원의 과징금을 부과하고 일부 기업을 검찰에 고발했다. 이 사건은 바다 위의 운송 시장조차 공정 경쟁의 예외가 될 수 없음을 보여준 사례로 남았다.

국경을 초월한 경쟁법의 세계는 복잡하고 역동적이다. 특히 국제 카르텔이나 글로벌 플랫폼 기업의 독점 문제는 이제 어느 한 나라의 힘만으로는 해결하기 어렵다. 시장과 기술이 촘촘히 연결된 시대일수록 국제적 협력과 정보 공유는 선택이 아닌 필수다. 공정위 역시 빠르게 변화하는 디지털 시장의 흐름에 대응하기 위해 다른 경쟁당국과의 공조를 확대하고 있다. 예컨대 클라우드 컴퓨팅 서비스 시장의 경쟁 제한 행위를 분석하기 위해 일본, 프랑스, 네덜란드 등 주요국 당국과 실태조사 결과를 공유하고 공동 대응 방안을 논의하는 등 국제 협력을 강화하고 있다.

디지털 경제 시대의 경쟁 이슈는 플랫폼 독과점에서 인공지능(AI)까지 폭넓다. 이에 대응하기 위해서는 OECD 경쟁위원회와 같은 다자간 협력 채널을 통해 상시적인 정보 교환과 공동 조사 체계를 갖추는 것이 중요하다. 이런 다자간 협력 구조가 구축될 때 글로벌 시장에서의 불공정 행위에 대한 대응력도 비로소 현실적인 힘을 갖게 될 것이다.

국경을 뛰어넘는 국제 기업결합 심사

글로벌 기업결합(M&A)이 성사되기 위해서는 국제적인 승인이라는 높은 장벽을 넘어야 한다. 해당 기업의 본사가 있는 나라뿐 아니라 일정 규모 이상의 매출이나 자산을 가진 기업이 활동 중인 모든 국가의 경쟁당국에 신고하고 심사를 통과해야 하기 때문이다. 이 과정은 단순한 행정 절차가 아니며 각국은 자국의 산업 구조와 이해관계, 그리고 소비자 후생을 종합적으로 저울질하게 된다. 그만큼 글로벌 빅딜의 성패는 각 규제 기관이 내리는 결정에 달려 있다고 해도 과언이 아니다. 실제로 10개국 이상에서 승인을 받아야 하는 대형 M&A의 경우 그중 단 한 나라라도 불승인 결정을 내리면 전체 거래가 무산될 수 있다.

공정위 역시 이러한 글로벌 빅딜의 최종 결정권자 중 하나로 중요한 역할을 수행한다. 공정위는 국내 시장에 미치는 영향을 기준으로 결합을 승인하거나 때로는 강력한 조건으로 사실상 불허하기도 한다. 공정위가 사실상 불허에 가까운 강력한 조치를 내린 대표적 사례는 2018년 독일 린데(Linde)와 미국 프락시스(Praxair)의 합병 건이다. 이들은 글로벌 산업용 가스 시장의 양대 산맥이었다. 공정위는 두 회사가 합병할 경우 국내 일반 산업용 가스 시장과 반도체용 특수 가스 시장에서 압도적인 1위 사업자가 탄생하여 경쟁이 심각하게 저해된다고 판단했다. 이에 공정위는 합병을 승인하는 조건으로 두 회사가 보유한 국내 산업용 가스 공급 사업 부문의 벌크 사업 등 관련 자산 일체를 제3자에게 매각하라는 구조적 조치를 명령했다. 이는 기업의 핵심 자산 매각을 통해 독점 우려를 근본적으로 해소하도록 강제한 것으로, 글로벌 M&A로 인해 국내 시장이 독점화되는 것을 막기 위한 강력한 조치였다. 2023년 마이크로소프트(MS)의 액티비전 블리자드 인수 건은 전 세계 게임 산업에 영향을 미치는 초대형 M&A였다. 미국, 유럽연합(EU), 영국 등 주요국 경쟁당국에서 치열한 심사가 진행되었다. 공정위는 MS가 블리자드의 인기 게임을 자사 콘솔(Xbox)에만 배타적으로 제공하여 국내 콘솔 게임 시장의 경쟁을 제한할 우려가 있는지 중점적으로 심사했다. 심사 결과 공정위는 국내 시장의 경쟁 상황이 해외와 다르다는 점을 고려하여 조건 없이 승인했다. 국내 콘솔과 클라우드 게임 시장에서 MS와 블리자드 합산 점유율이 높지 않고 블리자드 게임의 국내 인기도가 해외만큼 압도적이지 않으며 경쟁 플랫폼이 대체할 수 있는 다수의 게임 개발사가 존재한다고 보았기 때문이다. 이 결정은 각국 경쟁당국의 판단이 자국 시장의 특성과 소비자 후생을 기준으로 다르게 도출될 수 있음을 보여주었다.

앞서도 언급한 대한항공 – 아시아나항공의 합병은 표면적으로는 국내 기업 간 결합이었지만 그 파급력은 국경을 훌쩍 넘어섰다. 국제 항공 노선에 미치는 영향이 워낙 크기 때문에 미국과 유럽연합(EU), 중국, 일본 등 총 14개국 경쟁당국의 승인을 받아야 했다. 합병 이후에도 공정위의 감독은 멈추지 않았다. 공정위는 아시아나항공의 운임 인상에 대해 조건 위반 여부를 심의하고 과징금을 부과했으며 소비자에게 불리할 수 있는 마일리지 통합안을 반려하고 재심사하는 등 지속적인 감독 체계를 이어갔다. 오늘날 글로벌 경쟁당국은 단순한 법 집행 기관을 넘어 자국의 산업 구조와 미래 성장 전략을 결정짓는 경제 외교의 최전선에 서 있다. 대형 M&A의 승인이나 불허, 그 한 번의 결정이 수만 개의 일자리와 기술 주도권, 나아가 국가 산업 생태계의 방향성을 바꿀 수 있기 때문이다. 이러한 이유로 미국과 EU는 자국의 핵심 산업에서 발생하는 합병에 한층 엄격한 잣대를 들이댄다. 표면적으로는 시장 경쟁 보호를 내세우지만 그 이면에는 공급망 안정과 전략 산업 보호라는 명백한 국가 이익이 자리하고 있다. 경쟁당국의 결정은 이제 글로벌 시장에서 규제를 넘어 전략적 도구로 활용되는 시대가 되었다.

공정거래위원회
2동-2

공정거래위원회

2동-1
공정거래위원회

공정거래위원회
FAIR TRADE COMMISSION

CHAPTER

6

• 공정위, 그 이후

• 적과의 동침

• 공정위의 최근 고민들

오늘의 공정위, 내일의 과제

오늘의 공정위, 내일의 과제

▌공정위, 그 이후

3장짜리 의결서가 700쪽짜리 전문서로

공정거래위원회는 「독점규제 및 공정거래에 관한 법률」이 1981년 시행된 이래 한국 경제 질서를 규율하는 경제 헌법의 주체로 자리매김했다. 특히 한국 경제의 고도 성장기 동안 대기업집단을 규제하는 핵심 권한을 행사하며 시장에서 강력한 존재감을 드러냈다.

그러나 시대가 변하고 기업 활동이 글로벌화되었으며 디지털 경제가 도래하면서 공정위의 법 집행 환경과 기업의 대응 방식에도 근본적인 변화가 발생했다. 특히 경쟁의 양상이 과거의 시장점유율 다툼에서 보이지 않는 알고리즘과 데이터 독점 등으로 옮겨갔다. 이러한 새로운 독점 형태는 기존의 법률로 명확히 재단하기 어려우며 기업들 역시 혁신과 소비자 편의를 내세워 규제에 적극적으로 항변하기 시작했다.

과거 공정위의 처분에 비교적 묵묵히 따르던 기업들은 이제 조사 단계부터 적극적으로 법률적 방어에 나서고 최종 결정은 법정에서 다투는 것을 일반적인 절차로 삼고 있다. 앞서 살펴본 SK실트론이나 카카오모빌리티 사건에서 보듯 법원은 공정위의 부당성 판단을 과거보다 훨씬 엄격하게 심사하며 기업의 손을 들어주는 사례도 늘고 있다. 이는 공정위의 권위가 행정 명령 자체에서 나오던 시대가 끝나고, 모든 처분의 정당성을 법정에서 명확한 경제 논리와 데이터로 입증해야 하는 입증의 시대로 완전히 전환되었음을 의미한다.

권위만으로 통하던 시대의 종말

"진짜 진이 다 빠진다."

공정거래위원회 전원회의가 끝나면 심사관들 사이에서 흔히 나오는 말이다. 그럴 만하다는 생각은 심판정에 들어서는 순간 곧바로 느낄 수 있다. 회의장 중앙에는 상임위원과 비상임위원이 배석하고 그 앞으로 양쪽에는 공정위 심판관과 피심인 측 변호인들이 앉는다. 김앤장, 태평양, 광장, 율촌 등 국내 굴지의 로펌 소속 공정거래 전문 변호사들이 빽빽이 자리 잡고 있다. 반대편의 공정위 심사관 쪽은 그에 비해 참으로 단출하다.

양측은 전원회의에서 모든 쟁점을 두고 치열하게 다툰다. 짧게는 몇 시간, 길게는 하루 종일 이어지는 공방 끝에는 피로감이 역력하다. 세월이 흐르면서 기업들의 방어 전략은 한층 정교해졌다. 공정위 초창기만 해도 기업이 이런 식으로 항변하는 모습은 상상하기 어려웠다. 그야말로 공정위의 '라떼 시절'이다.

공정위가 과거 이처럼 강력한 위상을 가질 수 있었던 배경에는 1980년대 후반에 도입된 대기업집단 규제 권한이 있다. 1986년 공정거래법 개정으로 도입된 이 제도는 자산 규모를 기준으로 기업집단을 지정하고 상호출자 금지, 순환출자 규제, 일감 몰아주기 등에 대해 광범위한 규제를 가했다. 당시 공정위의 시정 명령이나 제재는 단순한 법 위반에 대한 처벌을 넘어 정부의 강력한 정책적 결정으로 간주되었다. 기업 부채 비율이 400~500%에 달하던 고도 성장기에는 공정위의 규제가 곧 정부의 정책 의지 그 자체였기 때문에 기업이 정면으로 불복하거나 소송을 제기하는 것은 사실상 어려웠다.

과거 공정위가 내린 처분의 문서, 즉 의결서의 분량은 오늘날과 비교하면 매우 간결했다. 공정거래법 역사상 첫 번째 제재 사례는 1981년 6월의 동양맥주(現 OB맥주) 건이다. 공정위는 동양맥주가 가맹점인 호프집에게 맥주와 안주 가격을 본사가 정한 대로만 팔도록 재판매 가격 유지 행위를 강제한 것을 적발했다. 또한 본사가 지정한 인테리어 업체만 이용하도록 하고 다른 주류 회사의 제품을 취급하지 못하게 한 행위도 문제 삼아 모두 중단하라는 시정권고를 내렸다.

1982년 공정위 의결서

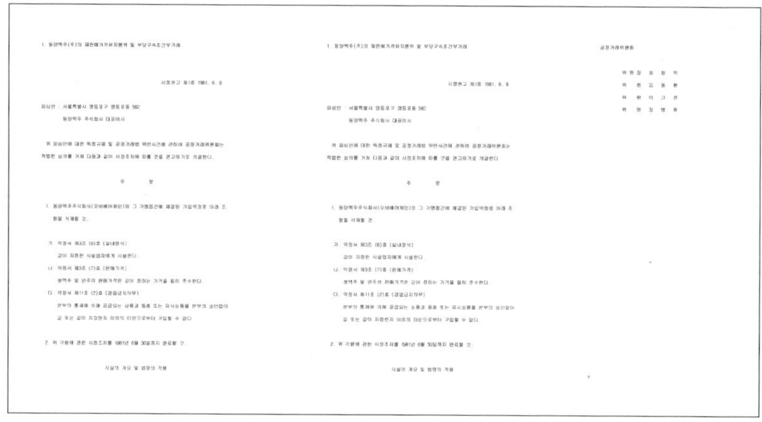

당시 이 사건의 의결서는 표지를 포함해 3장에 불과했으며 실제 내용은 2장에 그쳤다. 이 의결서에는 오늘날의 의결서와 같은 상세한 경제 분석이나 시장 획정의 근거가 포함되지 않았다. 사실상 위반 행위와 조치 결과만 통보하는 수준이었다. 그럼에도 당시 기업들은 공정위 처분을 받아들이는 경우가 보통이었다. 이는 당시 공정위의 판단이 복잡한 법리 다툼을 거치지 않고 최종 결정으로 직결되던 시대적 상황을 보여준다.

이러한 경향은 해외 경쟁당국의 사례에서도 명확히 확인된다. 기업의 규모가 거대해지고 시장이 글로벌화되면서 규제당국의 결정 하나하나가 치명적이고 중대한 결과로 이어지기 때문이다. 최근 대표적인 사례는 유럽연합 집행위원회(EC)와 거대 기술 기업들 간의 끊임없는 충돌이다. EU 집행위원회는 구글(Google)에 대해 안드로이드 운영체제, 구글 쇼핑, 광고 등 각기 다른 사안으로 수십억 유로에 달하는 과징금을 부과했다. 구글은 이 모든 처분에 불복해 EU 사법재판소에 항소했으며 이는 10년 가까이 이어진 법정 공방으로 이어졌다. 이 과정은 한국 공정위가 해운 담합 사건에서 700쪽짜리의 방대한 의결서를 준비했듯, EU 집행위원회 역시 한 치의 빈틈도 없는 법적 논리와 경제 분석 자료를 축적하도록 만들었다.

이빨빠진 호랑이, 언론 플레이

최근 기업들은 공정위의 처분에 불복해 행정소송을 제기하는 경우가 많아졌다. 공정위의 판단이 타당한지 법원의 검토를 받겠다는 것이다. 이러한 경향은 공정위에도 변화를 가져왔다. 공정위 역시 법정에서 기업을 상대로 처분의 정당성을 입증해야 하므로 각 쟁점에 대한 법률적 논리를 과거보다 훨씬 탄탄하게 구축해야 한다.

이러한 변화는 공정위의 최종 결정문인 의결서에서 드러난다. 의결서의 분량이 크게 늘어난 것이다. 대표적으로 해운 담합 사건 관련 의결서는 그 분량이 약 700쪽에 달했다. 여기에는 단순히 법 위반 사항을 적시하는 것을 넘어 시장 획정의 기준과 판단 근거, 담합 판단을 뒷받침하는 증거 자료, 그리고 경쟁 제한 효과에 대한 정교한 경제학적 분석까지 포함된다. 사실상 법원에 그대로 제출해도 무방할 수준의 증거와 논리를 사전에 서면으로 준비하는 셈이다.

기업들의 대응 방식 역시 현저하게 달라졌다. 과거 기업들이 공정위 결정에 대해 주로 내부적으로 이의를 제기하는 소극적 방식에 머물렀다면 현재는 조사 단계부터 적극적인 언론 대응과 여론전을 펼치는 경우가 적지 않다.

▌쿠팡의 뉴스룸

대표적인 사례로 2024년 쿠팡의 검색 순위 조작 의혹 사건을 들 수 있다. 공정위가 쿠팡을 조사하는 과정에서 쿠팡은 자사 뉴스룸을 통해 혐의를 정면으로 반박했다. 쿠팡은 이런 의혹에 대해 "법 위반 행위가 아니며 PB 상품을 규제하는 것은 역차별"이라는 논리를 적극적으로 공표했다. 이처럼 조사가 진행 중인 사안에 대해 기업이 선제적으로 여론전에 나서자 공정위가 이례적으로 해명 자료를 배포하며 대응하는 상황이 벌어지기도 했다. 이는 통상 조사 중인 사안은 외부에 공개하지 않는다는 공정위의 대외비 원칙이 흔들릴 정도의 공방이었다.

기업이 이처럼 공세적으로 대응하는 배경에는 주주들의 이해관계도 자리 잡고 있다. 예를 들어 쿠팡의 모회사인 Coupang, Inc.처럼 해외 증시에 상장된 기업에게 공정위의 제재는 기업 가치에 직접적인 영향을 미치는 중대한 정보다. 수천억 원대의 과징금이 부과될 수 있는 사안임에도 경영진이 소극적으로 대응한다면 주주들은 경영진의 책임을 묻는 집단 소송 등을 제기할 수 있다.

미국에서는 연방거래위원회(FTC)와 메타(Meta) 간의 법적 다툼이 상징적이다. 2020년 FTC는 메타가 2012년 인스타그램과 2014년 왓츠앱을 인수한 것이 반경쟁적이라며 이미 수년 전에 승인했던 인수를 무효로 하고 기업을 분할하라는 소송을 제기했다. 이는 과거의 결정을 뒤집는 초유의 소송으로, 메타의 기업 구조 자체를 위협하는 사안이다. 메타 역시 "FTC가 혁신을 가로막고 과거의 규칙을 소급 적용한다"고 강력히 반발하며 법적 다툼을 이어가고 있다. 이는 기업의 생존과 직결된 사안일수록, 그리고 주주가치에 막대한 영향을 미칠수록 기업의 대응이 얼마나 치열해질 수 있는지 보여준다.

결국 이런 현상은 기업의 적극적인 언론 대응과 불복 소송은 규제에 대한 방어권 행사이자 주주에 대한 의무를 다하는 경영 활동의 일환이기도 하다. 전 세계 시장이 국경 없이 연결되면서 한 국가의 규제당국이 내린 결정이 국제적인 법률 분쟁으로 이어질 수 있는 시대가 된 것이다.

법원으로 가자, 이제 소송은 기본

이제 공정위의 처분이 사실상 최종 결론으로 받아들여지던 시기는 지났다. 이제는 기업이 공정위 처분에 불복해 행정소송을 제기하는 것이 보편화되었다. 2024년 통계에 따르면 공정위가 내린 시정명령, 과징금 등 행정 처분 사건 4건 중 1건(소 제기율 24.4%)이 법정 다툼으로 이어진다.

　소송이 증가하는 배경은 명확하다. 기업 규제 강화로 과징금 규모가 수천억 원대에 이르는 사건이 등장하면서 소송을 통해 과징금을 일부라도 줄일 수 있다면 얻는 경제적 이익이 소송 비용을 압도하기 때문이다. 실제로 2020~2024년 5년 동안 공정위가 소송에서 패소하거나 일부 패소하여 기업에 돌려준 과징금 환급액이 가산금을 포함해 3,780억 원을 넘어선다. 기업들은 막대한 소송 비용을 지불하더라도 과징금의 일부를 환급받을 수 있다는 기대를 갖고 법원으로 향하는 것이다.

　소송의 일상화는 국내 법률 시장의 전문화를 촉진했다. 김앤장, 태평양, 율촌, 세종, 광장 등 국내 주요 대형 로펌들은 공정거래 사건만을 전담하는 전문팀(Competition Group)을 운영하는 것이 기본이 되었다. 이들 전문팀은 국제적인 경쟁법 전문 매체에서 최고 등급인 '엘리트 팀(Elite Team)'으로 선정될 만큼 전문성을 인정받고 있다. 특히 첨단 디지털 경제 분야의 복잡한 사건을 다루기 위해 이들은 법률 전문가뿐만 아니라 경제학자와 산업 전문가까지 팀에 배치한다. 시장 지배력 분석과 경쟁 제한성 판단 등 고도의 경제 분석을 통해 공정위의 논리를 반박하는 것이다. 공정위를 상대로 조직적이고 전문화된 방어 논리를 펼치는 이들의 등장은 공정위와 기업 간의 다툼이 고도로 전문화된 법률적·경제적 공방으로 변화했음을 의미한다.

　공정위는 이들 대형 로펌의 방대한 전문 인력과 비교할 때 상대적으로 인력과 예산이 부족한 실정이다. 플랫폼 독과점이나 알고리즘 조작 등 고도로 정교한 사건을 분석해야 하는 경제 분석 전담 인력은 10명 미만에 불과하다. 이는 영국 경쟁시장청(CMA)이 약 80명, 독일 경쟁당국이 40여 명의 경제학 박사를 배치해 국 단위 조직을 운영하는 것과 크게 대비된다.

이러한 인력 열세 속에서도 공정위는 법정 다툼에서 높은 승소율을 유지하고 있다. 2024년 법원 판단이 최종적으로 확정된 전체 사건은 총 91건이었고 공정위는 이 중 83건(일부 승소 포함)에서 승소하여 91.2%의 승소율을 기록했다. 전부승소율만 놓고 보더라도 82.4%로 높은 수준이다. 따라서 공정위는 소송에서 지지 않기 위해 사건 처리의 초기 단계인 조사와 경제 분석에 모든 역량을 집중할 수밖에 없다. 법원에서 경제적 논리를 완벽하게 입증하기 위해 조사 기간은 길어지고 처분 근거를 담은 의결서 분량은 수백 페이지에 달하게 된다.

이에 따라 공정위는 만성적인 인력난과 조사 지연 문제를 근본적으로 해소하고 갈수록 고도화되는 시장 환경에 대응하기 위해 대대적인 조직 개편과 인력 확충에 나선다. 주병기 공정거래위원장은 취임 후 첫 기자간담회에서 디지털 경제 전환과 민생경제 회복 지원을 목표로 총 167명 규모의 인력을 증원하겠다는 청사진을 제시했다.

이번 조직 개편에서 가장 눈에 띄는 대목은 경제분석 기능의 대폭 강화다. 공정위는 기존 카르텔조사국 산하에 있던 경제분석과를 조사관리관 직속으로 격상하고 인공지능(AI)·데이터·경제 분석 및 디지털 포렌식을 담당할 전문 인력 23명을 보강하기로 했다. 이는 그동안 개별 사건 처리에 급급해 상대적으로 지원 부서 성격에 머물렀던 경제 분석 기능을 공정위 사건 처리의 핵심 축으로 격상시키겠다는 의지로 풀이된다. 특히 경제분석과가 조사국을 총괄하는 조사관리관 직속으로 편제되면 담합 사건뿐만 아니라 독과점 남용 행위나 기업결합 등 경제학적 입증이 필수적인 모든 사건에 대해 초기 단계부터 보다 체계적인 분석 지원이 가능해진다. 앞서 언급한 바와 같이 법원에서 공정위 처분의 정당성을 인정받기 위해서는 치밀한 경제

분석이 필수적이다. 이번 조치는 공정위가 법리적 싸움에서 밀리지 않기 위해 자체적인 데이터 분석 역량과 경제학적 논리 개발 능력을 획기적으로 높이겠다는 승부수로 해석된다.

새로운 경쟁법 시대의 무게

그럼에도 여전히 공정위는 시장의 공정성을 확립하는 강력한 경제 규제 및 감독기관이다. 그러나 기업의 소송 제기가 보편화되고 법정 다툼이 증가하는 환경 변화 속에서 공정위는 규제 기관의 역할뿐만 아니라 법원에서 자신이 내린 처분의 정당성을 적극적으로 입증해야 하는 주체의 역할까지 요구받는다.

대규모 로펌의 변호사들을 동원하여 전문적인 법률 공방을 펼치는 기업들을 상대로 공정위는 1차적으로 대규모 소송 대응 인력과 예산 부담이라는 과제를 안게 되었다. 특히 거대 로펌들이 법률 전문가뿐만 아니라 경제학자, 산업 전문가까지 동원하여 조직적인 방어 논리를 구축하면서 공정위는 처분의 기초가 되는 경제 분석의 정교함과 정확성을 더욱 높여야 하는 시대적 요구에 직면한다.

이러한 환경 변화는 단순히 소송 대응의 문제를 넘어 공정위가 규제기관으로서 전문성을 근본적으로 강화해야 하는 절박한 필요성을 제기한다. 복잡하고 빠르게 변하는 디지털 경제 시대에 플랫폼 독과점이나 알고리즘 조작 같은 고도로 정교한 사안들을 다루기 위해서는 법률적 해석 능력과 더불어 경제 분석 역량이 필수적인 핵심 요소가 되었다.

이에 따라 공정위는 부족한 경제 분석 전담 인력과 조직 구조를 확충하고 디지털 시장에 대한 깊이 있는 이해를 바탕으로 법과 경제학이 결합된 입증 논리를 개발하고 있다. 결국 소송 부담의 증가는 공정위에 전문적 역량을 질적으로 향상시켜 규제기관으로서의 위상과 권위를 재정립하라는 시대적 요구를 반영한다. 공정위는 이러한 다중적인 부담 속에서 조직 역량 강화에 집중하고 있다.

적과의 동침

전관예우의 유혹

공정위의 결정은 여전히 기업집단의 운명을 좌우할 만큼 강력한 영향력을 행사하기 때문에 공정위 고위 공직자나 실무진이 퇴직 후 규제 대상이던 기업이나 이들을 변호하는 대형 로펌으로 이직하는 현상은 지속적인 사회적 논쟁의 대상이 된다.

어제까지 시장의 공정성을 위해 규칙 위반을 판정하던 심판이 오늘부터는 그 심판의 판정을 뒤집는 방법을 연구하는 신수의 진략가가 되는 것이다. 이들은 결국 퇴직 후 공정위를 상대로 법률 다툼을 벌이는 위치에 서게 된다. 이러한 전관의 이동은 공정위와 기업 간의 법적 공방을 근본적으로 복잡하게 만든다. 규제당국이 보유했던 전문 지식과 전략적 노하우가 곧바로 기업의 방어 논리로 활용되기 때문이다. 로펌과 기업이 공정위 출신 인력을 영입하는 목적은 단순한 인맥 활용을 넘어 공정위 내부의 전략적 통찰력과 절차적 노하우를 확보하는 데 있다.

이들은 공정위가 특정 담합이나 시장지배적 지위 남용 사건을 조사할 때 어떤 법리를 적용하고 제재 수위를 어떻게 결정하는지 그 내부 논리를 파악하고 있다. 또한 최종 의사 결정 기구인 전원회의의 분위기나 위원들의 성향, 사건 심의의 주된 쟁점 등 공식적으로 드러나지 않는 절차적 정보까지 제공한다. 이러한 정보의 가치는 실제 데이터로도 확인된다. 국회에 제출된 자료를 보면 2013년부터 2023년 8월까지 공정위 퇴직자 가운데 취업심사 대상자는 57명이고, 이 중 대기업으로 재취업한 인원은 32명(56.1%), 법무법인으로 재취업한 인원은 12명(21.1%)으로 집계되었다. 당시 함께 공개된 자료에 따르면 공정위 고위직 출신으로 5대 로펌에 재취업한 10명의 평균 연봉은 공직자 시절의 평균 1억 2,735만 원 대비 6.1배 증가한 평균 7억 7,514만 원에 달하는 것으로 분석됐다. 이는 기업과 로펌이 이들의 규제 전문성과 경험에 얼마나 높은 경제적 가치를 부여하는지 명확히 보여준다.

공정위 입장에서는 내부 노하우와 전략이 외부에 노출되어 규제 역량이 약화되는 것을 우려한다. 실제로 공정위는 이미 노출된 전략을 보완하기 위해 끊임없이 새로운 조사 기법과 법리적 대응 방안을 개발해야 하는 부담을 안는다. 이는 불필요한 행정 비용을 증가시키는 요인이다. 나아가 기업의 불공정 행위를 감시하던 공직자가 퇴직 후 해당 업계로 이동하는 현상은 그 자체로 대중에게 공정성 논란을 일으킨다. 퇴직자가 사실상 기업의 방패막이 역할을 하는 것으로 비칠 수 있기 때문이다. 이처럼 규제당국과 피규제기관이 서로의 전문성을 흡수하고 방어하는 과정이 반복되면서 양측 모두의 법적 대응 비용만 증대시키는 규제 군비 경쟁(Regulatory Arms Race)이 심화되는 것이다.

취업제한 3년의 울타리

'점심 한 끼 하자'고 만난 공정위 고위 공직자의 첫인사에서는 긴장감이 감돈다. 표정은 친절하지만 안경 너머 눈빛에는 날이 서 있기도 하다. 평생 기업을 감시해 온 직업적 특성이 몸에 밴 탓이다. 그러나 사적인 대화에서 가족 이야기가 나오면 그 날 선 눈빛은 이내 부드러워진다. 그 역시 한 가정의 구성원이기 때문이다. 이들의 의외의 고민은 밥벌이에 있다. "아이들 공부할 때 도서관에 따라가서 자격증을 하나 땄다"고 말하는 이도 있다. 고위 공직자의 고민으로는 어울리지 않게 들릴 수 있으나 그 고민은 진지하며 가까운 미래에 닥칠지 모르는 퇴직 이후의 삶과 맞닿아 있다. 실제로 고위 공직자가 퇴직 뒤 가장 먼저 마주하는 것은 재취업 제한 제도다. 「공직자윤리법」은 전관예우나 이해충돌, 부정청탁을 막기 위해 퇴직 공직자가 곧바로 직무와 관련된 기업·법인·단체에 들어가는 것을 금지한다.

이 제도의 목적은 공무 수행이 퇴직 후의 사적 이익으로 연결되는 고리를 차단하는 데 있다. 현행법상 4급 이상의 일반직 공무원 등 취업심사 대상자는 퇴직일로부터 3년간, 퇴직 전 5년 동안 소속했던 부서나 기관의 업무와 밀접한 관련이 있는 기관에 취업할 수 없다. 이는 일정 규모 이상의 사기업, 법무법인 등에 적용되며 이들의 재취업을 원칙적으로 제한하는 것이 제도의 핵심이다.

그러나 이 제도는 실효성이 낮다는 비판에 꾸준히 직면한다. 공직자윤리위원회의 취업심사가 사실상 형식적으로 운영되어 통과가 어렵지 않기 때문이다. 실제 공정위 퇴직 고위 공직자들이 공직자윤리법상 취업심사를 거쳐 재취업한 사례를 분석한 결과 95%가 퇴직 후 6개월 이내에 승인을 받았으며 35%는 불과 한 달여 만에 취업이 승인된 것으로 나타났다. 이는 공직자윤리위원회가 업무 연관성이 있더라도 재취업을 승인하는 경우가 많음을 시사한다. 3년이라는 제한 기간이 실질적인 장벽으로 작동하지 못한다는 지적이 나오는 이유다.

제도를 우회하는 주된 경로는 고문(Advisor) 직책이다. 취업심사를 통과해 대기업으로 재취업한 공정위 고위직 출신 상당수는 고문 직책을 맡는다. 표면적으로는 전문성을 활용한 자문 역할이지만 실질적으로는 법적 대리 업무보다는 대관(對官) 활동이나 내부 정보 파악에 중점을 두는 경우가 많다. 이처럼 고문 직책은 전문성 활용이라는 명분을 내세워 사실상 전관예우의 통로로 활용된다는 비판을 받을 수도 있다.

▌취업제한 제도의 현황

또 다른 핵심적인 취약점은 전문 자격증 소지자에 대한 예외 규정이다. 변호사, 공인회계사 등의 자격증 소지자가 자신의 자격과 관련된 법무법인, 회계법인 등에 취업할 때는 원칙적으로 취업 심사를

면제받을 수 있다. 이 규정으로 인해 공정위 근무 경력이 있는 변호사가 별도 심사 없이 곧바로 대형 로펌의 공정거래팀으로 이직하는 사례가 다수 발생하며, 이는 제도의 근본적인 허점으로 지적된다.

이러한 공정성 논란에 대응하기 위해 공정위는 자체적인 신뢰 회복 방안을 마련하여 시행하고 있다. 대표적으로 퇴직자의 재취업 이력을 10년간 공개하도록 하고 있으며, 퇴직자와 현직자가 사건과 관련하여 사적으로 접촉하는 행위를 전면 금지하는 등의 내부 규정을 강화했다.

다른 나라는 어떨까

미국과 유럽연합(EU)은 경쟁당국 퇴직자의 회전문 인사(Revolving Door)가 시장의 공정성을 해칠 수 있다는 점을 직시하고 이를 방지하기 위해 매우 정교하고 강력한 이중 잠금장치를 운용하고 있다. 미국의 핵심은 기간이 아니라 사건이다. 미국 법무부 반독점국(DOJ Antitrust Division)과 연방거래위원회(FTC)는 「연방윤리규정(Federal Ethics Regulation)」을 통해 고위 공직자의 퇴직 후 활동을 입체적으로 제한한다. 가장 큰 특징은 평생 금지(Lifetime Ban) 조항이다. 퇴직자가 재직 중 직접적이고 실질적으로 관여했던 특정 사건이나 사안에 대해서는 퇴직 후 기간과 상관없이 평생 반대편을 대리할 수 없다. 또한 일반적인 로비 활동도 엄격히 통제된다. 고위직은 퇴직 후 1년간 친정 조직에 연락하는 것 자체가 금지되며(No-contact rule), 2년간은 자신이 감독했던 영역의 사안에 관여할 수 없다. 만약 이를 넘어 로비스트로 활동하려면 「로비 공개법(Lobbying Disclosure Act)」에 따라 자신의 의뢰인과 활동 내역을 낱낱이 등록해야 한다. 이는 "숨을 수는 있어도 숨길 수는 없다"는 미국의 투명성 철학을 보여준다.

EU는 형식적 취업이 아닌 영향력 행사를 검증한다. 유럽연합 집행위원회(EC)는 퇴직 관료의 전문성이 기업의 방패막이로 변질되는 것을 막기 위해 냉각기(Cooling-off Period) 제도를 촘촘하게 운영한다. 집행위원은 2년(전직 위원장은 3년), 고위직은 1년 동안 로비 활동이 제한된다. EU 제도의 백미는 독립윤리위원회(Independent Ethical Committee)의 실질적 심사다. 단순히 기간만 채우면 되는 것이 아니라 퇴직자가 민간으로 이직할 때 그 직무가 과거 공직과 이해충돌을 일으키는지 정밀 검증한다. 여기에는 EU 전체를 뒤흔든 뼈아픈 반성문이 자리 잡고 있다. 바로 2016년 여름을 달궜던 '바호주 게이트(Barroso Gate)'다. 사건의 주인공은 2004년부터 10년간 EU 집행위원장을 지내며 유럽의 대통령으로 불렸던 조제 마누엘 바호주(Jose Manuel Barroso)였다. 그는 퇴임 후 미국 최대 투자은행인 골드만삭스의 비상임 회장으로 자리를 옮겼다. 당시 골드만삭스는 2008년 글로벌 금융위기의 원인 제공자 중 하나로 지목받던 곳이었고 바호주는 그 위기를 수습했던 소방수였다. 소방수가 방화범의 고문으로 들어간 격이니 유럽 사회가 발칵 뒤집힌 것은 당연했다. 게다가 당시는 영국의 EU 탈퇴, 즉 브렉시트(Brexit) 국면이었기에 전직 수장이 친정인 EU를 상대로 협상의 칼을 겨누는 모양새가 되었다. 흥미로운 점은 바호주가 규정을 어기지 않았다는 점이었다. 당시 EU 규정상 퇴직 후 냉각기(Cooling-off Period)는 18개월이었고, 바호주는 20개월이 지난 시점에 이직했다. 법적으로는 완벽했다. 하지만 유럽 시민들은 법적 정당성 뒤에 숨은 도덕적 해이를 용납하지 않았다. EU 직원들조차 "규정은 지켰을지 몰라도 공직자의 고결함 의무를 저버렸다"며 반발했고 15만 명이 넘는 시민들이 그의 연금 박탈을 요구하는 청원서에 서명했다. 이 사건은 "법적인 시간만 채우면 영혼을 팔아도

되는가"라는 묵직한 질문을 던졌고 결국 EU는 집행위원장의 냉각기를 3년으로 대폭 늘리고 윤리위원회의 실질적 심사를 강화하는 계기로 삼았다.

조제 마뉴엘 바호주(Jose Manuel Barroso) 前 EU 집행위원장

반면 한국은 제한보다 예외가 더 넓은 문이 되었다. 앞서 본대로 한국 역시 공직자윤리법을 통해 퇴직 후 취업 제한 제도를 두고 있지만 미국·EU와 비교하면 그물망이 헐겁다. 미국이 직접 맡았던 사건의 영구적 배제를 원칙으로 삼는 것과 달리 한국은 부서의 업무 연관

성이라는 다소 포괄적인 기준을 적용하면서도 취업 승인이라는 예외 조항을 통해 빠져나갈 구멍을 열어두었다. 미국과 EU가 이해 충돌의 차단에 방점을 둔다면 한국은 직업 선택의 자유와 전문성 활용이라는 명분 아래 규제의 실효성이 약화된 셈이다. 이는 결과적으로 규제하던 자가 규제받는 자의 방패가 되는 모순적 상황을 합법적으로 용인하는 결과를 낳고 있다는 지적이 나온다.

공정위 밖의 또 다른 공정위

공정위 퇴직자의 민간행을 바라보는 시선은 따뜻하지만은 않다. 하지만 감정적 비난을 잠시 접고 시장 효율성의 관점에서 본다면 이들의 이동이 반드시 사회적 해악인 것만은 아니다. 구조적인 긍정론, 즉 인적 자원의 사회적 최적 배분이라는 시각이 존재하기 때문이다.

첫째, 퇴직 관료는 기업 내부에서 준법 경영의 내비게이터(navigator) 역할을 수행할 수 있다. 경쟁법은 법조문의 해석만큼이나 당국의 집행 의도와 정책 방향을 읽는 것이 중요하다. 수십 년간 규제 칼자루를 쥐어본 이들은 기업이 신사업을 추진할 때 어디에 규제 지뢰가 묻혀 있는지 누구보다 정확히 안다. 이러한 전문성이 기업의 공정거래 자율준수 프로그램(CP)과 결합할 때 그 효과는 배가된다. 단순히 과징금을 피하는 기술을 전수하는 것이 아니라 "이런 식의 가격 설정은 담합으로 오해받을 소지가 크다"고 사전에 경고함으로써 위법 행위를 미연에 방지하는 것이다. 즉, 전관이 로비스트가 아닌 내부 통제관으로 작동한다면 사회 전체적으로는 위법 비용을 줄이고 시장의 예측 가능성을 높이는 순기능을 낳는다. 둘째, 규제당국과 피규제 기관 간의 메기 효과(catfish effect)를 통한 동반 성장이다. 로펌과 대기업으로 자리를 옮긴 전관들이 공정위의 논리를 파고들며 정교한 방어 논리를 개발하면 공정위 역시 이에 대응하기 위해 더 날카로운 창을 갈 수밖에 없다. 실제로 최근 대형 로펌들이 공정위 출신 경제 분석 전문가들을 대거 영입해 시장 획정이나 경쟁 제한성 입증 과정에서 고도화된 경제학적 논리를 제시하자 공정위 또한 내부 경제분석과를 강화하고 디지털 포렌식 역량을 키우는 등 조직 역량을 강화했다. 앞서 지적한 규제 군비 경쟁(regulatory arms race)의 단점도 있지만 결과적으로는 대한민국 경쟁법 집행 수준 전체를 글로벌 스탠다드로 끌어올리는 촉매제가 될 수도 있다. 대형 로펌들이 공정위 국장 출신 영입을 단순한 인맥 과시가 아닌 최고 수준의 리스크 관리 역량 확보로 홍보하는 이유가 여기에 있다.

물론 이러한 순기능은 투명성이라는 토대 위에서만 유효하다. 전관의 전문성이 음성적인 청탁이나 사건 무마에 쓰인다면 앞서 언급

▎퇴직 공지자 취업 사실 공개

□ 공개 방법

ㅇ 공정위 홈페이지(www.ftc.go.kr)에 게시

□ 취업 내역

연번	퇴직 당시				취업 사실	
	이름	소속	직위 (직급)	퇴직일	업체명	취업(예정)일
1	ㅇㅇㅇ	공정거래위원회	5급	2025.3.5.	법무법인(유) 화우	2025.3월
2	ㅇㅇㅇ	공정거래위원회	부위원장	2017.1.24.	엔피씨(주)	2025.4월
3	ㅇㅇㅇ	공정거래위원회	5급	2025.3.17.	법무법인 세종	2025.6월
4	ㅇㅇㅇ	공정거래위원회	5급	2025.4.10.	쿠팡(주)	2025.6월
5	ㅇㅇㅇ	공정거래위원회	5급	2025.4.21.	김·장 법률사무소	2025.6월
6	ㅇㅇㅇ	공정거래위원회	부위원장	2022.6.4.	김·장 법률사무소	2025.6월

한 모든 장점은 단순한 궤변이 된다. 다행히 공정위 역시 이러한 우려를 불식시키기 위해 노력하고 있다. 현재 공정위는 홈페이지를 통해 퇴직 공직자의 재취업 현황을 주기적으로 투명하게 공개하고 있으며 사건 처리 과정에서 퇴직자와의 사적 접촉을 금지하는 등 자체적인 방화벽을 높여가고 있다.

결국 핵심은 퇴직자의 발을 묶는 것이 아니라 그들의 전문성이 흐르는 물길을 양지로 돌리는 것이다. 무조건적인 취업 금지보다는 취업 심사의 내실화와 이력의 투명한 공개를 통해 그들이 전관 변호사가 아닌 최고 준법 책임자(CCO)로서 시장의 공정성을 지키는 파수꾼 역할을 하도록 유도하는 시스템적 설계가 필요하다.

▌ 공정위의 최근 고민들

2025년 11월, 주병기 공정거래위원장은 첫 출입기자 간담회를 통해 그동안 무성했던 조직 개편 논의에 마침표를 찍는 구체적인 청사진을 내놓았다. 핵심은 공정위 역사상 유례를 찾기 힘든 대규모 인력 보강이다. 공정위는 민생경제 회복 지원과 디지털 경제 전환에 대응하기 위해 조사·심의·데이터 분석 인력 등 총 167명을 증원하겠다는 계획을 공식화했다. 이는 대통령이 취임 초 지시했던 공정위 역할 강화론이 단순한 선언을 넘어 실질적인 집행력의 확충으로 구체화되었음을 의미한다. 이미 앞서 본대로 이번 개편안은 상임·비상임위원 증원 2명을 통한 심의 병목 해소, 디지털 경제 대응을 위한 경제분석과의 국 단위 격상, 그리고 을(乙)의 눈물을 닦아줄 가맹유통심의관 신설 등 기능별 전문성을 강화하는 내용이 촘촘히 담겼다.

　무엇보다 이번 발표에서 가장 피부에 와닿는 변화는 경인사무소(경기·인천지방공정거래사무소)의 신설이다. 이를 이해하기 위해서는 먼저 기존 지방사무소의 기형적인 관할 구조를 짚고 넘어갈 필요가 있다. 현재 공정위는 서울, 부산, 광주, 대전, 대구 등 5개 지방사무소를 운영하고 있다. 문제는 이들의 관할 구역이 경제적 현실이나 지리적 접근성과 동떨어져 있었다는 점이다. 특히 서울사무소는 대한민국 경제 활동의 심장부인 서울, 인천, 경기도를 모두 담당하는 것도 모자라 지리적으로 멀리 떨어진 강원도까지 관할해왔다. 광주사무소 역시 전라남북도 외에 바다 건너 제주특별자치도까지 맡고 있는 실정이다. 이러한 비현실적인 행정 경계는 행정력 낭비와 현장 대응력 약화라는 부작용을 낳았다. 실제로 서울사무소는 전체 신고 사건의 약 60%를 도맡아 처리할 정도로 업무가 폭주해왔고 이는 곧 수도권 사건의 처리 지연과 민원인들의 불편으로 이어졌다. 이에 공정

취임 후 첫 기자 간담회를 갖는 주병기 공정거래위원장

위는 이번 개편을 통해 서울사무소에서 경기·인천 지역 업무를 떼어내 별도의 경인사무소를 신설하고, 여기에 50명의 인력을 투입하기로 결정했다. 이는 단순히 행정 구역을 쪼개는 차원의 문제가 아니다. 인구와 경제 활동이 집중된 경기·인천 지역을 전담하는 조직을 통해 해당 지역의 대규모 유통업 사건이나 불공정거래 행위를 신속하게 조사하고 행정 서비스의 품질을 획기적으로 높이겠다는 의지의 표명이다.

이제 남은 과제는 이 거대한 조직이라는 하드웨어를 어떻게 정책 역량이라는 소프트웨어로 채울 것인가 하는 점이다. 총 167명이라는 숫자는 공정위 조직 규모를 고려할 때 엄청난 변화다. 하지만 조직도상의 빈칸을 채운다고 해서 하루아침에 규제 역량이 저절로 생겨나지는 않는다. 예산안이 국회를 통과하여 올해 1분기에 개편이 실행되더라도 당장 167명의 준비된 전문가를 일시에 확보하는 것은 불가능에 가깝기 때문이다. 따라서 성공적인 조직 확대를 위해서는 정교한 인적 자원 운용의 묘(妙)가 필수적이다. 첫째, 과도기적 공백을 메울 기존 인력의 전략적 재배치다. 신규 인력이 업무에 적응하고 제몫을 하기까지는 상당한 숙련 기간이 필요하다. 이 기간 동안 공정위의 칼날이 무뎌지지 않도록 하려면 베테랑 조사관들을 핵심 부서와 신설 조직의 허리에 배치하여 업무의 연속성을 유지하고 노하우를 전수하는 시스템이 가동되어야 한다. 둘째, 신규 충원 인력의 질적 (Qualitative) 관리다. 정부 부처 간 인력 조정 과정에서 타 부처의 잉여 인력이나 비효율적인 인력을 단순히 숫자 채우기 식으로 받아들이는 것은 경계해야 한다. 공정거래 사건은 법리와 경제 분석이 결합된 고도의 전문 영역이다. 무늬만 공무원인 인력이 아니라 기업의 복잡한 장부를 파헤치고 디지털 증거를 분석할 수 있는 실질적 조사 역량을 갖춘 똑똑한 인재를 선별하여 수혈해야 한다. 만약 이번 증원이 단순히 관료 조직의 몸집 불리기에 그친다면 그것은 시장의 혁신을 가로막는 또 다른 비효율을 낳을 것이다.

결국 이번 조직 확대는 공정위가 시장경제의 파수꾼으로서 덩치에 걸맞은 실력을 증명해야 할 시험대다. 167명이라는 숫자가 단순한 인력 증가가 아니라 공정하고 자유로운 시장 경쟁을 위한 사회적 투자였음을 증명하는 것은 오롯이 공정위의 몫으로 남았다.

조사와 정책 분리, 성공인가 실패인가

공정거래위원회는 설립 40주년을 맞은 지난 2023년, 조직의 골격을 완전히 뜯어고치는 대대적인 개편을 단행했다. 이번 개편의 핵심 철학은 기능의 분업화다. 기존에는 하나의 국 내에서 정책 수립과 사건 처리를 모두 담당하던 혼합형 구조였다. 이를 법령과 고시 등 규제의 틀을 짜는 정책 기능과 현장에서 증거를 확보하고 위법성을 입증하는 조사 기능으로 철저히 분리한 것이다. 이는 입법과 집행의 역할을 명확히 구분함으로써 각 영역의 전문성과 업무 효율성을 극대화하려는 목적이었다.

먼저 기능 분리가 가져온 즉각적인 효용은 조사 속도의 향상이다. 과거 조사관들은 사건을 처리하다가도 국회 대응이나 정책 보고서 작성 등 행정 업무에 수시로 불려 다녀야 했다. 하지만 조사 전담 부서가 신설되면서 조사관들은 오로지 현장 조사와 증거 분석에만 몰입할 수 있게 되었고 이는 사건 처리 기간 단축이라는 가시적 성과로 이어졌다. 이러한 변화는 글로벌 경쟁법 집행의 흐름과도 맞닿아 있다. 조사를 담당하는 부서와 최종 판정을 내리는 심판(의결) 기능 간의 독립성을 강화하는 것은 절차적 정당성(Due Process)을 확보하는 필수 조건이다. 공정위는 조사 부서와 심판 부서 간 인사 이동을 제한하고 기록물 관리를 강화하는 등 한국형 절차적 공정성을 확립하기 위한 제도적 장치를 겹겹이 쌓아 올리고 있다.

그러나 빛이 강하면 그림자도 짙은 법이다. 행정학에서 경계하는 전형적인 사일로 효과(Silo Effect, 조직 간 장벽)가 정책과 조사 사이에서도 감지되고 있다. 가장 치명적인 문제는 현장과 정책의 괴리(Decoupling)다. 시장은 살아있는 생물처럼 매일 진화한다. 특히 디지털 경제에서는 어제의 규제가 오늘은 무용지물이 되기 십상이다. 현장의 조사관들은 기업들의 교묘한 회피 전략이나 새로운 불공정 행태를 가장 먼저 목격하는 최전선의 감시자들이다. 과거에는 이들이 바로 정책을 입안했기에 현장의 경험이 즉각적으로 고시 개정이나 법령 보완으로 이어지는 피드백 루프(Feedback Loop)가 작동했다. 하지만 기능이 분리되면서 정책 부서는 책상 위의 이론에 갇히고 조사 부서는 기계적 법 적용에만 매몰될 위험이 커졌다. 이는 마치 자동차를 설계하는 엔지니어가 직접 운전을 해보지 않은 채 도로 위에서 발생하는 실제 결함을 설계도에 반영하지 못하는 상황과 유사하다. 물론 공정위도 정기적인 내부 회의와 수시 의견 교환으로 간극을 메우려는 노력을 하고 있는 상황이지만 충분치 않다는 내부 평가도 있다.

통합과 분리 사이의 이 지점에서 우리는 해외 경쟁 당국의 고민을 참고할 필요가 있다. 유럽연합 집행위원회(EC) 산하기관인 유럽연합 경쟁총국(DG COMP)의 경우 여전히 사건 담당팀이 정책적 판단까지 포괄적으로 수행하는 경우가 많다. 이는 사건을 통해 축적된 깊은 산업 이해도를 정책에 반영하기 위함이다. 반면 미국은 연방거래위원회(FTC) 내에서도 경제 분석과 법률 집행 기능을 전문화하여 운영한다. 한국 공정위가 택한 기능 분리 모델이 성공하려면 단순히 부서를 나누는 것에 그쳐서는 안 된다. 정책 부서가 현장의 맥락을 놓치는 순간, 규제는 시장의 현실과 동떨어진 갈라파고스식 규제가 되어 실효성을 상실할 수 있기 때문이다.

현재 공정위는 이러한 구조적 딜레마를 해결하기 위해 고심하고 있다. 기능은 나누되 정보는 막힘없이 흘러야 한다. 조사 부서가 발견한 신종 위법 행위 유형이 실시간으로 정책 부서에 공유되고 정책 부서의 규제 철학이 조사 현장의 지침으로 녹아드는 체계적인 정보 공유 채널 구축이 시급하다. 결국 조직 개편의 성패는 물리적 분리를 넘어선 화학적 결합에 달려 있다. 조직도는 나뉘었을지라도 공정한 시장 질서 확립이라는 목표를 향해 정책의 뇌와 조사의 손발이 유기적으로 작동하는 시스템을 안착시키는 것, 그것이 앞으로 공정위의 진짜 과제다.

'우리 만났어요', 외부인 접촉신고

공정거래위원회는 경제 검찰이자 1심 법원의 기능을 수행하는 준사법기관이다. 이러한 막강한 권한은 필연적으로 로비의 표적이 되기 쉽다. 이에 2018년 문재인 정부 시절, 당시 김상조 공정거래위원장의 주도로 공정위 역사상 가장 강력한 윤리 규정인 외부인 '접촉신고제'가 도입되었다.

이 제도의 핵심은 투명성이다. 공정위 직원이 대기업 관계자나 법무법인 변호사 등 이해관계자와 접촉할 경우 그 일시와 장소, 대화 내용을 의무적으로 기록하고 5일 이내에 감사담당관에게 보고해야 한다. 이는 과거 가습기 살균제 사건 처리 과정 등에서 불거진 전관예우 논란과 로비 의혹을 원천 차단하고 바닥에 떨어진 조직의 신뢰를 회복하기 위한 고육지책이었다. 효과는 즉각적이었다. "기록에 남는다"는 부담감 때문에 음성적인 청탁 시도를 억제하는 강력한 기제가 되었고 비공식적인 만남이 현저히 줄어드는 등 청렴성 확보라는 소기의 목적은 성공적으로 달성되었다는 평가를 받았다. 직원 입장에서도 부당한 유혹으로부터 자신을 보호할 수 있는 방파제가 생긴 셈이었다.

하지만 제도가 정착되면서 예상치 못한 부작용이 수면 위로 떠올랐다. 바로 소통의 단절이었다. 촘촘하게 짜인 보고 의무는 공무원들로 하여금 "오해살 일은 아예 만들지 말자"는 위축된 관료주의를 낳았고 이는 시장과의 대화 자체를 위축시키는 결과를 초래했다. 특히 문제가 된 것은 속도전이 생명인 신산업 분야다. AI나 플랫폼 시장은 하루가 다르게 비즈니스 모델이 바뀐다. 책상에 앉아 문헌만 보아서는 도저히 이해할 수 없는 복잡한 기술적 이슈들이 넘쳐난다. 과거에는 실무자들이 업계 관계자를 만나 생생한 현장 이야기를 들으며 감각을 익혔지만 접촉신고제 이후 만남 자체가 부담스러워지면서 공정위의 현장 감각은 급격히 무뎌졌다는 평가가 나온다. 업계에서는 "공정위가 시장 트렌드를 책으로만 배운다"는 볼멘소리가 터져 나왔다. 공정위가 급변하는 산업 동향을 한발 늦게, 그것도 간접적으로만 파악하게 되면서 현실과 동떨어진 탁상공론식 규제가 만들어질 수 있다는 우려가 있는 것이다. 부패는 막았을지 몰라도 시장의 혁신을 읽는 눈마저 가려버린 셈이다.

윤석열 정부 들어 한기정 위원장 체제에서는 이러한 문제의식을 반영하여 변화를 모색하기도 했다. 공정위가 세상과 단절된 갈라파고스가 되었다는 비판을 수용해 시장과의 소통 복원을 명분으로 규정 완화 방안을 원론적으로 검토해본 것이다. 하지만 기존에 나온 우려의 장벽을 넘지 못해 실질적 논의조차 못한 채 별다른 진전을 보이지 못했다. 2025년 10월, 공정위의 시계바늘은 다시 '원칙'으로 돌아 갔다. 새로 취임한 주병기 위원장은 국회 국정감사장에서 "내부 기강 확립 차원에서 신고 제도를 다시 활성화할 필요가 있다"며 규정 유지 입장을 분명히 했다. 이는 매우 상징적인 장면이다. 주 위원장 역시 소통 위축이라는 부작용을 모르지 않는다. 하지만 준사법기관으로서 공정위가 지켜야 할 최후의 기준은 결국 공정성과 신뢰라는 판단을 내린 것이다. 이는 소통의 효율성을 위해 투명성을 희생할 경우 조직 의 존립 근거 자체가 흔들릴 수 있다는 위기감이 반영된 결정으로 해 석됐다.

결국 공정위는 지금 청렴과 소통이라는 두 마리 토끼를 사이에 두고 위태로운 줄타기를 하고 있다. 논점은 명확하다. 투명성을 높이 기 위해 벽을 높이면 소통이 막히고, 소통을 위해 문을 넓히면 청렴 성이 흔들리는 구조적 딜레마(dilemma)다. 청렴의 유리벽은 외부의 유혹으로부터 조직을 보호하는 단단한 방패가 되었지만 그 벽이 높 아질수록 시장을 바라보는 공정위의 시야도 함께 좁아지는 역설을 낳았다. 앞으로의 과제는 이 제도를 유지하면서도 공식적인 간담회 나 공개된 세미나 등 투명한 소통 채널을 어떻게 다양화하여 현장과 의 괴리를 메울 것인가에 달려 있다. 공정위가 고립된 성(castle)에 갇 히지 않고 시장과 호흡하기 위해서는 규제라는 칼자루를 쥐되 귀는 항상 열어두는 정교한 균형 감각이 그 어느 때보다 중요하다.

법을 읽는 법관, 시장을 읽는 법관

공정위의 과징금 부과나 시정명령에 기업이 불복하면 해당 행정 소송은 서울고등법원 공정거래전담재판부에서 1심으로 다뤄진다. 그러나 이 전담부 판사들이 경쟁법이라는 특수 분야의 전문성을 갖추기 어려운 구조적 문제가 있다. 판사는 법률 해석의 전문가지만 경쟁법은 단순한 법 조문 해석을 넘어 시장 구조와 경제 원리에 대한 깊은 이해를 요구하는 영역이다. 현행 제도상 전담재판부 판사들이 2년 단위로 순환 근무하는 구조에서는 이러한 복합적 전문성을 축적하기 어렵다. 이러한 순환보직 인사는 판사들이 경쟁법 특유의 경제 분석 논리를 깊이 습득할 기회를 제한한다. 이러한 구조는 결국 판결의 일관성을 저해하고 법적 예측 가능성을 흔드는 요인으로 작용한다. 기업으로서는 담당 판사의 성향에 따라 승패가 달라질 수 있다는 불확실성을 안게 된다.

경쟁법은 본질적으로 법의 언어로 쓰이지만 경제학의 논리로 작동하는 법이다. 그러나 사법부가 조문과 절차의 문법으로만 경쟁법을 해석하려 할 때 법원이 시장의 작동 원리를 이해하지 못하는 구조적 간극이 발생한다. 이 문제를 가장 선명하게 보여주는 사례가 앞서도 언급한 '해운 담합 사건'이다. 해운사들은 「해운법」에 따라 해양수산부에 운임 공동 결정 사실을 신고했으므로 불법이 아니라고 주장했다. 「해운법」이라는 특별법에 따른 행위이므로 일반법인 「공정거래법」의 적용을 받지 않는다는 논리였다. 서울고등법원은 이 주장을 받아들였다. 핵심 논리는 '특별법 우선의 원칙(lex specialis derogat legi generali)'이었다. 즉, 해운사가 「해운법」상 신고 절차를 거쳤다면 해당 행위는 이미 행정적으로 통제된 것이므로 공정위의 제재는 이중규제에 해당한다고 판단했다. 이 판단은 전통적인 법체계 해석상 흠결이 없을 수 있으나 경쟁법의 기능과 시장 효과에 대한 이해가 빠져 있었다. 법원은 "「해운법」상 신고 절차가 존재한다"는 형식적 사실에 집중했다. 그러나 시장의 실질을 보면 23개 해운사가 장기간 운임을 공동으로 조정하여 화주(貨主)의 선택권이 사라지고 운송비가 비정상적으로 상승했다. 이는 명백한 담합의 결과였지만 재판부는 이를 행정절차의 완비 여부로만 판단했다. 즉, 신고했는가를 따졌을 뿐 경쟁이 훼손되었는가를 묻지 않았다. 공정거래법의 핵심은 합의라는 행위 자체가 아니라 그 합의가 시장 가격과 구조에 미치는 경쟁제한 효과에 있다. 법원이 이러한 효과를 분석하지 못하면 공정거래법은 단순한 행정법으로 전락한다.

경쟁법을 경제학의 문법으로 읽는다는 것은 기업 간 정보 교환이 가격 발견 기능을 왜곡했는지, 공동 운임이 시장 진입 장벽을 강화했는지, 궁극적으로 소비자 후생이 감소했는지를 실질적으로 분석하는 것이다. 경제적 인과관계를 법리적 논증으로 전환하지 못한 채 형식적 요건에 머무른 판결은 법적 정당성을 갖추었을지 몰라도 시장의 정의는 놓치게 된다.

사법부가 플랫폼 기업의 손을 잇따라 들어준 것은 나름의 고민도 있다. 그 이면에는 알고리즘을 통한 혁신과 경쟁 제한 사이에서 아슬아슬한 줄타기를 해야 하는 사법부의 깊은 고뇌가 자리 잡고 있는 것이다. 2025년 5월, 카카오모빌리티의 '콜 몰아주기' 사건에서 서울고등법원은 배차 알고리즘 변경을 "서비스 품질을 유지하고 이용자 만족도를 높이기 위한 합리적인 경영 판단"으로 볼 여지가 있다고 판단하며 271억 원의 과징금 처분을 취소했다. 소비자의 승차 거부를 줄이고 배차 성공률을 높이려는 플랫폼의 서비스 개선 노력을 무턱대고 경쟁 제한 행위로 단정할 수 없다는 것이다. 이어 2025년 10월, 네이버 검색 알고리즘 조작 사건에 대한 대법원의 파기환송 판결 역시 궤를 같이한다. 대법원은 네이버가 자사 스마트스토어를 우대할 의도가 있었음은 일부 인정하면서도 그 알고리즘 조정이 다른 오픈마켓의 노출을 줄여 시장 경쟁을 부당하게 제한했는지에 대한 인과관계가 명확히 입증되지 않았다고도 보았다.

이 판결들은 현행 공정거래법이 디지털 경제 시대에 직면한 구조적이고 법리적인 한계를 적나라하게 드러낸다. 전통적인 산업 구조에 맞춰진 사후 규제(Ex-post regulation) 방식에서는 규제 당국이 기업 위법성의 인과관계를 완벽히 입증해야만 한다. 하지만 수억 건의 데이터가 실시간으로 상호작용하는 거대 플랫폼의 알고리즘 블랙박스 안에서 특정 로직의 변경이 혁신 유인 등 순수한 서비스 개선을 위한 것인지 경쟁사 배제를 위한 것인지 무 자르듯 분리해 내기란 불가능에 가깝다. 공정위는 수년에 걸쳐 이 복잡한 인과관계를 경제학적으로 증명하려 고군분투하지만 사법부의 엄격한 입증 책임 기준 앞에서는 그 규제 칼날이 번번이 꺾일 수밖에 없는 구조적 모순에 갇힌 것이다.

바로 이 지점에서 유럽연합(EU)이 도입한 '디지털 시장법(DMA)'의 존재 이유가 명확해진다. EU는 일찌감치 개별 사건마다 위법성을 증명해야 하는 사후 규제 방식으로는 알고리즘 쏠림 현상(Tipping)의 속도를 도저히 따라잡을 수 없다는 사실을 깨달았다. DMA는 압도적인 지배력을 가진 플랫폼을 게이트키퍼(Gatekeeper)로 사전 지정하고, 알고리즘을 통한 자사 우대나 끼워팔기 등의 행위를 애초에 금지 조항(Don'ts)으로 못 박아버렸다. 규제 당국이 경쟁 제한성을 사후에 일일이 입증해야 하는 무거운 짐을 벗어던지고, 플랫폼이 사전에 정해진 공정성의 룰을 지키도록 판을 완전히 바꾼 것이다.

결국 대한민국 사법부의 최근 판결들은 역설적이게도 현행 행정 처분이 지닌 사후적 한계를 증명하고 있다. 보이지 않는 알고리즘 뒤에 숨어 혁신으로 포장된 플랫폼의 사익 추구를 효과적으로 통제하기 위해서는 개별적 입증 책임의 늪에서 벗어나 EU식 사전 규제

(DMA) 모델 도입 등 경쟁법의 규제 패러다임 자체를 근본적으로 재설계해야 할 시점이 도래했다.

미국이나 유럽연합(EU) 등 주요 선진국은 경쟁법 분야에 전담 판사를 배치하거나 전문법원을 운영하여 법리 해석의 일관성과 전문성을 유지한다. 공정위가 조직과 전문성을 아무리 강화하더라도 최종 판단을 내리는 사법부가 경쟁법의 특수성을 반영하지 못하면 규제의 실효성은 확보될 수 없다. 공정위의 모든 집행은 결국 법원의 사법통제를 받기 때문에 법원 단계에서 경제학적 이해가 부족하여 판결이 뒤집히면 법적 안정성은 훼손된다. 따라서 사법부 내의 경쟁법 전문성 강화는 경쟁당국 개혁의 최종 과제로 남는다.

마치며

이 책은 '경쟁법은 어렵고 재미없는 분야'라는 기자의 막막한 선입견에서 시작됐다. 독자 여러분과 함께 이 길고 치열한 시장의 속살을 들여다본 지금, 그 생각이 얼마나 큰 오해였는지, 그리고 이 법이 우리의 일상과 얼마나 가까이 숨쉬고 있었는지 함께 공감할 수 있기를 바라본다.

우리는 이 책에서 라면과 아이스크림 가격 뒤에 숨겨진 수십 년간의 은밀한 합의를 봤고 '갑질'이라는 단어로 상징되는 대리점 밀어내기와 가맹점주 단체 활동 방해 등 힘의 불균형이 만든 불공정도 목격했다. 또한 총수 일가의 사익을 위해 계열사가 동원되는 일감 몰아주기와 통행세 징수, 그리고 고도의 금융 기법으로 포장된 변칙적 지원 등 한국 경제 특유의 재벌 규제 작동 방식도 깊이 있게 들여다봤다. 전통적인 산업의 낡은 관행뿐만 아니라 거대 플랫폼 기업들이 알고리즘과 데이터, 그리고 막강한 시장 지배력을 이용해 어떻게 새로운 방식의 독점을 구축하는지 그 최전선도 확인했다.

무엇보다 이 책은 시장의 반칙 행위 자체만큼이나 이를 단속하는 시장의 심판자들에 주목하고자 했다. 우리는 공정거래위원회라는 시장의 심판이 결코 전능하지 않다는 현실을 마주했다. 수백억 원의 과징금을 둘러싼 싸움은 이제 행정소송이라는 연장전으로 가는 것이 기본이 됐고 공정위는 부족한 인력으로 국내 최고 엘리트 로펌들의 막강한 방어 논리와 싸워야 한다. 때로는 산업 보호라는 논리 뒤에 숨은 다른 정부 부처의 노골적인 반발에 맞서 외로운 파수꾼이 되기도 했다.

설령 이 모든 과정을 통과하더라도 공정위의 결정은 경쟁법의 특수성을 이해하지 못하는 사법부의 벽에 부딪혀 좌초되기도 했다. 시장을 읽는 법관이 아닌 법만 읽는 법관 앞에서는 경쟁제한 효과라는 경제적 실질은 행정 절차라는 형식 논리에 밀려 힘을 잃기도 했다. 공정위 내부의 딜레마도 명확했다. 퇴직 후 기업과 로펌으로 향하는 회전문 인사는 심판과 선수의 경계를 흐리게 만들었고 청렴성을 위한 외부인 접촉 금지는 시장의 목소리를 막아 공정위를 갈라파고스 섬처럼 고립된 조직으로 만들 수 있다는 역설도 확인했다.

이처럼 복잡다단한 경쟁법의 세계를 기록하는 일은 쉼없이 돌아가는 시장의 속도를 활자라는 정적인 그릇에 담아내려는 분투의 과정이었다. 집필이 막바지에 다다른 시점에서도 정책 환경은 요동쳤다. 이재명 정부의 국무회의 테이블에는 공정위의 강제조사권 부활과 조사 권한 강화 방안들이 실시간으로 올라왔고 부처 업무보고가 진행될 때마다 기존의 쟁점 위에 새로운 해석이 덧대어졌다.

어제의 팩트가 오늘의 구문(舊聞)이 되는 상황 속에서 '최신성을 어디까지 담보할 것인가'는 집필 내내 우리를 괴롭힌 가장 큰 딜레마였다. 최신 이슈를 하나라도 더 반영해 완성도를 높이고자 했던 욕심은 불가피하게 탈고 시점을 늦추는 원인이 됐다. 변화의 속도를 따라잡으려다 보니 자칫 책의 출간 자체가 무산될 수도 있겠다는 위기감마저 들었다. 결국 우리는 완벽한 최신성보다는 치열했던 논의의 흐름을 기록하는 데 방점을 찍기로 했다. 현시점에서 노트북을 덮는 것은 더 이상의 수정이 무의미해서가 아니라 지금 이 순간에도 살아 움직이는 시장의 변화를 인정하기 때문이다. 이 책에 담기지 못한 이후의 전개와 그에 대한 비판적 판단은 이제 시장 참여자인 독자들의 몫으로 남겨두고자 한다. 제한된 지면과 집필 시점의 한계로 인해 미처 다루지 못한 부분에 대해서는 독자 여러분의 넓은 양해를 구한다.

　결국 시장의 규칙은 법전 안에 박제된 문자로만 완성되지 않는다. 거대 기업의 담합과 독점, 불공정 행위는 시대에 따라 모습을 바꿀 뿐 결코 사라지지 않는다. 스탠다드 오일에서 구글과 아마존에 이르기까지 경쟁을 제한하려는 유혹은 언제나 존재해왔다. 이 책을 통해 독자들이 시장 경제가 어떻게 작동하는지, 그리고 공정한 경쟁이라는 가치가 왜 중요한지 다시 한번 생각하는 계기가 되기를 바란다. 경쟁법은 법률가나 경제학자만의 전유물이 아니다. 시장을 살아가는 우리 모두가 이 복잡한 싸움을 이해하고 시장의 심판자들을 감시할 때 비로소 공정한 경쟁이라는 가치는 선언이 아닌 현실이 될 수 있다. 이 책이 그 감시와 이해를 위한 작은 디딤돌이 되기를 바란다.

참고문헌

경제개발협력기구(OECD), 〈선박 운송에서의 경쟁 정책 – 최종 보고서(Competition Policy in Liner Shipping – Final Report)〉

경제정의실천시민연합, 〈국내 주요 대기 집단의 공정거래 위반 현황〉(2013.3.5)

경향신문, 〈[단독] 공정위 출신 상당수가 대기업·로펌행…"법조·대기업 카르텔에 일조하나"〉(2023.10.15)

경향신문, 〈'LPG 판매가격 담합' 6개사 과징금 6689억〉(2009.12.3)

경향신문, 〈'비료 가격 담합' 손배 소송, 농민들이 이겼다〉(2020.11.01)

경향신문, 〈공정위 "네이버 총수는 이해진" 결론…'재벌'로 규제 시작〉(2017.09.03)

경향신문, 〈공정위, 주유소 가격담합 조사〉(2009.9.24)

경향신문, 〈공정위가 '삼성합병' 처분 주식을 1000만주→500만주로 줄여준 이유는?〉(2017.05.24)

경향신문, 〈기업 담합 피해 소비자들, 손해 배상 받을까〉(2017.6.1)

경향신문, 〈이해진 공정위 찾은 이유 알고 보니 …"네이버는 재벌과 달라, 소유·경영 분리된 새 기업 지배구조 인정해야"〉(2017.08.16)

경향신문, 〈플랫폼 횡포, 갑을관계가 아니라 독점이 문제…KDI "규제 틀 바꿔야"〉(2025.10.22)

공정거래위원회·한국개발연구원(KDI), 〈공정거래10년(경쟁정책의 운용성과와 과제)〉

국민일보, 〈'세종청사의 외딴섬' 된 공정위, 조직 개편 후에도 외부 접촉 20% 줄었다…집계 이래 2번째로 적어〉(2023.07.18)

국민일보, 〈'외딴섬' 공정위, 외부인 접촉 더 줄어〉(2023.07.20)

국민일보, 〈공정위 작년 과징금 8038억… 대형담합 늘어 역대2번째 규모〉(2017.5.9)

국민일보, 〈공정위가 밝힌 네이버 알고리즘 조작 5가지 사례〉(2020.10.06)

국회입법조사처, 〈EU의 온라인 플랫폼 시장 불공정거래행위 규율 강화〉(2020)

금융위원회, 〈은행 담합 사건 관련 보도설명자료〉(2024.11.4)

김앤장 법률사무소, 〈대리점법, 가맹거래법 및 하도급법 개정안 통과〉

김지홍·윤동영, 〈대규모 기업집단 지정제도의 문제점과 개선방안에 관한 소고〉, 『경쟁법연구 48권』(2023)

나라경제 2007년 5월호, 〈'동의명령제'로 기업부담↓ 소비자피해구제·행정효율성↑, 손인옥〉

뉴스1, 〈'부당 내부거래' 셀트리온에 과징금 4.3억…"특수관계인에 부당 이익"〉(2024.12.03)

뉴스1, 〈'차명회사 보고누락' 정몽진 KCC회장, 벌금 7000만원 확정〉(2022.04.19)

뉴스1, 〈공정위, '삼성물산-제일모직 합병 가이드라인' 개정 착수〉(2017.12.13)

뉴스1, 〈공정위원장 "쿠팡 김범석 '동일인' 지정 여부 다시 조사"〉(2025.12.30)

뉴스1, 〈마이크로소프트-액티비전 블리자드 기업결합 신고서 공정위 접수〉(2022.04.14)

뉴스1, 〈플랫폼법·단통법 규제 권한 충돌 우려…방통위·공정위 "꾸준히 의견 조율 중"〉(2024.02.14)

뉴스핌, 〈판촉비 떠넘긴 롯데·신세계 등 4대 아울렛에 과징금〉(2023.11.26)

뉴스핌, 〈한기정 공정위원장 "40년만에 조직개편, 새로운 공정위로 거듭날 것"〉(2023.03.29)

뉴스핌, 〈힘세지는 '재계 저승사자' 공정위…플랫폼국 신설 주목〉(2025.6.9)

뉴시스, 〈[대기업, 변해야 산다⑤] 대 최악의 담합 사례는?〉(2012.5.28) 역

뉴시스, 〈'퀄컴 1조원대 과징금 확정'…공정위의 역대 10위 사건은?〉(2023.4.15)

뉴시스, 〈공정위 강제조사권에 엇갈린 시선…"제도화 필요" vs "부작용 우려"〉(2025.12.13)

뉴시스, 〈공정위 비상임위원직이 부업?…4년여간 전원회의 불참 89차례〉(2024.8.7)

뉴시스, 〈공정위, 40년 만에 조직 개편…'조사·정책' 분리해 전문성 제고〉(2023.03.10)

뉴시스, 〈공정위, MS '블리자드' 인수 무조건 승인…"경쟁제한성 없어"〉(2023.05.30)

뉴시스, 〈공정위에 강제조사권?…강제력 '기대' 속 유연성 '우려' 공존〉(2025.12.10)

뉴시스, 〈공정위원장 "삼성 합병후 주식처분 靑요구 안 받았다"〉(2017.06.02)

뉴시스, 〈동일인 지정 피한 쿠팡 김범석…두나무도 '법인' 동일인〉(2024.05.15)

뉴시스, 〈이 대통령 "공정위 조사 불응시 과징금 검토…경제제재 장치 마련"〉(2025.12.9)

대외경제정책연구원, 〈경쟁정책의 국제규범화〉(2001)

동아일보, 〈EU, 구글에 4.8조원 과징금… 트럼프 "무역법 301조로 보복"〉(2018.7.19)

동아일보, 〈공정위 인력 확충 나선다…플랫폼-대기업 갑질 조사 속도낼듯〉(2025.06.08)

동아일보, 〈남양유업 '물량 밀어내기' 과징금, 124억서 5억으로…왜?〉(2015.07.05)

동아일보, 〈보험이율 담합 16개 생보사에 3653억 과징금〉(2011.10.15)

동아일보, 〈李 "하도급 불공정, 재판 가봐야 집유…과징금 대대적 부과해야"〉(2025.12.9)

로리더, 〈공정위 전관 '법조 이권 카르텔' 우려…변호사 취업제한 예외 손봐야〉(2023.10.24)

매일경제, 〈5년간 공정위 고위공직자 20명 대기업·대형로펌 재취업…공피아 전관예우 여전〉(2016.06.26)

매일경제, 〈공정위, 이재용·신동빈 총수지정〉(2018.05.01)

매일경제, 〈작년 대형 담합사건 잇달아…공정위, 과징금 8천억 부과〉(2017.5.9)

매일경제, 〈태광 '회장님표 김치' 강매…공정위, 과징금 22억 부과〉(2019.06.17)

매일일보, 〈K-해운, "공정위 해운 공동제재는 생존권 위협 조치"〉(2025.06.10)

머니투데이, 〈그때는 '적법', 지금은 위법?…기업들 'TRS 거래' 초비상〉(2025.05.19)

머니투데이, 〈삼성, "물산합병 시 공정위 특혜 없었다" 공식 반박〉(2017.02.09)

머니투데이, 〈이재명 대통령, 공정위에 "조사 불응 기업에 경제제재 장치 마련하라"〉
　　(2025.12.9)

머니투데이, 〈李 대통령 "공정위에 '강제조사권' 부여 검토"…왜?〉(2025.12.10)

문화일보, 〈신문협회, '뉴스 무단 이용' 네이버 상대로 공정위 제소 추진〉(2025.02.17)

문화체육관광부 보도자료, 〈확률형 아이템 표시 의무 위반하면 최대 3배 배상, 「게임산
　　업법」 일부개정법률 공포안 국무회의 의결〉(2025.01.21)

미디어오늘, 〈'삼성 뇌물' 진상규명 '방해'한 고위공직자들〉(2017.08.24)

법과 기업 연구, 〈'동일인'관련 제도의 개선방안에 대한 연구, 전찬수〉(2022)

법률신문, 〈'폐점 후 재개점'으로 거리제한 어긴 편의점 프랜차이즈, 법원 'CU 가맹계약
　　조항 무효' 판결〉(2024. 4. 22)

법무법인 세종, 〈TFT-LCD 국제카르텔 사건〉(2011.11.10)

법원도서관, 〈라면가격 담합사건[대법원 2015. 12. 24. 선고 주요판례]〉(2015.12.29)

비즈한국, 〈고법, 남양유업 '면죄부' 판결 논란…대법원行〉(2015.02.06)

비즈한국, 카카오모빌리티, 과징금 1000억 부과에도 '역부족' 지적 나오는 까닭〉
　　(2024.10.08)

서강대학교 법학연구소, 〈한·미 FTA상 경쟁관련 분야 및 동의의결제, 강정희〉

서울경제, 〈솜방망이 처벌 논란에 금융사 과태료·과징금 최대 5배까지 올린다〉
　　(2016.5.26)

서울경제, 〈징역 대신 돈으로 책임…담합 땐 과징금 최대 100억〉(2025.12.30)

서울경제, 〈韓 공정위 경제분석 인력, 英·美 10분의 1 불과…韓 고작 7명 '과 단위'〉
　　(2025.05.15)

서울대학교 아시아연구소, 〈표준 경쟁으로 보는 세계패권 경쟁: 미국의 패권, 일본의 좌
　　절, 중국의 도전〉

서울신문, 〈'일감 몰아주기' 대한항공 조원태 부사장 검찰고발〉(2016.11.27)

서울신문, 〈'쿠팡 사태' 계기…공정위, 강제조사권 도입 검토〉(2025.12.19)

서울신문, 〈네이버에 칼 뺀 공정위… "쇼핑·동영상 검색 조작" 267억 과징금〉
　　(2020.10.06)

서울신문, 〈산업계 '욕받이' 된 공정위, 제재 내렸다 하면 갈등〉(2022.1.29)

서울신문, 〈플랫폼 규제 주무부처 경쟁 과기부까지 가세 '삼파전'〉(2021.10.21)

서울신문, 〈플랫폼 사업자 '자사 서비스 우대' 첫 제재〉(2020.10.07)

세계일보, 〈공정위 '4대은행 LTV 담합' 재심사 명령…"사실관계 추가 확인을 위한 것"〉
(2024.11.21)

세계일보, 〈공정위 조사 거부한 기업들 떨고 있나…李 대통령, 과징금 등 제재 방안 지시〉
(2025.12.9)

세계일보, 〈공정위, 현직·퇴직자 사적접촉 전면 금지…문제는 실천〉(2018.08.20)

세계일보, 〈오너 계열사 부당지원 셀트리온 과징금 4.3억〉(2024.12.04)

세계일보, 〈李 "망하겠다 생각들면 (불법) 반복하겠나"…공정위, 과징금 부과 체계 강화
착수〉(2025.12.9)

시장경제학회, 〈공정거래법 개정안, 21세기 변화된 경제 환경에 적합한가?〉

아시아경제, 〈[사설]소비자피해 징벌적 배상제 도입해야〉(2012.1.25)

아시아경제, 〈[이슈분석] 올리브영 과징금 18억 두고 갑론을박 지속되는 이유〉
(2023.12.17)

아시아경제, 〈K-POP 아이돌 재계약, '마의 7년' 징크스 깼다〉(2021.07.20)

아시아경제, 〈공정위 외부인 접촉 금지 '흐지부지'…"원점부터 재검토해야"〉(2019.09.26)

아시아경제, 〈공정위, LPG 담합 과징금 6689억원 부과〉(2009.12.2)

아시아경제, 〈공정위, 대주주 악용 우려 RSU 올해부터 공시 의무화〉(2024.04.16)

아이뉴스24, 〈공정위, 3년만에 또 KCC 정몽진 '경고'…대기업집단 지정자료 허위제출〉
(2024.10.14)

연합뉴스, 〈'1천700억 배임·횡령' 짐 벗은 신동빈…법원 "경영상 판단"〉(2017.12.22)

연합뉴스, 〈'퀄컴 1조원대 과징금 확정'…공정위의 역대 10위 사건은?〉(2019.12.3)

연합뉴스, 〈"최근 10년간 김앤장에 재취업한 경제분야 공직자 100명 넘어"〉(2022.06.29)

연합뉴스, 〈2020년 이후 확정판결 486건 전수 분석…공정위 과징금 환급액 2천억원 넘
어〉(2025.08.30)

연합뉴스, 〈EU, 대한항공-아시아나 기업결합 최종승인…내달 합병 마무리〉(2024.11.28)

연합뉴스, 〈공정위 LTV담합 제재추진에…이복현 "금융안정 침해 소지"〉(2025. 5. 20)

연합뉴스, 〈공정위 강제조사권 확보 검토…"EU에선 영장·과징금 둘다 가능"〉(2025.12.19)

연합뉴스, 〈공정위 심판관리관 70% 로펌行…변호사는 취업제한 없어〉(2017.05.29)

연합뉴스, 〈공정위 접촉보고 누락 2020년 75명→작년 9명으로 급감 왜?〉(2025.09.15)

연합뉴스, 〈공정위, 담합기업에 과징금 '폭탄'〉(2009.12.02)

연합뉴스, 〈공정위, 산업용 가스업체 獨린데·美프렉스 합병 조건부 승인〉(2018.10.03)

연합뉴스, 〈공정위원장 "김범석 동일인 지정, 김유석 경영 참여 살펴야"〉(2025.12.31)

연합뉴스, 〈김범석, 쿠팡 '동일인' 지정될까…공정위 측 "면밀히 살펴볼 것"〉(2025.12.29)

연합뉴스, 〈김상조 공정위원장, 첫 전원회의 주재…직접 사건 심의〉(2017.6.28)

연합뉴스, 〈담합 과징금 40억→100억원으로 올린다…불공정거래 제재 강화〉(2025.12.30)

연합뉴스, 〈대한항공, '일감 몰아주기' 공정위 과징금 소송 최종 승소〉 (2022.05.23)

연합뉴스, 〈맘스터치, 점주협의회 활동 이유로 계약해지 '갑질'…공정위 제재〉(2024.01.31)

연합뉴스, 〈웰스토리 부당지원 삼성에 2천300억 과징금…최지성 고발〉(2021.06.24)

연합뉴스, 〈학원들 허위광고 철퇴…공정위, 9곳 18억 과징금〉(2023.12.10)

연합뉴스, 〈李 대통령, '해수부 부산이전 신속준비 · 공정위 충원안 마련' 지시〉(2025.06.05)

연합뉴스, 〈李대통령, 쿠팡 언급하며 "과태료 현실화해야…강제조사권 검토"〉(2025.12.09)

외교부, 〈[정보통신정책] EU 집행위의 디지털시장법(DMA) 집행 동향〉(2024.10.25)

외교부, 〈EU 집행위, 일본 자동차부품업체 등 6개사의 카르텔에 대해 과징금 155백만
    유로 부과〉(2017.03.27)

외교통상부, 〈미국/EU 경쟁법 및 관련제도 비교 연구〉

이민희 · 박상진, 〈구글 안드로이드 앱 선탑재 행위에 관한 경쟁법적 고찰, 한국경쟁법학
    회〉(2019)

인포스탁데일리, 〈공정위, 이마트24에 1억4,500만원 과징금 부과〉(2024.02.21)

자본시장연구원, 〈불공정거래규제 관련 주요 제도 변화와 향후 과제〉

전기신문, 〈공정위 퇴직공무원 대기업 · 로펌 이직多…'법조 이권 카르텔' 우려〉
    (2023.10.24)

전자신문, 〈공정위 불복소송 패소율 9%…과징금 환급액 2000여억〉(2025.08.31)

전자신문, 〈퀄컴, 시장지배적지위 남용 과징금 1조 311억 확정〉(2023.4.13)

정부조달우수제품협회, 〈담합과 리니언시〉

조선비즈, 〈'비료값 담합' 집단소송 8년 만에…법원 "농민들에 39억원 배상"〉(2020.10.30)

조선비즈, 〈'이건 되고, 저건 안 되고'… 공정위가 세운 'TRS 원칙' 보니〉(2025.07.28)

조선비즈, 〈공정위 작년 승소율 91.2%… '전부 승소'는 82.4%로 역대 최고〉(2025.02.06)

조선비즈, 〈대법원, '960억대 해운사 담합 인정' 첫 판결〉(2025.05.18)

조선비즈, 〈한진 총수로 조원태 지정한 공정위 "주요 의사결정 내릴 사람"〉(2019.05.15)

조선비즈, 〈李 대통령 "공정위, 과징금 대대적으로 부과해야…경제 운명 달렸다"〉
    (2025.12.9)

조선일보, 〈'독과점 플랫폼' 규제법 무산…공정위, 업계 반발에 백지화〉 (2024.09.09)

조선일보, 〈'자산 5조'인 대기업 지정 기준, 'GDP와 연동'으로 변경〉(2024.02.09)

조선일보, 〈'심야 영업 강요' 이마트24에 공정위 과징금…'단순 명의 변경' 시 가맹금도 문제〉(2024.02.21)

조선일보, 〈"10명 중 9명 합격" 에듀윌 광고, 정말 10명에게만 물었다〉(2024.07.04)

조선일보, 〈"백희나 작가 '구름빵' 저작권 소송 최종 패소…매절계약 논란 재점화〉(2020.06.26)

조선일보, 〈"대기업 프렌들리라는 비판 두려워 말라"〉(2008.03.29)

조선일보, 〈공무원은 '취업제한'에 3년간 막혀…'정치권 낙하산'만 신났다〉(2021.03.02)

조선일보, 〈공정위 사건 처리에 최장 5년…"인력 확충으로 속도전"〉(2025.09.07)

조선일보, 〈공정위 퇴직 고위공직자 85% 대기업·로펌 재취업〉(2016.06.27)

조선일보, 〈공정위는 유튜브 끼워팔기 제재 안하고, 구글은 300억 지원금 내고〉(2025.5.21)

조선일보, 〈대법 "공정위, 해운사 운임 담합 행위 제재할 수 있다" 첫 판시〉(2025.05.18)

조선일보, 〈법원 "'콜 몰아주기' 카카오모빌리티, 공정위 과징금 취소"〉(2025.05.22)

조선일보, 〈오늘 청문회… 김범석 재벌 총수 지정·국정조사로 판 커지나〉(2025.12.30)

조선일보, 〈최태원·SK, '실트론 지분 인수' 공정위 과징금 대법서 최종 취소〉(2025.06.26)

중소벤처기업연구원, 〈중소기업의 피해구제 활성화를 위한 동의의결제도의 실효성 제고 방안〉

중앙대학교 산학협력단, 〈공정거래법 위반에 대한 제재수준 적정화, 조성국〉

중앙일보, 〈'재벌규제' 피한 꼼수 들통…계열사 감춘 KCC 정몽진 고발〉(2021.02.08)

중앙일보, 〈거대 플랫폼 반칙행위 막는다…과징금 상향·임시중지 명령〉(2024.09.10)

중앙일보, 〈결국 쿠팡은 예외…공정위 '동일인' 규제 역차별 우려 남았다〉(2024.05.07)

중앙일보, 〈공무원 학원 1위 광고 해커스, 억대 과징금 철퇴〉(2023.06.27)

중앙일보, 〈공정위 "SK 실트론 사익편취" 때렸지만…법원 판단 달랐다 왜〉(2024.02.12)

중앙일보, 〈담합 과징금 40억→100억, 대리점 갑질 과징금은 5억→50억〉(2025.12.30)

중앙일보, 〈삼성·롯데 총수, 이재용·신동빈으로 바뀐다…공정위 규제 계열사 범위 같지만 의사결정 책임은 늘어〉(2018.05.01)

중앙일보, 〈차 부품 입찰 담합 국제 카르텔 적발〉(2013.12.24)

중앙일보, 〈한진 "총수 아직 못 정했다"…공정위, 대기업 발표 연기〉(2019.05.08)

채널A, 〈퇴직 공직자 취업 제한, '퇴직 후 3년'으로 늘어난다〉(2014.12.29)

코트라(KOTRA), 〈EU 디지털 시장법(DMA) 도입, 빅테크 규제 신호탄〉(2022.05.09)

파이낸셜뉴스, 〈'순환출자 해석' 스스로 뒤집은 공정위… 신뢰성 타격 불가피〉(2017.12.21)

파이낸셜뉴스, 〈'플랫폼법' 결국 무산…업계 반발에 '사후 규제' 전환〉(2024.09.09)

파이낸셜투데이, 〈롯데피에스넷, 과징금 6억4900만원 철퇴 맞은 속사정?〉 (2012.07.23)

한겨레, 〈'앱마켓 독점하려 게임사 압박' 구글, 소송끝에 '5년만에' 과징금〉(2023.04.11)

한겨레, 〈'LTV 정보 공유=담합' 아니라는 은행권…'1천억대 과징금' 결론은?〉(2014.01.15)

한겨레, 〈'라면값 담합' 3개 업체 모두 대법서 승소…1천억원대 과징금 취소〉(2016.01.26)

한겨레, 〈"플랫폼법 '사전 지정' 재검토" 업계 반발에 물러선 공정위〉(2024.02.07)

한겨레, 〈검찰, 경쟁사 택시 '콜 차단' 혐의 카카오모빌리티 수사 착수〉(2024.10.07)

한겨레, 〈경제개혁연대 '질의'에서 비롯된 회오리, SK실트론 '사건의 재구성'〉(2021.12.25)

한겨레, 〈공정위 조사관 '밀착 마크'…'방어권' 오남용하는 기업들〉(2024.3.25)

한겨레, 〈공정위 콕 집어 증원 검토 지시한 이재명 대통령, 왜?〉(2025.06.09)

한겨레, 〈공정위, 5년 만에 구글에 과징금 의결서 송부…"향후 지속 감시"〉(2023.08.16)

한겨레, 〈공정위, 과징금 개선안도 '솜방망이' 논란 여전〉(2014.2.15)

한겨레, 〈공정위, 조사 · 정책 기능 분리…심판 기능 분리 대책은 '미미'〉(2023.2.15)

한겨레, 〈공직↔로펌 회전문…김앤장에만 '비법조인 고문' 87명〉(2022.04.06)

한겨레, 〈담합기업은 1조원대 챙겼는데…"공정위, 소비자배상 위해 제품별피해값 공개
　　해야"〉(2020.11.04)

한겨레, 〈롯데 앉아서 '통행세'로 41억 챙겨…공정위, 제재 '칼날'〉(2012.07.19)

한겨레, 〈리니언시 한 방으로…'꿩 먹고 알 먹은' 삼성생명〉(2013.3.25)

한겨레, 〈법원, '콜 몰아주기' 카카오모빌리티 공정위 과징금 271억 취소〉(2025.05.22)

한겨레, 〈사익편취 첫 대법 판결 어떻게 될까…"공정위 부당성 판단, 법원과 달라"〉
　　(2020.11.09)

한겨레, 〈삼성 총수 이재용으로 변경…롯데는 신동빈으로〉(2018.05.01)

한겨레, 〈솜방망이 오명, 회의 공개로 풀자〉(2011.2.23)

한겨레, 〈아시아나 운임 인상에…공정위, '대한항공과 기업결합 조건 위반' 심의〉
　　(2025.07.01)

한겨레, 〈이 대통령 "공정위에 '쿠팡 강제조사권' 부여 검토" 지시〉(2025.12.09)

한겨레, 〈이니스프리, '종이 보틀' 이름 붙인 안쪽에 플라스틱 사용…과장 홍보〉
　　(2021.04.09)

한겨레, 〈피해 구제하면 기업에 죄 안 묻는 '동의의결'…지난해 13건 역대 최다〉(2025.6.22)

한겨레, 〈한겨레 '네이버쇼핑'만 더 잘 보인 이유 있었다…'알고리즘 조작' 사실로〉
　　(2020.10.06)

한국개발연구원(KDI), 〈공정거래제도 도입 20년〉

한국경쟁포럼, 〈공정거래법의 선진화 방향〉(2017)

한국경제, 〈[뉴스분석] '동일인' 지정은 왜 공정위의 핵심 권한이 됐을까〉(2021.04.19)

한국경제, 〈'5만원 꼼수 보상·김범석 불출석'…국회, 오늘부터 이틀간 쿠팡 청문회〉(2025.12.30)

한국경제, 〈공정위, 계열사에 불량 김치 95억원 어치 강매한 이호진 전 태광 회장 고발〉(2019.06.17)

한국경제, 〈담합을 학습하는 AI…알고리즘 시대의 새로운 경쟁 규칙은[이인석의 공정세상]〉(2025.04.22)

한국경제연구원, 〈공정거래법 위반에 대한 제재 수준 적정화 연구〉

한국공정경쟁연합회 연구보고서, 〈공정거래법 위반에 대한 제재수준 적정화〉

한국금융소비자보호재단, 〈공정거래법 위반에 대한 제재 수준 적정화 연구〉(2018.12.31)

한국법제연구원, 〈글로벌 법제논의의 현황과 전망〉

한국일보, 〈"아이템 나올 확률 0.00001%"…'메이플 용사' 기만한 넥슨, 과징금 116억〉(2024.01.03)

한국일보, 〈"유출 정보 갖고 있다" 협박받은 쿠팡…추적 들어간 경찰〉(2025.11.30)

한국일보, 〈"참고만 한 정보 교환이 왜 담합이냐"… 은행 항변 따져보니〉(2024.01.16)

한국일보, 〈대한항공 마일리지 개편안에 미주 한인 불만 폭주〉(2023.01.09)

한국일보, 〈빅테크 규제 못 하는 한국…공정 경쟁·산업 혁신 모두 놓칠라〉(2024.09.14)

한국일보, 〈이 대통령, 쿠팡 사태에 "공정위에 강제조사권 줘 과태료 현실화 필요"〉(2025.12.09)

한국저작권위원회, 〈구름빵 저작권 분쟁에 대한 법적 판단과 저작권법 개정의 필요성〉(2020.02.19)

한국조세재정연구원, 〈공정거래위원회 부과 과징금을 중심으로〉

한국학중앙연구원, 〈경쟁법 위반 사업자에 대한 – EU 집행위원회의 과징금 운용 동향〉

헌법재판소, 2003.7.24. 선고 2001헌가25 결정

헤럴드경제, 〈李 대통령이 채근한 공정위, 신고사건 처리 최장 1837일 소요…인건비 64.5억원↑〉(2025.09.07)

황태희, 〈온라인 플랫폼 사업자의 지배력 남용행위와 경쟁법적 대응, 한림법학회〉(2025)

Alec Burnside, Marjolein De Backer, Delphine Strohl, 〈Google/Fitbit: Merger Control Unfit for Purpose. Dechert LLP〉(2021)

Bulgarian Commission on Protection of Competition, 〈Guidelines on Information Exchange between Competitors〉(2011)

CNews, 〈KCC 정몽진 회장, 계열회사 고의 누락이유 검찰 고발돼〉(2021.02.08)

European Commission, 〈Code of Conduct for Members of the European Commission〉(2018)

European Commission, 〈Transparency Register〉(2023)

Ioannis Kouvakas, 〈"Challenging the Google-Fitbit Merger through Competition Law," Digital Freedom Fund〉(2020.09.17)

KBS, 〈'심야 영업 강요' 이마트24 제재…업계 첫 사례〉(2024.02.21)

KBS, 〈금융권, '국고채 입찰 담합' 의혹 의견서 제출…이르면 올해 결론〉(2025.8.25)

KBS, 〈대법원, '특허 갑질' 퀄컴에 과징금 1조원 확정〉(2023.4.12)

Michael Zhang, 〈다국적 기업에 대한 새로운 경고: 중국 반독점법 규제 -기관 재판매 가격유지 주목. RPM Korea Blog〉(2014)

MONOLITH Law Office, 〈"EU의 디지털 시장 법(DMA)의 기본을 해설, 일본에 미치는 영향은?"〉(2024.03.27)

OECD, 〈Consumer Data and Competition〉(2021)

SBS 뉴스, 〈생명보험사 이자율 담합…3600억 과징금 철퇴〉(2011.10.13)

TV조선, 〈[뉴스쇼 판] 세계적 히트작이 고작 2천만원? 공정위, 출판사 계약서 시정〉(2014.08.28)

TV조선, 〈'은행 LTV 담합 제조시' 공정위, LTV 낮게 조절 vs 은행, 담합 아니다〉(2025.02.13)

TV조선, 〈CJ 부당지원 공방…TRS 본질부터 전환권 가치까지〉(2025.07.16)

TV조선, 〈우리銀 "시중은행 LTV 자료 받을 것"…전원회의서 드러난 담합 증거〉(2025.02.14)

U.S. Office of Government Ethics, 〈Standards of Ethical Conduct for Employees of the Executive Branch (5 C.F.R. Part 2635)〉(2023)

송병철

TV조선 경제부 정책팀장이자 공정거래위원회를 출입하고 있다. 얼떨결에 기자단 간사를 맡으면서 경쟁법의 매력에 빠졌다. 부산에서 나고 자라 부산대학교 사학과를 졸업하고 ROTC 43기로 군 복무를 마쳤다.

이대희

CBS를 거쳐 연합뉴스에 몸담고 있다. 더함도 덜함도 없는 사실, 난해한 경제를 독자의 언어로 쉽게 풀어내기 위해 매일 깊이 고민한다.

채희선

SBS 사회부와 뉴미디어를 거치며 폭넓은 시각을 갖췄다. 법적 지식과 집요함으로 정부 정책이 시민의 권리에 미치는 영향을 해석한다.

양영경

헤럴드경제 정치·금융·국제부와 부동산 정책팀을 거쳤다. 권력과 시장이 교차하는 곳에서 항상 변치 않는 선명한 진실을 기록하고자 한다.

김민정

조선비즈에서 세종의 정책·규제 현장을 지키고 있다. 정부 정책의 시작점에서 시장과 우리 삶에 미칠 파장을 섬세한 시선으로 짚어낸다.

김세훈

경향신문 사회부를 거쳐 공정위 등 세종 관가를 지킨다. 숫자의 냉철함과 서사의 온기 사이에서 사건 현상의 본질을 꿰뚫고자 노력한다.

시장의 심판자들
기업 권력과 격돌한 공정위의 치열한 기록

초판발행	2026년 3월 25일
지은이	송병철·이대희·채희선·양영경·김민정·김세훈
펴낸이	안종만·안상준
편 집	우석진
기획/마케팅	정성혁
표지디자인	BEN STORY
사 진	장철진
제 작	고철민·김원표
펴낸곳	(주) **박영사**
	서울특별시 금천구 가산디지털2로 53, 210호(가산동, 한라시그마밸리)
	등록 1959. 3. 11. 제300-1959-1호(倫)
전 화	02)733-6771
f a x	02)736-4818
e-mail	pys@pybook.co.kr
homepage	www.pybook.co.kr
ISBN	979-11-303-9760-3 03320

copyright©송병철 외 5인, 2026, Printed in Korea

* 파본은 구입하신 곳에서 교환해 드립니다. 본서의 무단복제행위를 금합니다.
* 이 책은 공정거래위원회의 심의 속기록, 의결서 보도자료 등을 기반으로 했으며,
  별도 출처 표기는 생략합니다.
* 이 책은 관훈클럽신영연구기금의 도움을 받아 저술, 출판되었습니다.

정 가	17,000원